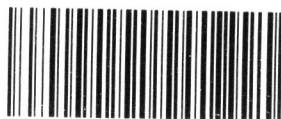

Ś. JÓZEFIE
MÓDL SIĘ
ZA NAMI

# CUDA ŚWIĘTEGO JÓZEFA

Świętemu Józefowi
za opiekę i otrzymane łaski

# CUDA ŚWIĘTEGO JÓZEFA
## Świadectwa i modlitwy

zebrały i opracowały

**Elżbieta Polak**
**Katarzyna Pytlarz**

przy współpracy

z **Siostrami Bernardynkami**

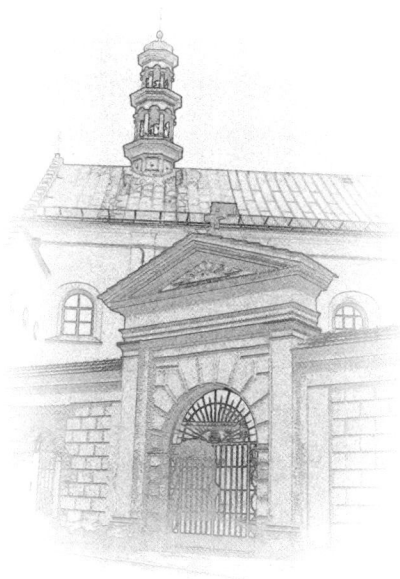

Wydawnictwo WAM • Księża Jezuici

© Wydawnictwo WAM, 2013
© Elżbieta Polak, Katarzyna Pytlarz
© Siostry Bernardynki,
31-002 Kraków, ul. Poselska 21
Encyklika Leona XIII QUAMQUAM PLURIES
Adhortacja Apostolska Jana Pawła II REDEMPTORIS CUSTOS
© LIBRERIA EDITRICE VATICANA

Redakcja i korekta: Barbara Cabała
Konsultacja: Józef Polak SJ

Projekt okładki: Krzysztof Błażejczyk
do druku przygotował Andrzej Sochacki

Skład: Edycja
z wykorzystaniem projektu graficznego Krzysztofa Błażejczyka


Nihil Obstat. Przełożony Prowincji Polski Południowej Towarzystwa Jezusowego
ks. Wojciech Ziółek SJ, prowincjał, Kraków, dn. 9 maja 2013 r., l.dz. 64/2013

ISBN 978-83-7767-901-2

dodruk, wznowienie 2014, dodruk
wznowienie 2015, dodruk
wznowienie 2016, 2017, 2018, 2020

WYDAWNICTWO WAM
ul. Kopernika 26 • 31-501 Kraków
tel. 12 62 93 200
e-mail: wam@wydawnictwowam.pl

DZIAŁ HANDLOWY
tel. 12 62 93 254-255 • faks 12 62 93 496
e-mail: handel@wydawnictwowam.pl

KSIĘGARNIA WYSYŁKOWA
tel. 12 62 93 260
www.wydawnictwowam.pl

druk: Drukarnia WYDAWNICZA • Kraków

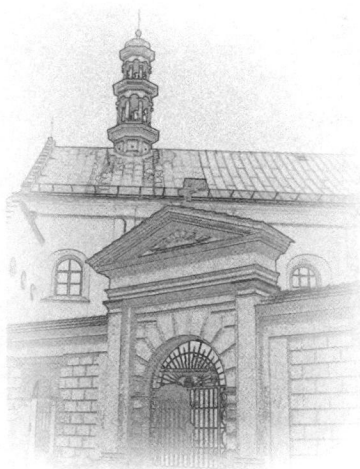

# Wstęp

Z Ewangelii dowiadujemy się, że św. Józef był człowiekiem prostym, skromnym i ubogim, chociaż pochodził z królewskiego rodu Dawida. Prosta była przede wszystkim jego dusza. Prostota duszy Józefa nie oznaczała wcale, że nie umiał dostrzegać trudności i problemów swego życia w całej ich zawiłości. Podchodził do nich śmiało i rozwiązywał je roztropnie, a uważność na wszystkie rzeczy świadczyła o jego mądrości.

Mieszkał w małym galilejskim miasteczku Nazaret, gdzie wykonywał zawód cieśli. Jako młody człowiek wyróżniał się pobożnością i szlachetnym charakterem. O jego wielkości zadecydował fakt, że Bóg wybrał go na ziemskiego opiekuna dwóch Najświętszych Istot: Jezusa, swego Syna, i Maryi, Jego Matki. Jakże mógłby Józef kierować rodziną, która została mu powierzona, gdyby nie był obdarzony mądrością? Bóg, który go przeznaczył na głowę Świętej Rodziny,

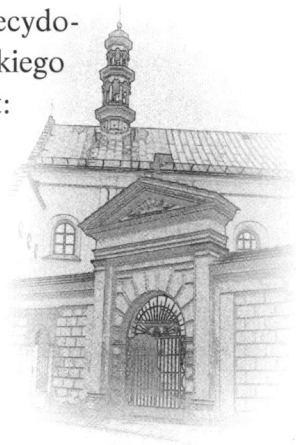

dał mu w swej Opatrzności prawdziwą mądrość. Udzielił mu zdolności oceniania rzeczy według ich istotnej wartości, dostrzegania lepszej strony każdej sprawy, postępowania zgodnie ze zdrowym rozsądkiem w okolicznościach najbardziej drażliwych. Jego niezwykle prostolinijna lojalność względem Boga nie ulegała żadnym poruszeniom miłości własnej, dlatego nie mogło być komplikacji w jego życiu. Józef przywykł się poświęcać i usuwać na plan drugi. Odrzucał wszelkie skryte zabiegi, do których posuwają się egoizm i pycha. Prostotę swą zawdzięczał prawości swych intencji i szczerej miłości. Życie ludzi komplikuje ich miłość własna, która szuka zadowolenia, upomina się o swe prawa, nie uznaje niepowodzeń, chwyta się rozmaitych sposobów, byle tylko zapewnić triumf ambicji.

Osobliwy jest los tego wielkiego Świętego. Przypadło mu bowiem w udziale to, co najgorsze na ziemi i to co najlepsze mogło dać niebo. Nie posiadał on zaszczytów i chwały, pieniędzy i dostatku, władzy i poważania, miłości ziemskich i rozmaitych przyjemności, ani osobistej sławy czy też budzącego szacunek zawodu. Nie było powodu, dla jakiego sam mógłby się uważać, czy też być przez innych uważany za kogoś wybitnego. Nie posiadał nic z tego, co świat ceni. Od Boga natomiast otrzymał św. Józef to, czego Stwórca nie powierzył nikomu innemu na świecie — żadnemu najpotężniejszemu, najbogat-

szemu, najsławniejszemu czy też najznakomitsze-
mu z ludzi. Właśnie Józefowi Bóg powierzył swego
Jednorodzonego Syna i Jego Matkę Maryję. Nikomu
z ludzi nie było dane tak wielkie wyróżnienie od Boga
i takie uniżenie ze strony ludzi.

Dzięki misji, jaką miał spełnić wobec Jezusa i Maryi, zwłaszcza jako przybrany ojciec Bożego Syna,
św. Józef przewyższa godnością wszystkich świętych.
Wyznaczone mu z woli Bożej zadanie wypełnił najdoskonalej. Był kochającym, wiernym małżonkiem,
wzorowym ojcem, żywicielem i obrońcą Świętej Rodziny. Józef pojmował swój autorytet głowy rodziny
jako służbę. Jak naucza Jan Paweł II: *Posłużył się władzą, przysługującą mu prawnie w świętej Rodzinie, aby
złożyć całkowity dar z siebie, ze swego życia, ze swej
pracy* (*Redemptoris custos*, nr 8). Pragnął bowiem
z całej duszy nie panować nad innymi, ale im służyć.
Uważał swą władzę za przywilej świadczenia drugim
większej dobroci. Wszelka władza nad innymi
jest ostatecznie tylko możliwością kochania.
Jako głowa rodziny Józef się cieszył, że
może głębiej kochać Maryję i Jezusa.

Święty Józef żył, służąc swej Oblubienicy i Boskiemu Synowi; tym
samym stał się dla wierzących wy-
mownym świadectwem tego, iż
„panować" znaczy „służyć". Z jego przykładu mogą czerpać naukę

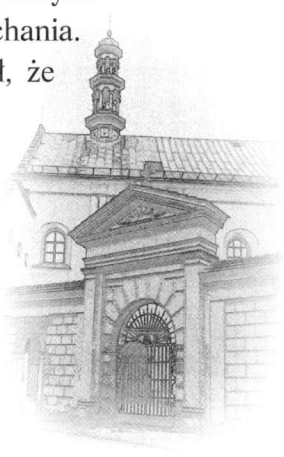

życiową zwłaszcza ci, którzy w rodzinie, w szkole i w Kościele pełnią rolę ojców i przewodników. Dla ojców rodzin jest Józef najwspanialszym wzorem ojcowskiej czujności i opieki; dla małżeństw doskonałym przykładem miłości, zgody i wierności małżeńskiej. Dla św. Józefa było oczywiste, że im dojrzalsza i silniejsza jest miłość mężczyzny do żony i dziecka, tym bardziej on sam pragnie pozostać w cieniu i ukryciu. Im bardziej ktoś kocha, tym dyskretniej to czyni.

Święty Józef dowodzi, że aby być dobrym i autentycznym naśladowcą Chrystusa, nie trzeba dokonywać „wielkich rzeczy". Wystarczy posiąść cnoty zwyczajne, ludzkie, proste, byle prawdziwe i autentyczne.

Powołanie Józefa z Nazaretu było wyjątkowe, związane z tajemnicą Wcielenia, skoncentrowane na Osobie Zbawiciela świata i Jego Matce. Wyjątkowość tego powołania wyrażała się w paradoksach. Prawdziwe małżeństwo z Maryją miało charakter dziewiczy, a pełne ojcostwo wobec Jezusa nie zawierało elementu fizycznego rodzenia. Zarówno małżeństwo, jak i ojcostwo Józefa odbiegało od wszelkich ludzkich prawideł i zwyczajów. Wiara nam jednak przypomina, że „dla Boga nie ma rzeczy niemożliwych" (Łk 1, 37).

Bóg stwarza człowieka według swojego odwiecznego planu. Wyposaża go tym samym we wszystko, co niezbędne do pójścia za tym planem. Święty Tomasz z Akwinu mówi o odpowiedniości cnót do powołania. Bóg tych ludzi, których do czegoś wybiera, tak przygotowuje i usposabia, żeby byli zdolni do wykonania tego, do czego zostali powołani. Wzywając więc do wielkich zadań, Bóg wyposaża w odpowiednie zdolności i łaski.

Józef pełnił obowiązki stróża, opiekuna i obrońcy Świętej Rodziny, której był głową. Nie możemy mieć żadnej wątpliwości, że dzięki łasce Bożej Józef w pełni zrealizował powierzone mu zadania. Bóg dał mu wszystko co potrzebne do tego, by osiągnął świętość i wypełnił powierzoną mu misję. Bóg wezwał św. Józefa, aby służył bezpośrednio Osobie i misji Jezusa poprzez sprawowanie swego ojcostwa. Właśnie w ten sposób Józef współuczestniczy w pełni czasów w wielkiej tajemnicy odkupienia i jest prawdziwie „sługą zbawienia". Jego ojcostwo wyraziło się w sposób konkretny w tym, że uczynił ze swego życia służbę, złożył je w ofierze tajemnicy Wcielenia i związanej z nią odkupieńczej misji.

Wielka dyskrecja, z jaką Józef wypełniał misję powierzoną mu przez Boga, jeszcze bardziej uwydatnia jego wiarę, która sprawiała, że zawsze wsłuchiwał się w głos Boga i starał się zrozumieć Jego wolę, aby całym sercem i ze wszystkich sił być jej posłusznym. Dlatego Ewangelia nazywa go człowiekiem „sprawiedliwym"

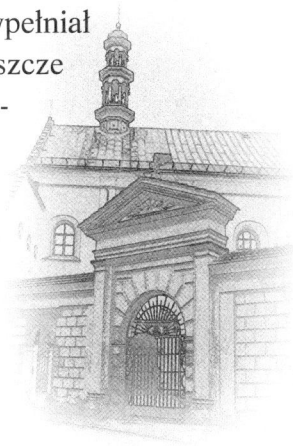

(Mt 1, 19). Sprawiedliwy jest bowiem ten, kto się modli, kto żyje wiarą i stara się czynić dobro w każdej konkretnej sytuacji życiowej. I „wszystko co czyni jest udane" (Ps 1, 3).

Józef odpowiedział twierdząco na słowo Boga, przekazane mu w rozstrzygającym momencie. Wprawdzie nie odpowiedział na słowa zwiastowania tak jak Maryja *fiat*, ale „uczynił tak, jak mu polecił anioł Pański: wziął swoją Małżonkę do siebie" (Mt 1, 24). To, co uczynił, było najczystszym „posłuszeństwem wiary" (Jan Paweł II, *Redemptoris custos*, nr 4).

Zwany jest świadkiem tajemnicy Wcielenia, wychowawcą, prorokiem, robotnikiem, mężem kontemplacji, głową rodziny, mężem milczenia, mężem sprawiedliwym, sługą, ubogim, człowiekiem o czystym sercu i prostej duszy, mężem pełnym mądrości, człowiekiem wiernym, pełnym nadziei, pośrednikiem i patronem Kościoła. Wymienione przymioty, które składają się na obraz człowieka świętego, nie są wszystkimi, jakimi obdarowany jest Józef. On poprzez ofiarę życia i niezłomność ducha jest ciągle aktualnym wzorem świętości. Święty Józef, duchowy ojciec Jezusa, dziewiczy mąż Maryi i głowa Świętej Rodziny, realizując na co dzień posłannictwo zlecone mu przez Boga w pełni zasługuje na to, aby być wzorem świętości w wymiarze ponadczasowym.

Święty Józef uczy wypełniania woli Bożej, gotowości do jej przyjęcia, szukania jej, przyjmowania w milczeniu, bez sprzeciwu, całkowitego zaangażowania w spełnienie swego posłannictwa do końca. Uczy stawiania na pierwszym miejscu tego, co nadprzyrodzone, Boże. Zadziwia roztropnością przy podejmowaniu decyzji, posłuszeństwem poznanej woli Bożej, męstwem oraz troską o najbliższych.

W Ewangeliach Józef nic nie mówi, ale żyje intensywnie, nie uchylając się przed żadną odpowiedzialnością, jaką nań nakłada wola Boża. Jest wzorem gotowości na Boże wezwanie, przykładem spokoju w każdym wydarzeniu, całkowitej ufności czerpanej z wiary i miłości oraz z potężnej podpory, jaką jest modlitwa. Milczy podczas ciężkich życiowych prób, a będąc „sprawiedliwy" nie sądzi, nie uprzedza nierozważnie wydarzeń dyktowanych wolą Bożą. Kiedy zaś Bóg go poucza za pośrednictwem aniołów, słucha i wypełnia rozkaz w milczeniu.

Jako mąż milczenia Józef stanowi żywy przykład dla naszych czasów, które odznaczają się hałaśliwością, nadmiarem słów wywołanych rozwojem i rozpowszechnieniem środków przekazu. Postęp przynosi wiele korzyści, jednakże grozi niebezpieczeństwem obniżenia poziomu życia wewnętrznego. Józef przypomina, że Chrystusa i Jego tajemnice można przyjąć tylko w milczeniu. On sam przyjął Dziecię w mil-

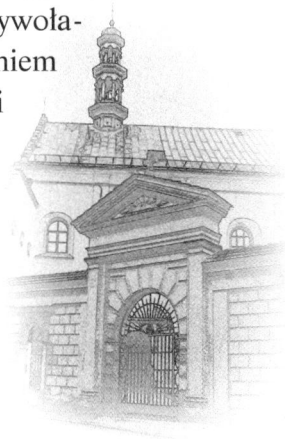

czeniu pełnym zachwytu i kontemplacji. Jego radość i wdzięczność były ukryte głęboko w duszy. Milczenie stało się dla Józefa sposobem najwyższego podziwu dla Bożych tajemnic.

Święty Józef jest tym, który nie tylko pragnie wskazać każdemu właściwy sposób do pełnego zrealizowania drogi powołania życiowego, ale także jest orędownikiem tych spraw przed Bogiem. Pius XI stale zachęcał do wzmożenia kultu św. Józefa, widząc w nim szczególnego obrońcę przed złem, strażnika czystości wiary i wzór wytrwałości na drodze do Boga. Mówiąc o wstawiennictwie św. Józefa, papież nazywał je „wszechwładnym": Mówił: ...*czyż Jezus i Maryja mogą czegoś odmówić temu, który im poświęcił dosłownie całe swe życie i któremu rzeczywiście zawdzięczali środki do życia na ziemi?*

Święta Teresa od Jezusa nazywa Józefa patronem powszechnym, który jest niezawodnym orędownikiem u Boga w sprawach duchowych i doczesnych. Przekonana z własnego doświadczenia mówiła, że świętym Bóg daje łaskę pomocy w niektórych sprawach, św. Józefowi zaś daje ją we wszystkich. Aż chce się powtórzyć za biblijnym faraonem „*Ite ad Joseph* – Idźcie do Józefa!" (zob. Rdz 41, 55).

Każda modlitwa z definicji skierowana jest do Boga, ale zatrzymuje się u świętych. Jezus Chrystus znajduje przyjemność w honorowaniu Józefa i Maryi w ten sposób, że przez Ich ręce przechodzą przeznaczone dla nas dary. Święty Franciszek Salezy mówi o Józefie: *Niczego mu nie odmówią ani nasza Matka, ani Jej chwalebny Syn*. Interwencje tego Świętego są zbyt częste i niewytłumaczalne w ludzkich kategoriach, aby je można było negować. W odpowiedzi na modlitwę, czasem naiwną, staje się on wspomożycielem tych, którzy nie mają wsparcia tu na ziemi. Często zdarzają się proste i szczęśliwe „zbiegi okoliczności", ale w większości przypadków odgaduje się interwencje niewidzialnej ręki i kochającego serca. Ostatecznym efektem jest zawsze, pośrednio lub bezpośrednio, zbliżenie się do Chrystusa.

Dopóki człowiek żyje, nawet wtedy, kiedy błądzi, jest przedmiotem szczerej i troskliwej opieki Boga. Wyrazem tej Bożej troski jest właśnie dopuszczenie świętych do wpływu na życie ludzkie. Opieka św. Józefa jest dla nas powodem do przekonania, że nie jesteśmy sami, a pomoc Boża towarzyszy nam nieustannie. Święty Józef nieustannie szuka nas, szuka wszędzie razem z Maryją. A kiedy znajdzie, prowadzi nas do Boga.

Moja historia spotkania św. Józefa zaczęła się już jakiś czas temu, kiedy to po maturze pojechałam po raz pierwszy z mamą do Krakowa. Był to czas podjęcia decyzji: co dalej, jakie studia, czy w ogóle je pod-

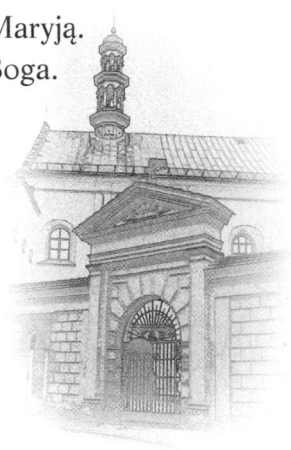

jąć? Przy okazji przyjazdu do Krakowa mama chciała znaleźć kościół, w którym znajduje się figurka Dzieciątka Koletańskiego. Obrazek figurki ktoś jej kiedyś podarował. Wiedziałyśmy tylko, że znajduje się ona w kościele św. Józefa. Niestety nie wiedziałyśmy, gdzie on jest. Ale nie tylko my miałyśmy problem z lokalizacją tego kościoła. Ludzie, których pytałyśmy, nie byli w stanie udzielić nam informacji. W ten sposób ruszyłyśmy na zwiedzanie wszystkich kościołów znajdujących się w okolicach krakowskiego Rynku. Niestety, nasze poszukiwania zakończyły się niepowodzeniem. Trzeba było wracać.

W drodze na dworzec dziwnym trafem zabłądziłyśmy na ul. Poselską, gdzie na murze klasztornym zobaczyłyśmy napis: *Wstąp i odmów modlitwę*. Nie codziennie spotyka się takie napisy na murach (oczy nasze przyzwyczajone są raczej do nieco innych), więc zachęcone, wstąpiłyśmy na modlitwę.

Ci, którzy lepiej znają Kraków, wiedzą, gdzie wtedy trafiłyśmy – do klasztoru Sióstr Bernardynek, u których była poszukiwana przez nas figurka. Znajduje się ona w lewym bocznym ołtarzu, a w ołtarzu głównym widnieje łaskami słynący obraz św. Józefa. Czy był to przypadek? Dziś wiem, że nie. To on nas odnalazł i przyprowadził do siebie.

Rok później rozpoczęłam studia w Krakowie i często bywałam na ul. Poselskiej u niezawodnego Pomocnika – św. Józefa. Orędował w moich sprawach, wspierał w troskach, wybawiał w trudnych sytuacjach oraz pomagał podejmować dobre i trafne decyzje. To do niego wiele razy udawałam się przed egzaminami, prosząc o wsparcie i pomoc. Obraz św. Józefa zabrałam później do mojego miejsca pracy. Święty Józef zaczął działać i tam, pomagał wszystkim pracownikom zespołu nie tylko w życiu zawodowym, ale i prywatnym.

Czuję jego nieustanną opiekę i działanie w moim życiu. Jest moim patronem. Nie jestem jednak jedyną osobą, która doświadczyła opieki św. Józefa, o czym świadczą choćby poniższe świadectwa. Jest wiele osób zaprzyjaźnionych ze św. Józefem, które udając się do niego po wsparcie, nigdy się nie zawiodły. Kierowały prośby w różnych sprawach: znalezienia pracy, podjęcia trudnych decyzji, ratowania rodziny przed rozpadem, zdania egzaminów, znalezienia dobrego męża itp. Święty Józef działał zawsze i nie zostawiał proszących go o pomoc bez odpowiedzi. Często działał prawie natychmiast ku zaskoczeniu proszących, rozwiązując problemy i załatwiając sprawy, które latami nie mogły być wyjaśnione. Prośby niewłaściwe zaś nieraz owocowały osiągnięciem większego dobra. Świadkami wielu cudów i łask, jakie ludzie otrzymywali przez wieki za pośrednictwem św. Józefa, licz-

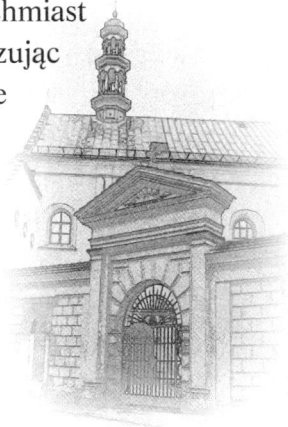

nych uzdrowień z chorób, ocalenia od śmierci, nawrócenia są m.in. siostry bernardynki.

Wspólnie z koleżanką zebrałyśmy świadectwa, by wydać je w formie książki. Nie byłoby to jednak możliwe, gdyby nie pomoc wielu osób, które Bóg postawił na naszej drodze. Książka jest formą podziękowania za otrzymane łaski św. Józefowi od tych wszystkich, którzy wzywali jego wstawiennictwa, doświadczyli jego interwencji oraz opieki i zaświadczyli o tym. Ma także służyć szerzeniu jego kultu, by osoby, które nie znają go jeszcze jako niezawodnego patrona i orędownika, przekonały się, że słowa pieśni: *Szczęśliwy, kto sobie Patrona, Józefa ma za Opiekuna. Niechaj się niczego nie boi, Bo święty Józef przy nim stoi.* – *Nie zginie,* są prawdziwe. Nikt kto się do niego ucieka nigdy się nie zawiódł. Święty Józef znajduje w przedziwny sposób dostęp do serca Boga i możliwość rozwiązania naszych problemów. Kiedy się do niego zwracamy i zalewamy go potokiem słów, on nas słucha, jak słuchał sąsiadów w Nazarecie przychodzących naprawiać drewniane rzeczy. Tłumaczyli mu jak ma to zrobić, a on się uśmiechał i robił to po swojemu, tak by było jak najlepiej. Dziś uśmiecha się z nieba do nas, gdy zanosimy do niego nasze modlitwy i prośby, bo wie, że i tak to co mu przedstawiamy, musi wziąć w swoje ręce, obejrzeć, iść z tym do Jezusa i zrobić tak, żeby było najlepiej. Wołajmy więc za św. Bernardynem ze Sieny: *Pomnij przeto na nas, św. Józefie, i twoimi modlitwami wstawiaj się u Tego, który uchodził za twojego Syna. Spraw także, aby łaskawa dla nas była twoja Oblubienica Najświętsza Maryja Dziewica, Matka Tego, który z Ojcem i Duchem Świętym żyje i króluje na wieki wieków. Amen.*

Katarzyna Pytlarz

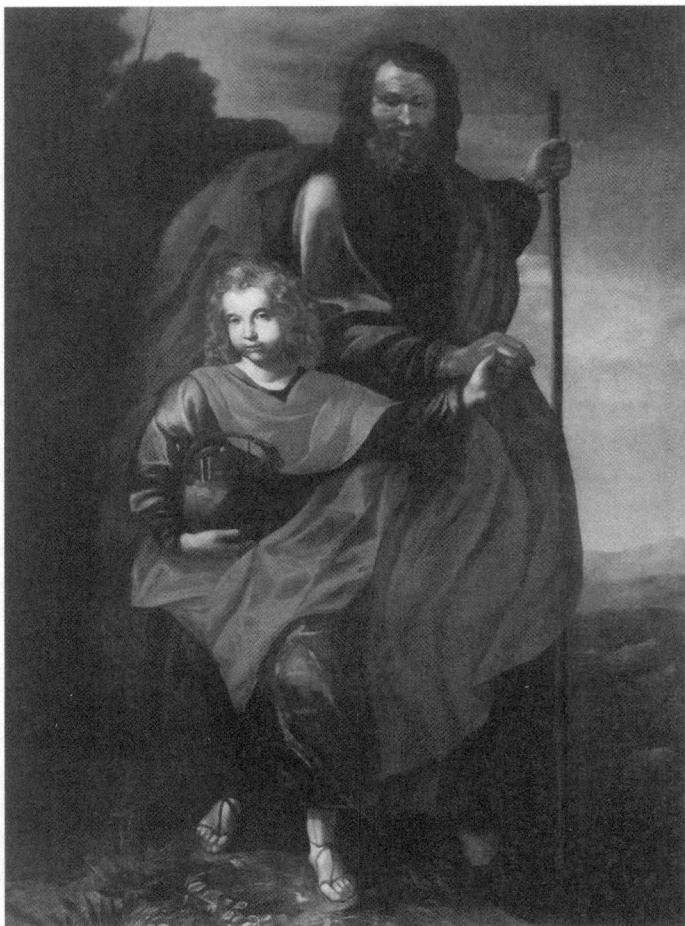

Cudowny obraz św. Józefa
w kościele przy klasztorze Sióstr Bernardynek w Krakowie

# ŚWIADECTWA

Błogosławieni czystego serca, albowiem oni
Boga oglądać będą.

———————— * ————————

(Mt 5, 8)

# Dzięki Ci, święty Józefie

o. Leon Knabit OSB, Kraków Tyniec

Po raz pierwszy spotkałem się bliżej z postacią św. Józefa jeszcze przed wojną, gdy nowo powstającej wówczas w Siedlcach parafii nadano wezwanie Opieki św. Józefa. Święto, obchodzone najpierw w Trzecią Niedzielę po Wielkanocy, znalazło ostatecznie miejsce w kalendarzu liturgicznym w środę po Drugiej Niedzieli po Wielkanocy. Jako dziewięcioletnie dziecko nie wgłębiałem się wtedy w sens takiego właśnie wezwania, ale zapamiętałem je. Potem, już jako ministrant, uczęszczałem pilnie na nabożeństwa różańcowe, gdzie odmawiano zawsze modlitwę do św. Józefa: *Do Ciebie, o błogosławiony Józefie, uciekamy się w utrapieniu naszym...* Do dzisiaj odmawiam ją często po różańcu w brzmieniu, które było obowiązujące w diecezji podlaskiej. Gdy wstąpiłem do seminarium duchownego, uroczystość św. Józefa poprzedzałem swoją prywatną nowenną. Klimat święta wyznaczały piękne śpiewy gregoriańskie i polskie pieśni, które i pobożności nadawały kierunek. Mówiły one o opiece sprawowanej przez św. Józefa nad Jezusem i nad Kościołem. Za oknem seminaryjnej kaplicy była już zwykle wiosna, ale niekiedy do białego koloru szat liturgicznych, rzadkiego w Wielkim Poście, dołączała się niespodziewanie warstwa puchu śnieżnego, przykrywająca świat, który już chciał wziąć rozbrat z zimą. W roku 1956 w miejsce Opieki św. Józefa ustanowiono święto św. Józefa Robotnika i wyznaczono jego obchód na dzień 1 maja, nadając w ten sposób robotniczemu świętu, mającemu w całym świecie charakter lewicowy, rys chrześcijański.

Wyrazem trwającej i wzrastającej w Kościele czci świętego Oblubieńca Maryi było włączenie w 1962 r. imienia Józef do kanonu Mszy św. Gdy niedługo potem wikariusz kapitulny, biskup Karol Wojtyła został Metropolitą Krakowskim, ks. prałat Motyka z Mucharza powitał go na zebraniu księży w Kalwarii Zebrzydowskiej: „Ekscelencjo, wszedłeś do Kanonu! Jak święty Józef!".

Już w zakonie św. Józef pokazał mi swoje oblicze także jako ten, który troszczy się o potrzeby materialne swoich czcicieli. Kiedy w latach sześćdziesiątych, trudnych finansowo dla klasztoru, jakiś dobrodziej z Ameryki przysłał na moje ręce pokaźną sumę dolarów, ówczesny opat, o. Placyd Galiński, któremu pokazałem czek, ukląkł na miejscu, na którym stał, wzniósł ręce do góry i powiedział: „Dzięki Ci, święty Józefie". Skojarzyło mi się to z wypowiedziami wielu sióstr zakonnych, które borykając się z trudnościami finansowymi, często modliły się skutecznie do św. Józefa z prośbą o wyratowanie z kłopotów.

W tym czasie parafia w Siedlcach, gdzie mieszkała moja rodzina, za patrona otrzymała św. Józefa. Powoli, dzięki niezmordowanej pracy ks. prałata Leona Balickiego, nieżyjącego już Złotego Jubilata, powstał piękny kościół z sugestywną figurą Świętego w prezbiterium. Kościół ten został podniesiony do rangi diecezjalnego sanktuarium, gdzie dzień św. Józefa jest bardzo uroczyście obchodzony, a nabożeństwa parafialne i spotkania diecezjalne sprawiają, że Opiekun Jezusa wchodzi coraz głębiej w życie i świadomość parafian i przybyszów.

W tej to właśnie parafii oddaliśmy Bogu moją śp. Mamusię Aleksandrę, która odeszła z tego świata właśnie w dzień św. Józefa, w środę, a śmierć miała chyba i dzięki wstawiennictwu Patrona dobrej śmierci lekką, dobrą, w otoczeniu swych dzieci, które w modlitwie przy świetle gromnicy przekazywały ją w ręce miłosiernego Boga.

Poproszono mnie kiedyś o poprowadzenie rekolekcji wielkopostnych w parafii św. Józefa na krakowskim Podgórzu. To był piękny czas pod opieką świętego Patrona. Charakterystyczne było dla mnie, że dzieci, których rekolekcje miały trwać cztery dni, przychodziły z własnej woli w niezmniejszonej liczbie przez dni następne aż do dnia odpustu włącznie; razem przez dziewięć dni z rzędu. Z czymś takim nie spotkałem się w żadnej parafii. Uważałem to za szczególny znak opieki św. Józefa.

Także podczas XIII Światowych Rekolekcji Podhalańskich, które się odbywają tradycyjnie w Wiecznym Mieście w okresie Wielkiego Postu, odprawialiśmy uroczystą Mszę św. pod przewodnictwem ks. arcybiskupa Zygmunta Zimowskiego w Bazylice św. Piotra właśnie przy ołtarzu św. Józefa, umieszczonym na lewo od konfesji.

W dniu 19 marca 2010 r. minęło 295 lat, jak Rada Miasta Krakowa oddała Podwawelski Gród w opiekę św. Józefa. Było na co popatrzeć i czego posłuchać w bazylice Mariackiej. Eucharystia sprawowana była przez kilku kapłanów pod przewodnictwem metropolity krakowskiego ks. kardynała Stanisława Dziwisza, który bywał tu często sam, a potem także towarzyszył Karolowi Wojtyle, arcybiskupowi, kardynałowi i papieżowi. Piękne śpiewy chóru Organum, związanego na stałe ze wszystkimi krakowskimi uroczystościami. Samorządowcy z prezydentem i przewodniczącym Rady Miasta, jeden konsul, generał, kompania honorowa Podhalańczyków, Bractwo Kurkowe z królem, poczty sztandarowe Policji i Straży Miejskiej oraz jednego z liceów, dzieci w strojach krakowskich, wspólnota Krakowian zgromadzona w tej „mieszczańskiej katedrze"... Oni wszyscy uczestniczyli w Niekrwawej Ofierze, oddając cześć cichemu Józefowi – Mężowi sprawiedliwemu.

O przesłaniu przekazywanym nam niezmiennie przez Świętego, którego ani jedno słowo nie zostało przekazane potomnym, można mówić wiele. Uderza mnie szczególnie wielkość wybrania. Być stróżem tej wielkiej tajemnicy, w której spotkały się największa miłość Boga (poczęcie z DUCHA ŚWIĘTEGO!) z największą miłością człowieka (bo jakaż jest większa miłość od miłości matki i to jeszcze takiej Matki, jaką była Maryja!) – trudno sobie wyobrazić miejsce bardziej godne i zaszczytne. Święty Józef zanurzony w tym morzu miłości, kierowany słowem Bożym, przekazywanym mu we śnie, chyba inaczej przeżywał swój swoisty celibat, niż to przypuszczali malarze różnych wieków przedstawiający go jako staruszka. Że to niby młodemu trudno byłoby „wytrzymać"... A przecież i w historii dawnej, i nowszej można znaleźć wiele przykładów tego, że małżonkowie całkowicie podporządkowują działania seksualne tajemnicy poczęcia, a niekiedy nawet rezygnują z korzystania z praw małżeńskich dla miłości Boga.

Dlatego dzisiaj św. Józef jest szczególnie patronem czystości młodych chłopców i narzeczonych, przekonywanych ze wszystkich stron, że przyjemność seksualna jest największą wartością. Jest świadkiem tego, że bliskość Jezusa i Maryi pozwala na całkowite panowanie nad swoimi uczuciami. I to dopiero przynosi pokój i radość, o których człowiek nieopanowany, mówmy wprost – rozpustny – nie ma pojęcia.

Święty Józefie, ucz męskości naszych kawalerów, przyszłych mężów i ojców!

Bo góry mogą ustąpić i pagórki się zachwiać,
ale miłość moja nie odstąpi od ciebie i nie
zachwieje się moje przymierze pokoju, mówi
Pan, który ma litość nad tobą.

———————— * ————————

(Iz 54, 10)

# Pod opieką Świętej Rodziny

Maria Bieńkowska-Kopczyńska, malarka,
19 marca 2012, święto św. Józefa

Byłam ateistką przez 40 lat. Świadomie wybrałam
życie bez Boga. Moje małżeństwo też było bez Boga,
bez Bożego błogosławieństwa. Po latach okazało się,
że bez Boga nie sposób żyć. Nie można się zakorze-
nić ani w życiu, ani w małżeństwie. Następuje pust-
ka, a zamiast szczęścia doświadcza się dramatu. Po
tych trudnych latach niewiary, przypadkowo pojechałam z pielgrzymką do Włoch i u św. Michała Ar-
chanioła na górze Gargano przeżyłam gwałtowne
nawrócenie. Do domu wróciłam napełniona wiarą.
Początkowo mój mąż był zadziwiony moją przemianą i chociaż był niewierzący, towarzyszył mi co niedziela we Mszy św. Zamieszkaliśmy w osobnych pokojach, bym mogła przystępować do sakramentów
świętych. Byłam zachwycona postawą męża i wraz

z nim miałam nadzieję na rychłe jego nawrócenie. Ale nic takiego się nie wydarzyło. Minęło pięć lat, a Bóg nie reagował. W końcu doszło do konfliktu między nami. Małżeństwo obumarło. Przyszły trudne rozmowy o przerwaniu tego niesakramentalnego związku, o rozstaniu się. Był to trudny i bolesny czas dla mnie. Nie wiedziałam co robić. Bałam się rozwodu. Nie wiedziałam na co mam się zgodzić? Wcześniej odmówiłam pojedynczego ślubu, a teraz po trzydziestu latach wspólnego życia nie umiałam podjąć żadnej decyzji. Nie potrafiłam zgodzić się na rozstanie i nie mogłam zgodzić się na życie bez sakramentu. Oddałam wszystko Bogu. Prosiłam o pomoc w tej sprawie. Pewnego dnia we wrześniu znalazłam modlitwę Jana Pawła II do Świętej Rodziny z Nazaretu. Od razu wiedziałam, że za moją rodzinę, za jej uratowanie muszę się modlić do Świętej Rodziny. Patrząc na Świętą Rodzinę z Nazaretu, pomyślałam o św. Józefie. Przecież on jest patronem rodzin. To on był opiekunem Świętej Rodziny i on pomoże mi w tym trudnym czasie. Postanowiłam, że codziennie będę się modliła do Świętej Rodziny i codziennie będę odmawiała *Litanię do św. Józefa.* Wyznaczyłam sobie też czas trwania mojej modlitwy. Ustaliłam, że będę się modlić w tej sprawie do świąt Bożego Narodzenia. Potem Pan Bóg miał rozstrzygnąć sprawę mojego małżeństwa. Do modlitwy dołączyłam piątkowy post o chlebie i wodzie. Teraz miałam pewność, że nie jestem sama, że jest ze mną św. Józef ze swoją Rodziną. To Bóg wybrał św. Józefa na opiekuna dla Jezusa i Jego Matki. To św. Józef troszczył się o Jezusa i Maryję. Oni ufali mu we wszystkim. Święty Józef był dla Nich opoką. A więc skoro wybrałam sobie św. Józefa na opiekuna mojej rodziny, na pewno przyjdzie mi z pomocą. Tak, jak postanowiłam, modliłam się codziennie. Był to trudny czas nie tylko w małżeństwie, ale i w domu. Brakowało pieniędzy. Zbliżało się Boże Narodzenie i perspektywa ubogich świąt. Pomyślałam, by św. Józefa prosić o finanse – przecież to on troszczył się o byt swojej Rodziny. Chociaż miałam namalowanych dużo obrazów, to brakowało kupców na nie. Niebawem do mojej pracowni przyszedł mój znajomy i zabrał z niej trzy obrazy dla swojego przyjaciela w celu zakupu ich. Ucieszyłam się tą perspektywą, ale obrazy nie zostały zakupione. Ja modliłam się nadal za małżeństwo i o zakup obrazów. Upłynęło kilka tygodni, a obrazy nie zostały zakupione. W końcu straciłam cierpliwość. Po porannej modlitwie w sposób kategoryczny powiedziałam do św. Józefa: „Święty Józefie, to ja się modlę i modlę do Ciebie, a Ty nic i nic. Już więcej do Ciebie modliła się nie będę". Po upływie pięciu godzin dostaję telefon, że wszystkie trzy obrazy zostały zakupione. Kochany św. Józef odpowiedział błyskawicznie na ten mój bunt. Zawstydziłam się sobą, ale też niezmiernie ucieszyłam się jego hojnością. Miałam mieszane uczucia. Byłam zawstydzona moją nachalnością, nie-cierpliwością, tym wymuszaniem mojej woli. W tym zawstydzeniu i skruszeniu pomyślałam, że nie potrzebuję naraz tak dużo pieniędzy, że połowa tego wystarczyłaby mi. Gdy tak martwiłam się nadmiarem gotówki, Pan szybko dał mi odpowiedź na co są przeznaczone te zbędne pieniądze. Jest to suma potrzebna na pielgrzymkę do Ziemi Świętej. W jednej chwili zdecydowałam się na wyjazd. Jakie wielkie było moje zdziwienie, gdy wylądowałam w Ziemi Świętej w dniu święta Świętej Rodziny. Był to dla mnie znak z nieba, że Święta Rodzina ze św. Józefem przyjęli moją modlitwę. Chociaż Bóg nie przyszedł z ostatecznym rozwiązaniem mojego problemu, to wyraźnie widziałam, że jest ze mną, że On panuje nad wszystkim, że mogę Mu ufać. Ja dopełniłam mojej obietnicy, jaką dałam Bogu. Wypełniłam mój ślub. Wiedziałam, że Bóg też odpowie w swoim czasie na moją prośbę. Minął rok i znów zbliżały się święta Bożego Narodzenia. Tymczasem mój mąż zbliżył się do Boga i zapragnął pojechać do Ziemi Świętej. Zgłosiłam nasz wyjazd na pielgrzymkę. Przyszłam do organizatorki pielgrzymki, a ona zadała mi pytanie o rocznicę naszego ślubu, by w Kanie Galilejskiej odnowić przyrzeczenia ślubne. Przyznałam się, że nie mamy ślubu kościelnego, tylko kontrakt cywilny. „A więc jest to najwyższy czas, by wziąć ślub kościelny. Zapytam w Kanie Galilejskiej, czy nie udałoby się, byście wzięli tam ślub podczas pielgrzymki". Byłam zaskoczona oczywistością, z jaką mówiła „organizatorka" już nie pielgrzymki, ale naszego ślubu. Nie wiedziałam, jak mam o tym powiedzieć mężowi. Przez trzydzieści lat nie było takich rozmów między mną a mężem, a jeśli one pojawiły się po moim nawróceniu, to przecież nie chciałam brać ślubu tylko dla tradycji. Przez tych trzydzieści lat naszego związku, który był bez błogosławieństwa rodziców i błogosławieństwa Boga, nasze życie było wręcz nieznośne, niespokojne, rozdarte. Nie byliśmy wciąż otwarci na siebie. Choć mieliśmy dużo wspólnego ze sobą – podobne widzenie świata, podobny stosunek do ludzi, podobne gusty i upodobania, to jednak nie było w nas pełni. Żyliśmy w ciągłym rozdarciu, wewnętrznym rozbiciu i wzajemnym niezrozumieniu. Z byle powodu następowały podziały między nami. Łatwe odchodzenie od siebie. Żyliśmy przecież w grzechu, bez błogosławieństwa. A teraz, nagle, ktoś nie znając naszej decyzji, decyduje za nas dzwonić do Kany Galilejskiej i uzgadniać datę naszego ślubu! Byłam tym tak bardzo zaskoczona i nieprzygotowana, że nawet nie wiedziałam, jak powiedzieć o tym mężowi. Wspólnie z organizatorką podjęłyśmy decyzję o odprawieniu nowenny przed rozmową z mężem. Ona odmawiała nowennę do Bożego Miłosierdzia, ja do św. Józefa. Sprawa została oddana Bogu i św. Józefowi, patronowi rodzin. To nie w moich rękach ani w rękach mojego męża były decyzje o naszym ślubie. Były w rękach Boga. Przez dziewięć dni trwania nowenny nic nie mówiłam mężowi. Nowennę skończyłyśmy w święto Matki Bożej Miłosierdzia i w tym samym dniu mój mąż ponowił pytanie o pielgrzymkę. Dopiero wtedy powiedziałam o planowanym naszym ślubie. Prawie nie zareagował. Ja nie naciskałam. Przyszłam zapłacić za pielgrzymkę w ostatnim terminie i wtedy dowiedziałam się, że mamy ustalony termin ślubu w Kanie Galilejskiej na 30 grudnia o 8.00 rano w sobotę, w wigilię święta Świętej Rodziny. I chociaż organizatorka pielgrzymki do końca nie miała naszej decyzji, to siostra zakonna opiekująca się tym Sanktuarium Zaślubin powiedziała stanowczo, że datę ślubu należy ustalić! Data została ustalona; papiery do wypełnienia formalności wysłane. Byłam oszołomiona tymi natychmiastowymi decyzjami, a zwłaszcza tą oczywistością. Najdziwniejsze dla mnie było to, że tą niezwykłą dla mnie, zaskakującą wiadomość, której początkowo nie umiałam przekazać mężowi, on przyjął również jako... oczywistą! Niczego nie trzeba było wyjaśniać, niczego tłumaczyć. Nagle wszystko stało się proste, a najważniejsze było to, że ani on, ani ja nie musieliśmy podejmować decyzji. Spadło to na nas z góry, z nieba, jako oczywistość! Nagle też zapanował w nas pokój, zgoda we wszystkim. Pojawiło się też pewnego rodzaju podekscytowanie, ciekawość i oczekiwanie na to, co nam przygotował Bóg. To była Jego decyzja! On tego chciał. On chciał nam pobłogosławić. On usuwał wszelkie przeszkody, jakie napotykaliśmy po drodze, byśmy w tak krótkim czasie mogli przygotować się do zawarcia sakramentalnego ślubu. Za zgodą kanclerza, ksiądz udzielił nam potrzebnych dyspens. Przyjechaliśmy do Kany Galilejskiej. Był wczesny ranek. Wszyscy pielgrzymi – a tego dnia goście weselni – uczestniczyli w naszej radości. Pomogli mi ułożyć bukiet ślubny z tutejszych kwiatów. Nie wiedziałam, że prawdziwy bukiet ślubny z białych lilii i róż czeka na mnie w kościele. To był prezent od pielgrzymów. Ołtarz udekorowany był bukietami z białych i czerwonych goździków. Klęczniki obleczone białym materiałem; przybrane były białymi różami. Przed ołtarzem oddano mnie mężowi, jak oddaje się narzeczoną panu młodemu. Mszę św. celebrowało czterech kapłanów. Zaśpiewano hymn do Ducha Świętego. Czytana była Ewangelia św. Jana o cudzie w Kanie Galilejskiej, o przemienieniu wody w wino. Odbyła się ceremonia zaślubin, podczas której Jezus i Maryja zaznaczyli swoją żywą obecność. Byli z nami. Oni zawsze tu są. Włożyliśmy na palce złote obrączki, które przez trzydzieści lat leżały w szufladzie. Nie były poświęcone, jak nasz związek nie był pobłogosławiony. Teraz otrzymaliśmy błogosławieństwo Boga Ojca. Przy Marszu Mendelssohna uroczyście wyszliśmy z kościoła, witani entuzjastycznie okrzykami i brawami, przez pielgrzymujących Włochów. Piliśmy wszyscy wino zaraz po wyjściu z kościoła. Wina nie mogło zabraknąć! Byliśmy przecież w Kanie na weselu! Tutaj wino jest szczególnym znakiem przemiany. Wiedziałam, że za tą przemianą wody w wino kryje się coś więcej – przemiana serca, przemiana życia. Odrodzeni, odmłodzeni i przemienieni pojechaliśmy na Górę Błogosławieństw po błogosławieństwo. To, czego nie otrzymaliśmy od rodziców, otrzymaliśmy od kapłanów. Tak jak powinny nas błogosławić ręce czworga rodziców, pobłogosławiły nas ręce czterech kapłanów. Z rąk kapłanów otrzymaliśmy błogosławieństwo od Boga Ojca. Spełniło się to, co powinno się spełnić trzydzieści lat wcześniej. W ślubnych strojach popłynęliśmy po Jeziorze Galilejskim. I tu odbyło się nasze wesele. Wszyscy tańczyliśmy. Cały dzień świętowaliśmy, chodząc w ślubnych strojach, przyjmując życzenia od spotkanych ludzi. Wieczorem, już w Nazarecie uczestniczyliśmy w procesji różańcowej ze świecami. My, jako para nowo poślubiona, odmawialiśmy dziesiątkę różańca po polsku. Cały dzień nosiłam ślubny bukiet, by na zakończenie procesji złożyć go w Grocie Zwiastowania, gdzie Archanioł Gabriel pozdrowił Maryję i oznajmił Jej, że znalazła Ona łaskę u Boga. A czy i ja nie doświadczyłam tu łaski Bożej? Czy i ja nie znalazłam łaski u Boga? Wyruszyliśmy z Groty. Wciąż wzbudzaliśmy wielki entuzjazm u ludzi. Zagrano nam walca, by wesele trwało nadal. Tańczyliśmy przed

Sanktuarium na ulicach Nazaretu – w mieście Jezusa, Maryi i Józefa. Zaczynało się święto Świętej Rodziny.

Następnego roku, w pierwszą rocznicę naszego ślubu, znów pojechaliśmy do Ziemi Świętej. Tym razem była to pielgrzymka dziękczynna. W Nazarecie w kościele św. Józefa, w wigilię święta Świętej Rodziny została odprawiona dla nas Msza św. dziękczynna. W kościele tym jest duży obraz przedstawiający Świętą Rodzinę – św. Józef przy pracy, dorastający Jezus pomagający św. Józefowi i Maryja roztaczająca ciepło i zatroskanie o Rodzinę. Obraz inny niż te, do których przywykliśmy. Scena pełna zwyczajności – bez zbędnych upiększeń i idealizacji. Scena pełna codzienności – jak w każdej zwykłej rodzinie. Prawdziwy obraz zmagania się z codziennością – obraz naszego życia. I chociaż spotykają nas różne cudowne zdarzenia, to są one wplecione w naszą codzienność pełną trosk i zabiegania. Obraz ten noszę w mym sercu, by pamiętać o cudach, jakie Bóg uczynił w moim życiu, by pamiętać o Jezusie i Jego Matce obecnych na moim weselu, by pamiętać o św. Józefie, który nieustannie wstawia się u Boga za każdą rodziną, by nasze rodziny były na wzór Świętej Rodziny z Nazaretu. Od tej pory św. Józef stał się patronem mojej rodziny. Zrobiłam jego figurę, która stoi na ganku przed wejściem – i św. Józef strzeże naszego domu.

(Pełne świadectwo nawrócenia ukazało się w książce pt. *Zwabiona ateistka*, Kraków 2012.)

Wtedy dotknął ich oczu, mówiąc: «Według
wiary waszej niech wam się stanie!».

———————— * ————————

(Mt 9, 29)

# List

Magda, Wrocław

Mam na imię Magda i jestem zawsze praktyczna,
zorganizowana — „chodząca realistka". Wiara w cuda
i pomoc świętych nie była nigdy dla mnie łatwa. Trudno mi uwierzyć w coś, co nie da się jasno udowod-
nić, zrozumieć. Jestem tak trochę jak św. Tomasz –
jak dotknę i zobaczę, to uwierzę. Ale życie weryfi-
kuje nasze poglądy i tak było też w moim przypadku. Mam kochanego męża i synka, dobrą pracę i...
kredyt, który niestety trzeba spłacać co miesiąc. Po-
siadanie pracy jest zatem niezbędne, aby nie spotkać
się z komornikiem i trudnymi rozmowami w banku.
Niestety, moją firmę kupiła firma konkurencyjna
i rozpoczął się trudny etap łączenia obu organizmów
w jeden. Cóż... pracownicy firmy przejmującej zawsze są w lepszej pozycji na starcie walki o swoje
miejsce w nowej organizacji. Pamiętam pierwsze rozmowy, przekazywanie danych, dzielenie się wiedzą –
byłam pewna, że zaraz będzie koniec i pożegnam się

z pracą szybciej niż myślę. Wtedy mój mąż – namiętnie czytający co tydzień „Gościa Niedzielnego" – pokazał mi artykuł o rodzinie, która nie miała gdzie mieszkać i zaczęła się modlić o dom swoich marzeń do... św. Józefa. Napisali do niego list, położyli za obrazem św. Józefa u siebie w domu i czekali, modląc się codziennie. Co ciekawe, napisali w tym liście bardzo dokładnie jaki dom jest im niezbędny i do kiedy mają czas na wyprowadzenie się z obecnego lokum. Do tej pory nie udało im się znaleźć niczego dobrego dla ich rodziny. Gdy zbliżał się termin wyprowadzki i termin, w jakim prosili św. Józefa o pomoc nagle, nieoczekiwanie, jadąc drogą, zobaczyli dom na sprzedaż – dom ich marzeń. Wiedzieli, że będzie ich i wiedzieli, że to „sprawka" św. Józefa. Po tej historii myślałam 3 dni. Spróbować poprosić czy nie – przecież jestem realistką i co ma być to będzie, po co zawracać głowę św. Józefowi moimi sprawami – na pewno są inni i mają ważniejsze sprawy ode mnie. Ale mąż ciągle mnie namawiał – spróbuj i uwierz. Dla kogoś, kto zawsze „twardo chodzi po ziemi", uwierzyć w takie działanie to jak uwierzyć, że zimą będzie lato i upał. Ale co tam, „raz kozie śmierć", zaufam. Napisałam skrycie list i swoją prośbę o pracę dla mnie i mojego brata, bo byliśmy w tej samej firmie. Modliłam się codziennie. Spisałam dokładnie wszystkie warunki spełnienia prośby – przecież św. Józef lubi konkrety. Może dlatego, że jest mężczyzną, a jak wiedzą kobiety – naszym mężczyznom zawsze trzeba mówić dokładnie czego oczekujemy. Rzadko domyślają się sami – tak jesteśmy stworzeni i trzeba to zaakceptować, to będzie się nam lepiej żyło. Wracając do prośby – krótko i na temat. Mam pracę w nowej firmie i to lepszą niż poprzednio – wszystkie spisane przez mnie warunki są spełnione. Mój brat też ma pracę. I powiedzcie, jak tu nie wierzyć, że św. Józef pomaga? Zaufałam i codzienną modlitwą prosiłam o pomoc. Oczywiście trzeba pamiętać, że święci to nie złote rybki do spełniania naszych próśb. Ale nie warto walczyć samemu o ważne dla nas sprawy – pozwólmy sobie pomóc – święci to nasi ludzie w niebie.

Któż zdoła zmierzyć potęgę Jego wielkości
i któż potrafi dokładnie opowiedzieć dzieła
Jego miłosierdzia? Nie ma tu nic do zmniej-
szenia ani do dodania, ani nie można zbadać
cudownych dzieł Pańskich.

——————— * ———————

(Syr 18, 5–6)

# Telegram

Marta, Pszczyna

Zdarzenie, które opiszę, miało miejsce 17 lat temu,
kiedy to za przyczyną św. Józefa wyprosiłam w ostatnich chwilach życia ciężko chorej osoby pojednanie
z Bogiem. Była to moja sąsiadka Ewa, ciężko chora na raka płuc. W wieku 45 lat przyjęła Chrystusa, przystępując do Pierwszej Komunii Świętej, być
może i sakramentu bierzmowania. Kobieta ta zwią-
zała się z mężczyzną tylko przez zawarcie związku
w Urzędzie Stanu Cywilnego. W żadne święta ko-
ścielne, niedziele i dni powszednie nie uczestniczyła
w Eucharystii, jej „mąż" także. Niejeden raz prosiłam, aby zawarli związek małżeński przed Bogiem,
ale gdy ten temat poruszałam, Ewa twierdziła, że to
niepotrzebne, nieważne; wyraźnie unikała rozmowy
na ten temat. Gdy po latach przyszła ciężka choroba,

która wyniszczała ją z dnia na dzień (wcześniej paliła trzy paczki papierosów dziennie) mimo wysiłków lekarzy jej stan się pogarszał. Osłabiona chemioterapią straciła równowagę, mowę, nie poznawała osób. Potrzebowała opieki innych, leżąc w szpitalu na oddziale „R" bez świadomości, gdzie jest i co się dzieje.

Wtedy to zdałam sobie sprawę, że muszę pomóc jej pojednać się z Bogiem, choć zaczęłam wątpić, czy nie jest za późno. Zadawałam sobie pytanie, jak oraz kogo mam w tak trudnej sytuacji, przy ciężko chorej, nieświadomej, powoli umierającej osobie, prosić o pomoc i wstawiennictwo. Kiedy szukałam stosownej modlitwy, „wpadł" mi w ręce *Telegram* do św. Józefa. Serce podpowiadało mi: „Módl się do tego świętego, a uprosisz". Czas naglił, odsunęłam swoje codzienne obowiązki na drugi plan i z pokorą oraz wiarą modliłam się i błagałam św. Józefa o wstawiennictwo. Prosiłam o łaskę pojednania dla chorej, aby nie została potępiona oraz aby Bóg miłosierny ulitował się nad nią.

Pewnego dnia niespodziewanie przyszedł do mnie jej „mąż", prosząc o pomoc, bo nie wiedział, jak to załatwić: „Ewa prosi o kapłana, chce się pojednać z Bogiem i zawrzeć sakrament małżeństwa. Pomóż mi!". Ściskając w ręce *Telegram* do św. Józefa, płakałam i prosiłam go o siłę dla mnie, bym mogła sprostać temu zadaniu.

To był październik. Około godziny 22.00 zabraliśmy kapłana z parafii do szpitala. Towarzyszyła nam także jeszcze jedna osobę, która miała być świadkiem razem ze mną, i udaliśmy się do szpitalnej kaplicy. Kapłan spisał potrzebne dane, potem ja i drugi świadek wyszliśmy, gdyż „mąż" Ewy przystąpił – po 32 latach – do sakramentu pojednania. Jakiż wielki cud! Potem weszliśmy na drugie piętro szpitala, gdzie leżała chora. Kapłan sam wszedł do sali, aby przygotować chorą, my zostaliśmy na korytarzu. Przez cały czas ściskałam w ręce *Telegram* do św. Józefa i w cichości prosiłam: *Święty Józefie, ratuj nas w życiu, w śmierci, w każdy czas*. Po dłuższym czasie, a dochodziła już wtedy godzina 24.00, kapłan nas wezwał. Wchodząc, nie wierzyłam własnym oczom: ciężko chora Ewa stała przy łóżku uśmiechnięta. Z wrażenia zapytałam, czy mnie poznaje, odpowiedziała, że tak. Wciąż ściskałam w ręce *Telegram* i w myślach prosiłam o siłę i dary Ducha Świętego dla niej, aby mogła zawrzeć sakrament małżeństwa. Tak też się stało – za wstawiennictwem św. Józefa przed Bogiem, w obecności mojej oraz drugiego świadka zawarli związek małżeński, nałożyli sobie obrączki, a kapłan pobłogosławił ich o godzinie 24.00 w szpitalu w Pszczynie na oddziale intensywnej terapii „R". Mieliśmy wszyscy łzy w oczach, kapłan i osoby z personelu medycznego, które twierdziły, że czegoś takiego jeszcze u nich nie było. Ewa położyła się do łóżka o własnych siłach, szczęśliwa. Po czterech dniach, nie odzyskawszy przytomności, odeszła w pokoju do Pana. Mąż jej żyje, ma na imię Józef. Kiedyś powiedział mi, że urodził się 19 marca. Ewa urodziła się także 19 marca tylko innego roku.

Święty Józef jest nie tylko patronem dobrej śmierci. Jego opiece polecajmy nasze rodziny w tak trudnych czasach, zwracajmy się do niego w naszych codziennych sprawach, zwłaszcza skomplikowanych i beznadziejnych. Jeżeli będziemy prosić z pokorą i wiarą o wstawiennictwo, on nas wysłucha.

A Ty widzisz trud i boleść, patrzysz, by je
wziąć w swoje ręce. Tobie się biedny poleca,
Tyś opiekunem sieroty!

———————— * ————————

(Ps 10, 14)

# Niezawodny Opiekun

Janina, 77 lat, wykształcenie wyższe, Kraków

Święty Józef przysłał mi darczyńców.

Przed laty moja śp. siostra Wanda powiedziała
do mnie: „Przyjdzie niedługo czas świętego Józefa".
Nie pamiętam okoliczności, w jakich wypowiedziała te prorocze słowa. Święty Józef długo ukrywał się
w życiu Kościoła, tak jak w czasie swojej opieki nad
Jezusem i Maryją w Nazarecie, był cichy, skromny,
niezauważalny. Pragnę opowiedzieć, jak pomógł
mi św. Józef w sytuacji prozaicznej, materialnej. Aż
trudno uwierzyć, że zainteresował się moją sprawą, a jednak... Zadawałam sobie pytanie, czy wypada
prosić go o rozwiązanie mojego kłopotu. Od kilkunastu lat jestem sparaliżowana po udarze mózgu. Po-
ruszam się na wózku inwalidzkim. Rok 2005 i 2006
był dla mnie szczególnie trudny. Niezależnie od ko-
niecznego wyjazdu na turnus rehabilitacyjny musiałam poddać się operacji oczu. Sytuacja ta wiązała

się z poważnymi kosztami, nie miałam potrzebnych pieniędzy. Zadłużyłam się pobierając kredyt, który trudno, coraz trudniej było mi spłacić. Każde opóźnienie w uregulowaniu kolejnych rat powodowało naliczanie karnych odsetek. Wzięłam kolejny kredyt w innym banku, by spłacić ten pierwszy. Tak powstała spirala zadłużeń i zaczął się mój dramat. Nie mogłam o tym nikomu powiedzieć. *Nie ma ludzkiego serca, któremu mogłabym powierzyć moją troskę. A nawet gdybym zdołała znaleźć współczującą osobę, która chciałaby być przy mnie, to przecież nie mogłaby mi pomóc* (słowa jednej z modlitw do św. Józefa). Męczyłam się potwornie, co odbiło się na moim zdrowiu. Nie pamiętam, kiedy wzięłam do ręki książeczkę *Nabożeństwo do opieki świętego Józefa* i zaczęłam go błagać o ratunek. W jednej z modlitw były cytowane słowa św. Teresy od Dzieciątka Jezus: „o cokolwiek poprosisz św. Józefa z pewnością to otrzymasz". Uwierzyłam i tym bardziej wołałam o pomoc. Zaczęłam słać prośby do sanktuarium w Kaliszu, gdzie w każdy pierwszy czwartek miesiąca odbywają się wyjątkowe nabożeństwa i Msza św. przed cudownym wizerunkiem św. Józefa. Otrzymałam deklarację wstąpienia do Rodziny Świętego Józefa. Wstąpiłam, otrzymałam legitymację i zaczęło się coś dziać. Osoba, która z racji swojej funkcji jest w częstym ze mną kontakcie zauważyła, że ze mną jest źle. Zapytała o przyczynę głębokiego przygnębienia. Miałam do niej zaufanie i otworzyłam się. Opowiedziałam jej wszystko o moim zadłużeniu. Obiecała pomoc. Pomyślałam: jak? Przecież nie jest bogata. Nie wierzyłam w jej możliwości. Jednak po kilku dniach powiadomiła mnie, by przygotować potrzebne dokumenty, kwity bankowe, na których ja figurowałam jako zleceniodawca. Przekazałam wszystko jak mi kazała i oczekiwałam w ogromnym napięciu, nieustannie wzywając św. Józefa i Matki Najświętszej. Gdy zadzwonił telefon, z lękiem podniosłam słuchawkę i usłyszałam znajomy głos mówiący: „Będę u pani po dyżurze, wszystko już w porządku". Płakałam do słuchawki, z trudem wyszeptałam: dziękuję, bardzo dziękuję. Mniej więcej za dwie godziny odwiedził mnie mój Anioł Stróż. Wręczyła mi dowody spłaty. Nie wiedziałam, kto pokrył te zadłużenia, gdyż ja byłam wpisana jako zleceniodawca. Próbowałam się dowiedzieć jak to się stało, usłyszałam jednak wtedy: „Proszę mnie nigdy nie pytać, kto wpłacił te kwoty, proszę się pomodlić za darczyńców". Nie mogłam ochłonąć z wrażenia. Wiedziałam przecież, kto był moim pierwszym darczyńcą i kto skierował do mnie zaprzyjaźnioną osobę. Modlę się za darczyńców, ale przede wszystkim serdecznie dziękuję św. Józefowi w Kaliszu, dokąd ślę kolejne prośby w bardzo trudnych, poważnych sprawach. Święta Tereniu, dziękuję za słowa nadziei: „o cokolwiek poprosisz św. Józefa z pewnością to otrzymasz". Wandeczko, siostrzyczko moja, Twoje prorocze słowa stały się faktem. Święty Józef działa przez swój cudowny wizerunek w kaliskiej świątyni, dokąd podążają pielgrzymi z całej Polski, zanosząc swoje prośby. Przede wszystkim w intencji bardzo zagrożonych dzisiaj rodzin. Ja też proszę za Wojtka i Katarzynę, bo nie jest najlepiej. Wierzę, że już poznałaś św. Józefa w niebie, wspomagaj mnie modlitwą.

Panie Zastępów, szczęśliwy człowiek,
który ufa Tobie!

———————— * ————————

(Ps 84, 13)

# W Tobie nadzieja

s. Lilianna, wykształcenie wyższe teologiczne, lat 43

Święty Józef to niezawodny Pomocnik i Opiekun.
Orientuje się we wszystkim. Pomaga mi odkręcać
słoiki z kompotem, zamyka ciężkie drzwi, radzi sobie z pordzewiałymi kłódkami, w których klucz ani
rusz nie chce się przekręcić. Świetnie zna się na
elektryczności i urządzeniach AGD, nieobcy mu
komputer. Przyjaźnimy się od dawna. Pozdrawiam
go codzienną *Litanią* do niego i modlitwą: *Pomnij,
o najczystszy Oblubieńcze Maryi Dziewicy...* Jeszcze
nigdy nie odmówił mi swej pomocy.

Tak na dobre moja przygoda ze św. Józefem rozpoczęła się w liceum. Codziennie przed lekcjami i po
zajęciach zachodziłyśmy z koleżankami do kolegia-
ty na krótką modlitwę. Nasza pobożność oczywiście
wzrastała przed klasówkami i wystawianiem ocen na
koniec semestru. Święty Józef był bardzo wyrozu-
miały dla naszych uczniowskich problemów, zawsze
pomagał i podnosił na duchu.

Na początku nowego roku szkolnego, w maturalnej klasie, odwiozłam swoją starszą o rok przyjaciółkę do klasztoru. Wszystko bardzo mi się tam podobało: i uśmiechnięte, cicho stąpające zakonnice, i uroczysta atmosfera panująca wśród starych murów, i donośny dzwonek przy furcie, i kanapki ze świeżym twarogiem. Zapragnęłam pozostać. Siostry były jednak nieugięte: „Kończysz liceum i dopiero wtedy przyjeżdżasz". Myślałam sobie: po co mi ta matura? I bez tego mogę obierać kartofle w klasztornej kuchni... Trzeba jednak było wracać.

Wróciłam więc i zaczęłam się naprzykrzać św. Józefowi: Zrób coś, proszę. Wiem, że możesz coś wymyślić.

Czekać cały rok wydawało mi się wiecznością. Zdawałam sobie sprawę z niezręcznej sytuacji, w jakiej stawiałam mojego Orędownika, bo co niby miał ze mną zrobić w ciągu roku? Do klasztoru słałam tęskne listy i wypytywałam moją przyjaciółkę o szczegóły jej nowego życia. Och, jak bardzo chciałam już TAM być!

Tymczasem minęła złota polska jesień, biała zima i nadchodziła wiosna. Jednego dnia listonosz przyniósł mi tajemniczy telegram: „Wizyta u lekarza 19 marca. B.". To siostry informowały mnie, kiedy mogę przyjechać złożyć dokumenty do zakonu. Pobiegłam do wychowawczyni, aby zwolnić się z dwóch dni nauki i pojechać do klasztoru. Były to czasy realnego socjalizmu i sprawa musiała pozostać w tajemnicy.

– Pani profesor, proszę mnie zwolnić z lekcji w piątek i poniedziałek, muszę jechać do Krakowa. Właśnie otrzymałam telegram.

Obejrzała blankiet, a potem przyjrzała mi się uważnie.

– Co ci dolega?

Zrobiłam nieokreślony gest ręką.

– Takie tam sprawy...

– No dobrze, jedź.

I tak w swoje święto św. Józef zaprowadził mnie do klasztoru. Oczywiście wróciłam, by zdać maturę i dopiero w czerwcu pojechałam na stałe. To było ponad 20 lat temu...

Święty Józef lubi podróżować. To mu pozostało po Egipcie. Chętnie też towarzyszy w podróżach swoim czcicielom. Przekonałam się o tym wielokrotnie.

Wysłano mnie do Francji na studia. Miałam szczęście modlić się w Lourdes, La Salette i w wielu innych sanktuariach, a mnie marzyła się Fatima. Józefie..?

Pewnego wieczoru Siostra Przełożona oznajmiła, że otrzymałyśmy dwa darmowe bilety na samolot do Fatimy. Pielgrzymkę organizowała grupa francuskojęzycznych Kanadyjczyków i chcieli zabrać z sobą jakieś zakonnice. Gdyby któraś z sióstr zechciała, a jeszcze tam nie była... Jedynym mankamentem wyjazdu było to, że miał trwać aż 10 dni. Mankamentem? Dobry Boże!

Potem okazało się, że większość grupy stanowią parafianie parafii św. Józefa z Montrealu. Józefie... Od kilku lat pracuję na Ukrainie w parafii... św. Józefa. Piękny neogotycki kościół obchodzić będzie wkrótce stulecie swego istnienia. Oczywiście komuniści zdążyli go zamknąć (1935 r.) i zamienić na fabrykę łożysk tocznych. Strącili krzyż z wieży kościelnej, wieżę ścięli, sprzęty zagrabili lub zniszczyli, w środku wybudowali trzy piętra. Do naszych czasów nie wiadomo jakim sposobem zachowała się jedynie alabastrowa figura św. Józefa dłuta Cypriana Godebskiego.

Mieszkamy w chacie podobnej do innych, różniącej się jedynie wyposażeniem, bo mamy niektóre użyteczne sprzęty elektryczne. Sęk w tym, że w razie awarii nikt nie potrafi ich naprawić. Gdy nie da się tego zrobić za pomocą drutu i gwoździa, „mechanikom" ręce opadają. Cóż pozostaje? Oczywiście niezawodny św. Józef!

Większość domów nie ma bieżącej wody. Ludzie wędrują z wiadrami do wykopanej pod lasem studni. My w piwnicy mamy przywiezioną z Polski pompę tłoczącą wodę do domu. Pewnego dnia urządzenie przestało działać. Nikt nie umiał nam pomóc. Święty Józefie, w Tobie jedyna nadzieja... Przyniosłyśmy małą gipsową figurkę Świętego i ustawiłyśmy na półce w piwnicy. Krótka modlitwa, pokropienie wodą święconą i... pompa ruszyła! To było trzy lata temu. Święty Józef stoi tam nadal, a wysłużona pompa ciągle pracuje.

Na komputerach się nie znam, więc w pewną sobotę byłam niepocieszona, gdy komputer odmówił mi posłuszeństwa. Usiłowałam sobie przypomnieć, jak jeszcze można spróbować go naprawić, ale około północy miałam już dość. Od czego jednak św. Józef? Przyniosłam figurkę, postawiłam na komputerze i mówię mu: Kochany święty Józefie, wprawdzie w Twoich czasach nie było tego typu wynalazków, jednak jestem pewna, że mi pomożesz. Wiesz dobrze, że jesteś moją jedyną nadzieją.

Odmówiłam modlitwę, pokropiłam komputer wodą święconą i spokojnie poszłam spać. Nazajutrz rano, jeszcze przed pójściem do kościoła, sprawdzam, co św. Józef zrobił. Ku mojemu ogromnemu zdumieniu – komputer nadal nie działa. Nie może być, Józefie, czyżbyś się na tym nie znał? W poniedziałek rano znów zasiadam przy biurku i... wielkie nieba! Wszystko w porządku! Mój Boże, że też wcześniej na to nie wpadłam: przecież wczoraj była niedziela, św. Józef świętował!

Jak w większości tutejszych budynków do ogrzewania domu mamy kocioł gazowy. Zimą bywa dość zimno. W styczniu zapowiadali nadejście wielkich mrozów, a u nas coś się stało z kotłem i temperatura w domu nie przekraczała 13–14 stopni. Chodziłyśmy więc opatulone we wszystko, co się dało, bezskutecznie usiłując dodzwonić się do „służby gazowej". I tym razem św. Józef przyszedł nam z pomocą: po modlitwie do niego s. Przełożona jeszcze raz poszła obejrzeć piec i nieświadomie nacisnęła przycisk, który z miejsca spowodował, że wszystko zaczęło normalnie funkcjonować. Miałyśmy szczęście, następnej nocy rozpoczęła się iście syberyjska zima...

Mogłabym opowiadać wiele jeszcze takich różnych historyjek, które ktoś może uznać za przypadek lub zbieg okoliczności. Dla mnie jednak jest to pewne: św. Józef jest niezawodny i zawsze pomaga!

Ja zaś zaufałem Twemu miłosierdziu; niech
się cieszy me serce z Twojej pomocy, chcę
śpiewać Panu, który obdarzył mnie dobrem.

——————— * ———————

(Ps 13, 6)

# Święty Józefie ratuj nas

### Maria, Bytom

Urodziłam się w 1922 r., miałam starszego brata,
młodszego brata i młodszą siostrę. Mama chorowała
i zmarła na raka żołądka, kiedy miałam 13 lat. Chodziłam z mamą na pielgrzymki do Matki Boskiej Pie-
karskiej. Mama modliła się do Maryi i św. Józefa. Jak
miałam 15 lat, tata był bezrobotny i chorował. Modliłam się wtedy do św. Józefa, żebym dostała pracę.
Powiedziałam mojej koleżance, żeby się zapytała, czy
ktoś nie potrzebuje opiekunki do dziecka. Dwa dni
później koleżanka przekazała mi, że mam się zgłosić
do rodziny Cuda. Zostałam przyjęta do tej rodziny
jako opiekunka. Była to dobra rodzina katolicka,
która prowadziła sklep. Było dużo pracy, ale ja lu-
biłam pracować. W domu rodzice uczyli nas, że na
pierwszym miejscu jest Pan Bóg, potem uczciwość
i pracowitość. To nam pomagało w życiu. Mąż tej
pani, u której pracowałam, musiał iść na wojnę, do-

stał się pod Stalingrad. Nie miała żadnej wiadomości od niego przez pół roku. Bardzo się martwiła, płakała i dużo modliła. Miała dwoje małych dzieci. Wiedziała, że ja się modlę do św. Józefa. Śniło mi się raz, że szłam drogą polną i zobaczyłam stojącego staruszka (odebrałam go jako św. Józefa), który powiedział mi, że on żyje. Opowiedziałam mój sen tej pani i ona uwierzyła, że jej mąż żyje. Po wojnie przyjechał duży samochód, zatrzymał się i wysiadł z niego polski żołnierz; był to mąż tej pani. Potem urodziło się im jeszcze dwoje dzieci, byli bardzo szczęśliwi i dziękowali Panu Bogu.

Mój młodszy brat także musiał iść na wojnę i dostał się do Rosji. Modliłam się do św. Józefa za swojego brata i wysyłałam za niego i rodziców na Msze św. do kościoła pod wezwaniem św. Józefa w Krakowie. Mój brat wrócił z wojny i pracował razem z siostrą u tej rodziny co ja. Pracowałam u tych państwa do wyjścia za mąż. Traktowano mnie zawsze jak członka rodziny, a kontakt z nimi miałam aż do ich śmierci.

Jak wojna się skończyła, szłyśmy z koleżanką do kościoła w Piekarach Śląskich podziękować, że wojna się skończyła i pośpiewać po polsku. Ja kupiłam sobie figurkę św. Józefa. Z kościoła szłyśmy drogą polną, po obu jej stronach rosło wysokie żyto, nikt za nami nie szedł. W połowie drogi zobaczyłam w zbożu dwóch Rosjan z karabinami, którzy krzyczeli „Kuda ty", przestraszyłyśmy się. Zaczęłam z całych sił krzy-

czeć: „Święty Józefie ratuj nas". Przerażoną koleżankę złapałam za rękę i uciekłyśmy, a Rosjanie stali
cały czas w tym zbożu jak słupy. Ocalił nas św. Józef,
bo był to czas, kiedy Rosjanie okradali i gwałcili.

Modliłam się też do św. Józefa o dobrego męża
i wymodliłam. Po wyjściu za mąż, kiedy moja córeczka miała już pół roku, zachorowałam na nogi
i nie mogłam chodzić. Byłam u trzech lekarzy, jeden powiedział, że to jest gruźlica skóry, drugi dał
mi zastrzyk i powiedział, że to mi pomoże, trzeci
dał mi lekarstwa, ale to też nie pomogło. Czułam się
coraz gorzej. Moja półroczna córeczka zachorowała
i przyszła do niej siostra zakonna. Powiedziałam jej,
że bardzo bolą mnie nogi, a ona się dziwiła, że nie
widziała takiej choroby. Prosiłam ją o radę, do jakiego lekarza się mam udać. Poradziła mi, żebym poszła do starszego lekarza, który przyjmuje w szpitalu
w Katowicach. Ciężko się jest dostać do niego, ale
mam spróbować. Jak jechałam do tego szpitala, cały
czas modliłam się na różańcu i prosiłam św. Józefa,
żeby mi pomógł. Przyjechałam do szpitala i zapytałam siostrę, czy lekarz mnie przyjmie; odpowiedziała,
że nie. Modliłam się do św. Józefa, aby lekarz mnie
przyjął i ponownie poprosiłam siostrę, by zapytała lekarza, czy mnie przyjmie. Lekarz mnie przyjął i pytał,
dlaczego tak późno przyszłam. Powiedział siostrze,
by mnie przyjęła na oddział, ale ona powiedziała, że
nie ma wolnych łóżek, więc kazał jej przynieść łóżko

ze strychu. W nocy dostałam wysokiej temperatury,
podano mi lekarstwa i zastrzyki. Bardzo bolały mnie
wszystkie stawy, nie mogłam się z bólu ruszać. Leża-
łam w szpitalu dwa miesiące, ale wyzdrowiałam. Do
tej pory modlę się do św. Józefa, dziękuję za wszystkie otrzymane łaski i proszę o dalsze dla całej mojej
rodziny. Zabierałam się do pisania tego świadectwa
przez kilka lat. Dziękuję Trójcy Przenajświętszej,
Matce Bożej i św. Józefowi za wszystkie łaski ode-
brane przez całe moje życie.

Dobra i niedole, życie i śmierć, ubóstwo i bogactwo pochodzą od Pana. Dar Pana spocznie na ludziach bogobojnych, a upodobanie Jego na zawsze zapewni im szczęście.

———————— * ————————

(Syr 11, 14–17)

# Podarowana pielgrzymka

Irena, Olesno, 38 lat

Po przeczytaniu artykułu o św. Józefie postanowiłam podzielić się i moją wdzięcznością dla tego świętego. Zmieniłam miejsce zamieszkania i środowisko, przeprowadzając się do innego miasta. Związana z tym była też zmiana pracy. Oznaczało to, że muszę ją znaleźć. W lutym zakup mieszkania, remont, a przeprowadzka w czerwcu. Od września córka miała iść do szkoły, a ja nie miałam nadal pracy. W naszym kościele w bocznym ołtarzu znajduje się obraz św. Józefa. Postanowiłam go tam odwiedzić i prosić o pomoc w znalezieniu pracy. Pomógł mi. Od 1 września córka poszła do nowej szkoły, a ja do nowej pracy i jestem przekonana, że ta łaska od Boga jest za wstawiennictwem św. Józefa. To nie był jedyny raz, kiedy Święty działał w moim życiu. Byłam u koleżanki w pierwszy czwartek miesiąca. Włączyła telewizor, kiedy transmitowana była Msza św. przed cudownym obrazem Świętej Rodziny w Kaliszu. Tam szczególnie czczony jest św. Józef. Pomyślałam, że byłoby cudownie tam kiedyś pojechać i pomodlić się przed tym obrazem. Po jakimś czasie otrzymałam propozycję pojechania do sanktuarium z relikwiami św. Beretty Molli oraz św. Teresy z Kalkuty. Odmówiłam pod wpływem córki, która nie chciała ze mną pojechać. Krótko przed wyjazdem tej grupy dostałam telefon, że nadal są dwa miejsca wolne i kierowca zgodził się nas zabrać bez opłaty, by tylko miejsca nie były puste. W autokarze, krótko przed przyjazdem do Kalisza dowiedziałam się, że relikwie są w tym samym kościele co cudowny obraz ze św. Józefem, przed którym pragnęłam być. To św. Józef sprawił, że mogłam się tam modlić wraz z córką.

A ja opiewać będę Twą potęgę i rankiem będę
się weselić z Twojej łaskawości, bo stałeś się
dla mnie warownią i ucieczką w dniu mego
ucisku.

———————— * ————————

(Ps 59, 17)

# Wielka łaska

Wiktoria, Lublin, 65 lat

W styczniu 2005 roku znalazłam się w trudnej sytuacji materialnej z powodu bardzo dużej podwyż-
ki czynszu mieszkaniowego. Zmartwienie moje było
wielkie. Jestem samotna, na emeryturze i nie mogłam liczyć na jakąkolwiek pomoc. Nie miałam żadnego sensownego rozwiązania. Pozostała mi tylko
modlitwa. W marcu 2005 roku w gazetce znalazłam
30-dniowe nabożeństwo ku czci św. Józefa. Nabożeństwo to odprawiałam przez dwa miesiące, prosząc
Świętego o wstawiennictwo i pomoc w tej trudnej
sprawie. Po upływie następnych kilku tygodni, zupełnie niespodziewanie, otrzymałam propozycję pracy od właściciela zakładu, z którym nie utrzymywa-
łam wcześniej żadnych kontaktów. Sama pracy nie
szukałam, bo biorąc pod uwagę mój wiek 65 lat, nie
wierzyłam, że chciałby mnie ktokolwiek zatrudnić.

W moim odczuciu za sprawą św. Józefa obdarowana zostałam wielką łaską. Od września 2005 roku do chwili obecnej mam stałą pracę jako pielęgniarka szkolna w gimnazjum i zdrowie wystarczająco dobre, aby te obowiązki wykonywać. Dziękuję Bogu za Jego łaskawość.

I prośba moja została wysłuchana. Wybawiłeś
mnie bowiem z zagłady i wyrwałeś z przygo-
dy złowrogiej. Dlatego będę Cię wielbił i wychwalał, i błogosławił imieniu Pańskiemu.

——————— * ———————

(Syr 51, 11–12)

# Proś świętego Józefa

Stefania, 87 lat

Moje świadectwo o wielkiej miłości św. Józefa do
nas. Rok po zakończeniu wojny byłam w pierwszej
ciąży, drugi miesiąc. Mąż wyjechał na delegację, a ja
zostałam sama. Przyjechał brat parą koni i przywiózł
nam węgiel na zimę i zaraz miał wracać. Nie można było nikogo znaleźć do znoszenia węgla, wysypać
też nie, ponieważ obok mieszkali Cyganie. Znosiłam
więc z bratem węgiel w dużym koszu wiklinowym
po karkołomnych schodach do piwnicy. Gdy znieśli-
śmy wszystko brat pojechał, a ja dostałam wielkich
nieustępujących boleści. Przypomniałam sobie wtedy
słowa mojej mamy: „Gdy będziesz w wielkiej potrzebie i zmartwieniu, proś św. Józefa, on ci pomoże we
wszystkim". I tak jęcząc i płacząc błagałam św. Józefa, bym mogła utrzymać tę ciążę. Przyrzekłam zawsze go czcić i dać dziecku jego imię, a dziewczynce

Maria. W bólach i płaczu modląc się, zasnęłam. Rano stwierdziłam, że utrzymałam ciążę. Jakże wielbiłam Boga i św. Józefa. Józiu rósł, był dobrym i zdolnym chłopcem, dostał się na studia na Uniwersytet Jagielloński. Na pierwszym roku, na półrocze oblał egzaminy i odpadł, jak jego koledzy. Pozostało mu startować od nowa i w razie przyjęcia pokryć wszelkie opłaty z tym związane. Było nam ciężko, mieliśmy już czworo dzieci. Błagałam w tej sprawie św. Józefa, dałam na Mszę św. w tej intencji. Święty Józef pomógł i tym razem. Syn nie odpadł, lecz powtarzał ten pierwszy rok, wyjątkowo on jeden. Minęły lata, syn po studiach zrobił doktorat, założył rodzinę, urodziło mu się troje dzieci. Teraz w tych latach miewał zadyszkę, badania wykazały uchwycony w ostatnim momencie stan przedzawałowy. Po operacji lekarz orzekł, że to było nadzwyczajne szczęście, zawał był dwukomorowy kończący się śmiercią. Po operacji czuje się dobrze i wraca do zdrowia. Jakże wdzięczna jestem św. Józefowi za jego pomoc, by ratować życie mojego syna. I Bogu za łaskawość. Dziękuję i dzielę się swą radością – kochająca Go matka.

O nic się już zbytnio nie troskajcie, ale w każdej sprawie wasze prośby przedstawiajcie
Bogu w modlitwie i błaganiu z dziękczynie-
niem! A pokój Boży, który przewyższa wszelki umysł, będzie strzegł waszych serc i myśli
w Chrystusie Jezusie.

———————— * ————————

(Flp 4, 6–7)

# Patron dobrej śmierci

Małgorzata, 30 lat, sprzedawca, Bydgoszcz

Czytając czasopismo religijne, zapamiętałam świadectwo o pomocy św. Józefa i jego wielkim wstawiennictwie. To co napiszę będzie moim podziękowaniem
temu wielkiemu Świętemu. Dwa lata temu nastąpiło
w moim życiu nawrócenie za sprawą św. Ojca Pio,
ten drogi święty pomógł mi. Za jego sprawą z dnia
na dzień zaczęłam odmawiać różaniec i trwa to do
dziś. Także, o czym przekonałam się po czasie, zaczęłam czcić świętych, których on czcił, między innymi oprócz Maryi i Jezusa, św. Józefa, św. Franciszka
i św. Ritę. Ostatnio czułam się przynaglona do modlitwy o nawrócenie mojego ukochanego taty, który całe
życie był z dala od sakramentów świętych. 23 marca
wybrałam się do ojców kapucynów, aby podzięko-

wać św. Ojcu Pio za łaski, które mi uprosił. Zaniosłam mu białe tulipany i położyłam u stóp jego figury. Pomyślałam, że ktoś wstawi je do wazonika podczas wieczornego nabożeństwa do świętego. Modliłam się też za tatę. 27 marca poszłam do spowiedzi świętej, modląc się za grzeszników i konających o ufność. To było dziecinne, ale poszłam do kościoła kapucynów sprawdzić, czy tulipany się trzymają. Były w wazoniku, ale u stóp św. Józefa; wtedy troszkę mnie to rozbawiło. We wtorek 28 marca zadzwoniła moja siostra z informacją, że nasz tata zaginął. Wyszedł 25 marca, zostawił dokumenty i paszport na barce. Już wiedzieliśmy, że coś się stało, gdyż tata był solidny i nigdy nie porzuciłby miejsca pracy. Tata pracował w Holandii na morzu. Zaczęłam nowennę do św. Józefa patrona dobrej śmierci. Bóg wysłuchał jego wstawiennictwa już w pierwszym dniu nowenny. O 18.30 tego dnia znaleziono ciało taty, o tej godzinie wychodziłam z kościoła. Został znaleziony w Kanale Księżniczki Małgorzaty, jakby Bóg chciał mi powiedzieć: „Miła mi Małgosiu jest twoja wiara". Moje imię to Małgorzata, a więc Bóg uczynił tak wielki cud. Znajomi radzili mi iść do jasnowidza, ale ja zaufałam Bogu i Jego świętym. 4 kwietnia ciało tatusia po długiej podróży dotarło do Bydgoszczy. Po dziewięciu dniach nowenny odbył się piękny pogrzeb. Kaplica zapełniła się ludźmi, a ksiądz powiedział piękne kazanie. Dużo osób pomogło mamie i tata spoczywa w pokoju.

W kościele i przy stole zgromadziła się rodzina taty, która od lat była skłócona. Choć wylałam morze łez, a w moim sercu jest ogromna tęsknota, jednak wiem, że tata jest szczęśliwy. W Żegludze Bydgoskiej dowiedziałam się, iż utonęło wielu mężczyzn, a ich ciał do dziś nie odnaleziono. Żony, dzieci czekają po 10 lat i cisza, ból, łzy. A nasz tatuś po 12 dniach spoczął na poświęconej polskiej ziemi. Dziękuję Tobie, święty Józefie, za pomoc.

Ufność, którą w Nim pokładamy, polega na
przekonaniu, że wysłuchuje On wszystkich
naszych próśb zgodnych z Jego wolą.

———————— * ————————

(1 J 5, 14)

# Dziewięć minut

Ewa, 49 lat, pracownik administracji, Oświęcim

Zachęcona do złożenia świadectwa po przeczytaniu
jednej z gazet katolickich postanowiłam opisać cud,
jakiego byłam uczestniczką za pośrednictwem św. Józefa. Moje zainteresowanie tym kochanym Świętym zaczęło się z chwilą, kiedy zaczęła się budowa
naszej świątyni pod wezwaniem św. Józefa Robotnika w Oświęcimiu. Wcześniej wcale nie zwróciłam
na niego uwagi. Był opiekunem Maryi i Jezusa, tyle
wiedziałam. Dzisiaj nie wyobrażam sobie życia bez
niego. Historia, którą chcę opowiedzieć, wydarzyła się 1 maja 1998 roku w dniu odpustu św. Józefa Robotnika w naszej parafii. Czekałam z ogromną
radością i niecierpliwością na Mszę św. odpustową.
Pierwszy odpust w nowym kościele mojego kochanego patrona. Niestety, od rana mój 2-letni synek
był nieswój, płakał i o 10.00 miał wysoką gorączkę.

Msza św. miała być o 11.00. Poczułam tak ogromny zawód, że nie będę mogła być na odpuście, że trudno mi to opisać. Pomyślałam w duchu: Święty Józefie, chyba nie pozwolisz na to, bym nie mogła uczestniczyć we Mszy św., chyba mi tego nie zrobisz, przecież wiesz, jak bardzo mi na tym zależy. Mój żal sięgnął zenitu, a łzy ciurkiem popłynęły po moich policzkach. Ubrałam szybko synka Marka i pojechaliśmy z mężem do szpitala na dyżur. W poczekalni był niesamowity tłok, brakowało krzeseł. Popatrzyłam na zegarek – była 10.25. Pomyślałam: Święty Józefie, wymyśl coś, wszystko w Twoich rękach. Pacjenci znikali za drzwiami gabinetu i spędzali tam od 5 do 7 minut, niektórzy więcej. Ja nerwowo zerkałam na zegarek. W pewnej chwili lekarz wyszedł na ponad 5 minut. Ludzie wchodzili i wychodzili, kolejka około 30-osobowa zmniejszała się. Nadeszła nasza kolej, wyszliśmy z gabinetu o 10.55. Jechaliśmy z powrotem około 6 minut. Ja wysiadłam wcześniej, a mąż z synem pojechali do domu. Pobiegłam szybko około 3 minut. Wbiegając do kościoła spojrzałam na zegarek: była 10.55. Pięć minut modliłam się i dziękowałam św. Józefowi za wszystko. Msza zaczęła się planowo o 11.00. Było mi wstyd, że w pewnym sensie nawymyślałam mojemu patronowi, jakby był coś winny, a on zamiast się obrazić sprawił ten wspaniały cud. Święty Józef ma mnie w swej opiece od lat.

Wspiera mnie i wysłuchuje, jak na przykład w znalezieniu bez problemu pracy przez córkę po ukończeniu studiów, o co dużo wcześniej się modliłam. Tym świadectwem składam św. Józefowi hołd i podziękowanie.

Spotkało kogoś z was nieszczęście? Niech się modli! Jest ktoś radośnie usposobiony? Niech śpiewa hymny! Choruje ktoś wśród was? Niech sprowadzi kapłanów Kościoła, by się modlili nad nim i namaścili go olejem w imię Pana. A modlitwa pełna wiary będzie dla chorego ratunkiem i Pan go podźwignie, a jeśliby popełnił grzechy, będą mu odpuszczone.

———— * ————

(Jk 5, 13–15)

# Modlitewnik jak relikwia

Maria, 53 lata, nauczyciel, Dzwola

Kiedy byłam małym dzieckiem mój ojciec, bardzo religijny człowiek, podawał pieniądze przez człowieka nazwiskiem Mróz, który mieszkał w sąsiedniej wiosce. Pieniądze miały być przekazane do Krakowa do sióstr bernardynek z prośbą o Msze św. za wstawiennictwem św. Józefa.

W tym czasie wpadł mi w ręce modlitewnik do św. Józefa. Było to stare wydanie z 1930 roku. Bardzo często modlił się z takiego samego mój nieżyjący już ojciec. Tata był wielkim czcicielem św. Józefa. Niezmiernie ufał św. Józefowi w ciągu całego swojego życia, a tenże przychodził mu zawsze z pomocą. Ciężkie to były kiedyś czasy. Do tej pory pamiętam, kiedy to rok w rok, na wiosnę bieda zaglądała nam w oczy. Nie było pieniędzy, kończyło się jedzenie. Starsi ludzie zapewne pamiętają czasy tzw. *przednówku*. Wówczas tato uspokajał wszystkich i mówił, że nie będzie źle, gdyż św. Józef nam pomoże. Wielka była wiara tego człowieka. Gorąco modlił się i ciągle zwiększał modlitwy i ufność ku św. Józefowi. Po jakimś czasie zawsze otrzymywaliśmy paczkę z Ameryki. Wysyłała ją siostra mojego dziadka, który już nie żył. W paczce były ubrania i dolary. Już nie było tak źle. Wtedy tato podkreślał, mówiąc: „Widzicie, to sam św. Józef zaradził i tę paczkę nam przysłał". Tak było wielokrotnie, a ja nabierałam coraz większej ufności do tego Świętego i zaczynałam go coraz bardziej kochać. W tych paczkach zawsze najwięcej ubrań było dla mnie. Mój Boże! Ileż to było radości z tego powodu i nieprzespanych nocy.

Książeczka do św. Józefa towarzyszyła mi zawsze. Gdy dorastałam, modliłam się z coraz większą ufnością, szczególnie w trudnych sytuacjach życiowych, a takich nie było mało. Wyszłam za mąż i rok po ślubie urodziło się dziecko. Prawdę mówiąc, od tamtej pory zaczęło się pasmo moich niepowodzeń. Ciążę znosiłam bardzo dobrze, ale sam poród tragicznie. W czerwcu 1974 roku, w klinice jednego ze szpitali lubelskich, lekarze przez 4 dni tabletkami przyspieszali mi poród, bo niby już czas. Doszło wreszcie do momentu, w którym lekarz, zamiast zrobić mi cesarskie cięcie, łokciami nacisnął mi brzuch i wydusił dziecko. Córka urodziła się zdrowa, ale ja miałam obrażenia wewnętrzne macicy, trzeba to było pozaszywać. Lekarz dokonał tego zabiegu bez znieczulenia i jedną ścianę macicy przyszył do innego narządu. Nie zauważywszy tego zszył krocze i wydawało się, że wszystko jest w porządku. Jednak krwotok, który nastąpił, był silny. Nastąpił zanik żył i aby podać krew, trzeba było ciąć nogi w pachwinach. Asystowało przy tym dziesięciu lekarzy i każdy zajmował się jakąś częścią mojego ciała. W tym czasie przeżyłam śmierć kliniczną. A co widziałam podczas śmierci klinicznej, zaraz opiszę: Była przepiękna, szeroka i słoneczna droga. Ja szłam tą drogą, a naprzeciwko mnie Święta Rodzina. Święty Józef z Maryją prowadzili Jezusa. Jezus był boso i w tunice przepasanej szarfą. Miał może około 12 lat albo mniej. Szli, zbliżając się do mnie. Gdy spotkaliśmy się, wzięli mnie za ręce i tak szliśmy razem. Było mi tak dobrze, tak cudownie, tak błogo i szczęśliwie, że nigdy w ziemskim życiu tak się nie czułam. W pewnym momencie jakaś – wydawało mi się – *poczwara* z tyłu zaczęła mnie wołać po nazwisku. Nie oglądałam się wcale do tyłu, bo bardzo się bałam, żeby Oni mnie nie zostawili. *Poczwara* jednak zbliżała się do mnie coraz bardziej i wołała coraz głośniej. W pewnym momencie Święta Rodzina, uśmiechając się do mnie i zostawiając mnie, zaczęła się ode mnie oddalać. Próbowałam iść za Nimi, ale nic z tego, bo moje nogi nie zrobiły ani kroku. W pewnym momencie poczułam już szarpanie i głośne wołanie: Pani Mario! Pani Mario! Okazało się, że *poczwarą* byli lekarze, którzy mnie reanimowali i wołali. Ja natomiast wcale nie chciałam wracać do tego ziemskiego życia i po przebudzeniu trzy razy powiedziałam lekarzom: Dajcie mi spokojnie odejść! Lekarze na to z krzykiem: Ma pani zdrowe dziecko i młodego męża i chce pani tak młodo umierać!!! Mnie to już nie interesowało, chciałam odejść razem ze Świętą Rodziną, z którą było mi tak dobrze i cudownie. Od tamtego momentu nie boję się śmierci, ale raczej jej pragnę, bo ciągle widzę ten cudowny obraz przed sobą i to jaka byłam szczęśliwa. Po śmierci klinicznej nie dochodziłam szybko do zdrowia. Przyjęłam 11 litrów krwi i po 14 godzinach zostałam ponownie operowana. Udało się wtedy lekarzom zobaczyć co się stało, ale nadziei na życie w pierwszych dniach nie dawali. Po półtoramiesięcznym pobycie na intensywnej terapii zdrowie zaczęło powoli wracać. To, że żyję do dnia dzisiejszego, zawdzięczam św. Józefowi, który ze swoją Rodziną przyszedł mnie uzdrowić. Sami lekarze mówili, że to jest tylko moc Boża. Od tamtej pory Józef przybliżył mi Jezusa i Maryję.

Obecności św. Józefa doświadczył również mój małżonek Władysław. W 1989 roku wręczyłam mu *Modlitewnik do św. Józefa*, kiedy wyjeżdżał na półroczny zarobek do Kanady. Zaproszenie otrzymał od znajomych. Pracował tam z innymi mężczyznami na farmie. Codziennie podczas półgodzinnej przerwy obiadowej odmawiał *Koronkę do św. Józefa*. W tym czasie jego koledzy odpoczywali, spali, on zaś po odmówieniu modlitwy budził ich do dalszej pracy. Pewnego dnia był bardzo zmęczony i zasnął w trakcie odmawiania modlitwy. Gdy zbliżała się godzina ponownego powrotu do pracy małżonek poczuł, że ktoś go szarpie za ramię i budzi. Otwiera oczy, rozgląda się, kto to może być, a tu... dookoła cisza, koledzy pogrążeni w błogim śnie i nikogo nie ma. Natychmiast obudził wszystkich, bo właściciel farmy złościłby się bardzo za spóźnienie. Do dziś jest przekonany, że to był św. Józef. Mówi, że jeszcze teraz czuje ów dotyk, gdy o tym pomyśli.

Pragnę zaświadczyć o jeszcze jednej łasce, uzyskanej od św. Józefa, o uratowaniu życia. W 1987 roku wyjeżdżał do Kanady nasz przyjaciel ze swymi synami – ten, który dwa lata później zaprosił męża. Jechali już na stałe, gdyż żona od kilku lat tam pracowała i otrzymała stały pobyt. Do Warszawy na lotnisko jechali żukiem. Był z nimi mój mąż. Dla znajomych zabrali dużo egzemplarzy *Modlitewników do św. Józefa* wraz z obrazami Świętego. Pod Warszawą mieli wypadek. Przednie koło od strony kierowcy urwało się, zaś oni dachowali kilka razy. Samochód był zmasakrowany, a oni tylko mocno potłuczeni, nawet bez skaleczeń. To św. Józef ich uratował. Dzięki niemu są cali, zdrowi i co najważniejsze żyją. Czy to nie jest prawdziwy dowód na obecność i pomoc tego Świętego?

Pragnę nadmienić o jeszcze jednej łasce otrzymanej od św. Józefa. Kilkanaście lat temu wręczyłam pewnej dziewczynie, którą porzucił chłopak, mój pierwszy stary, wymodlony modlitewnik do św. Józefa. Było mi jej bardzo żal, ponieważ z chłopcem tym chodziła przez cztery lata. Widać, że była bardzo zaangażowana i wpadła w wielką rozpacz. Dorota, tak miała na imię, modląc się do św. Józefa, zaczęła powoli ocierać łzy i żyć normalnym życiem. Po upływie roku i ciągłych modlitw poznała fajnego, dobrego chłopaka. Wyszła za niego i do tej pory jest szczęśliwa. Jeszcze teraz wspomina, że to św. Józef znalazł jej męża, a ten stary modlitewnik traktuje jak relikwię i nie rozstaje się z nim.

Święty Józef towarzyszy mi również w snach, które sobie dokładnie spisuję. Ciągle czuję jego opiekę nade mną. Pragnę mu pozyskać jak najwięcej czcicieli, którzy poznaliby go, pokochali i jego opiece się oddali. Moim pragnieniem jest rozpalić miłość do św. Józefa w innych ludziach.

Bóg jest dla nas ucieczką i mocą: łatwo znaleźć u Niego pomoc w trudnościach.

———————— * ————————

(Ps 46, 2)

# Wysłuchana modlitwa

Dorota, 21 lat, studentka, Kraków

Święty Józef w moim rodzinnym domu był zawsze
czczony. Mama wciąż powtarzała mi: „Módl się
do świętego Józefa", może dlatego, że św. Józef
jest opiekunem rodzin, a nasza rodzina jest niepeł-
na (mama i ja). Święty Józef był często wzywany
na pomoc w trudnościach duchowych i material-
nych, z którymi w domu wciąż się borykamy. Choć
mama zrobiła wszystko, aby Bóg był w moim życiu
na pierwszym miejscu, nie przyjmowałam Go do siebie długi czas. Właściwie nadal trzymam się od Boga
na dystans, sama nie wiem dlaczego. Kilka tygodni
temu miałam ciężką sesję egzaminacyjną; zaległości,
braki, opuszczanie zajęć sprawiły, że mój pobyt na
drugim roku studiów stanął pod znakiem zapytania.
Zaczęłam zdobywać zaliczenia, wzięłam się ostro do
nauki, ale brakło mi sił. Wtedy zauważyłam, że jest
Bóg i zaczęłam się do Niego modlić, żeby mi pomógł, za przyczyną św. Józefa. Obiecałam, że jeśli mi

pomoże, napiszę to świadectwo, żeby inni studenci mogli się przekonać, że Bóg działa, objawia się, również za pośrednictwem swoich świętych. Zwłaszcza w ostatnich dniach egzaminów, gdy czułam jedynie bezsilność i ogromne przemęczenie, prosiłam Boga o pomoc, wierząc, że to co się stanie (tzn. jeśli będę w stanie się nauczyć i zdać) będzie tylko i wyłącznie Jego zasługą. Bóg mnie wysłuchał. Trzy dni temu oddałam indeks i jestem już na drugim roku kultury rosyjskiej, mam wakacje. Proszę teraz jedynie Boga, który objawił mi swoją nieskończoną dobroć i przez możliwość studiowania uczy mnie pokory życia, abym nie zapomniała o tym, co dla mnie uczynił. Wiem, że Pan Bóg naprawdę jest i działa, w tym wypadku za przyczyną św. Józefa. Chwała Panu!

Szczęśliwy każdy, kto boi się Pana, który
chodzi Jego drogami! Bo z pracy rąk swoich
będziesz pożywał, będziesz szczęśliwy i dobrze ci będzie. Małżonka twoja jak płodny
szczep winny we wnętrzu twojego domu.

———————— * ————————

(Ps 128, 1–3a)

# Pójdźcie do Józefa

## Maria i Bogdan, Płock

„Pójdźcie do Józefa. On wam dopomoże". Jesteśmy
małżeństwem z dziesięcioletnim stażem, obdarowa-
nym trójką dzieci. Nasza wyjątkowa zażyłość ze św. Józefem rozpoczęła się około trzech lat temu. Długo nie
mogłam zajść w ciążę z trzecim dzieckiem, a pragnienie ponownego macierzyństwa narastało z każdym
dniem. Równolegle towarzyszyła obawa, że już mam
za dużo lat, bo 38. Zaprzyjaźniona z nami rodzina
nie widziała w tym żadnego problemu, kwitowali to
jednym pytaniem: „Dlaczego jeszcze nie pojechaliście
do św. Józefa na przykład w Kaliszu?". Pojechaliśmy
zatem przy pierwszej nadarzającej się okazji, a była
nią pielgrzymka kręgów Domowego Kościoła, którego jesteśmy członkami. Zorganizowana była z okazji
Dnia Świętości Życia około 25 marca. Gorąco poleca-
łam nasz problem przed cudownym obrazem Świętej

Rodziny. Trzy miesiące później dowiedziałam się, że jestem w stanie błogosławionym, a równo rok później, czyli 25 marca urodziła się szczęśliwie Małgorzatka Józefinka. Myślę, że nawet najwięksi sceptycy nie potrafiliby tego zdarzenia potraktować w kategoriach przypadku. A nawet gdyby, to my jesteśmy wewnętrznie głęboko przekonani, że stało się to za przyczyną wielkiego orędownika rodzin św. Józefa. Po tym doświadczeniu nie było już wątpliwości z zawierzeniem budowy naszego domu św. Józefowi. Wytrwale odmawialiśmy litanię oraz nowennę, powierzając w nich wszystkie decyzje, przedsięwzięcia, firmę, bank udzielający nam kredytu itd. W zadziwiający sposób odczuwalne było Boże błogosławieństwo, zwłaszcza wówczas, kiedy ogarniała nas bezradność, niepewność i obawy czy podołamy. Na każdym kroku napotykaliśmy uczciwych doradców, dobrych fachowców. Przez cały okres budowy towarzyszyła nam piękna pogoda, a to sprawa istotna, gdyż dom jest z drewna. W tym wszystkim najważniejsze jest jednak to, że my sami doświadczyliśmy dobrodziejstw duchowych. Poczucia bezpieczeństwa i wewnętrznej radości, że właściwie to niczego już nie musimy się lękać. Jest tylko jeden warunek: sprawy Boże ponad wszystko muszą być na pierwszym miejscu. Wówczas św. Józef postara się, aby te nasze były na właściwym. Gorąco zachęcamy wszystkich, aby nam uwierzyli i sami doświadczyli takich lub jeszcze większych cudów.

Nie zioła ich uzdrowiły ani nie okłady, lecz
słowo Twe, Panie, co wszystko uzdrawia.
Bo Ty masz władzę nad życiem i śmiercią:
Ty wprowadzasz w bramy Otchłani i Ty wy-
prowadzasz.

———————— * ————————

(Mdr 16, 12–13)

# Wyrwany śmierci

Maria, Kraków

Zanosząc do Boga gorące podziękowanie za uzdrowienie mojego brata za wstawiennictwem św. Józefa,
składam następujące świadectwo.

Brat mój Edmund, lat 54, zamieszkały w Krakowie, w miesiącu lutym 2010 roku pozostawał w le-
czeniu w szpitalu im. J. Babińskiego. Wskutek za-
stosowania niewłaściwych leków psychotropowych,
na co zwracaliśmy uwagę lekarza, mając doświadczenie z wcześniejszych kuracji, doznał złośliwego
zespołu neuroleptycznego. W stanie bardzo ciężkim
objawiającym się całkowitym zesztywnieniem całego
ciała, bardzo wysoką gorączką i utratą przytomności, został przewieziony na oddział intensywnej opieki medycznej (OIOM) w szpitalu im. G. Narutowicza w dniu 6 marca 2010 roku. Tam zdiagnozowano

także urosepsę oraz cukrzycę. Zastosowano bardzo intensywną terapię. Stan się jednak nie poprawił i lekarze przestali dawać nadzieję na uratowanie jego życia, a niektórzy wręcz twierdzili, że nie widzą żadnych szans na przeżycie. Brat leżał pod tlenem, podłączony do monitora, kroplówek, karmiony sondą i nie reagował na żadne bodźce zewnętrzne. Stan taki trwał do 19 marca. W tym dniu zaczęła opadać gorączka z 40 do 38 stopni i poniżej. Wyjaśniam, że zaraz po przewiezieniu brata do szpitala Narutowicza udałam się do sióstr bernardynek z gorącą prośbą o modlitwę o jego uzdrowienie. Spotkałam się z ogromną życzliwością szczególnie sióstr Łucji i Maksymiliany, które podnosiły mnie na duchu, zapewniały o modlitwie i Mszach św., które odprawiał drogi ojciec Walerian. Przychodziłam codziennie na Mszę św. i nabożeństwo do św. Józefa i wciąż prosiłam o uzdrowienie Edwarda. Modliło się też wiele osób z rodziny i wielu przyjaciół. Stan brata był cały czas bardzo ciężki i źle rokujący. Jak wspomniałam wcześniej, w dniu wspomnienia św. Józefa 19 marca po raz pierwszy spadła gorączka. Od tego dnia rozpoczęła się stopniowa, systematyczna poprawa. W dniu 30 marca stan brata był na tyle zadowalający, że mógł opuścić OIOM, szpital Narutowicza i wrócić na dalsze leczenie na oddziale psychiatrycznym. W krótkim czasie ustąpiły wszystkie somatyczne objawy i bardzo poprawił się jego stan psychiczny, gdyż zastosowano zupełnie inne leczenie. Ponieważ w czasie długotrwałego usztywnienia ciała nastąpiło porażenie splotu barkowego, wystąpił niedowład ręki. Jednak po długotrwałej rehabilitacji niedowład ten znacznie się cofnął. Obecnie brat jest w domu i bardzo cieszy się życiem. Jestem przekonana, że mój brat został uzdrowiony dzięki wstawiennictwu św. Józefa, za co mu gorąco dziękuję. Dziękuję siostrom i ojcu Walerianowi za modlitwę, współczucie i wszelką okazaną mi pomoc.

Szczęśliwy mąż, który się boi Pana i wielkie upodobanie ma w Jego przykazaniach. Potomstwo jego będzie potężne na ziemi: pokolenie prawych dozna błogosławieństwa.

———————— * ————————

(Ps 112, 1–2)

# Opiekun mojej rodziny

Witold, 69 lat, elektryk

Opiekunem mojej rodziny, dzieci i wnuków jest św. Józef. W 1995 roku będąc w Kaliszu w sanktuarium, modliłem się przed cudownym obrazem św. Józefa, dałem na Mszę św. i wpisałem do książki prośby:

1. By syn miał dzieci.
2. By w moim domu żona modliła się wieczorem i rano oraz by zmienił się jej stosunek do religii i do mnie.
3. By wnuki modliły się wieczorem i rano (wnuk ma 16 lat, a wnuczka 9).

Dostałem też modlitwę zwaną *Telegramem* do św. Józefa, czyli triduum odmawiane w jednym dniu. Obecnie syn ma chłopca (3,5 roku), żona się modli i chodzi na nabożeństwa oraz Msze św. w dni powszednie. Często przyjmuje Komunię św. Wnuki się modlą, biorą czynny udział w różnych nabożeństwach (modlą się przez mikrofon, np. odmawiając różaniec). Od kiedy urodził się wnuk, odmawiam *Litanię do św. Józefa* codziennie, wcześniej odmawiałem tylko w środę. W moim domu zapanowała przyjemna atmosfera, bez kłótni oraz „cichych dni". Uważam, że te łaski i opiekę Boga otrzymałem za pośrednictwem modlitwy zanoszonej do św. Józefa. Jestem bardzo wdzięczny, dziękuję i modlę się o dalszą opiekę.

Wśród ludów będę chwalił Cię, Panie; za-
gram Ci wśród narodów, bo Twoja łaskawość
aż do niebios, a wierność Twoja po chmury!

——————— * ———————

(Ps 57, 10–11)

# Czuwanie ze świętym Józefem

## Halina, 40 lat, lekarz, Toruń

Kim dla mnie jest św. Józef? Ufam, że do bliższe-
go poznania św. Józefa zachęciła mnie Maryja. Najpierw była modlitwa do Niej, zawierzenie różnych
spraw Jej i „siadanie u Jej stóp" w czasie adoracji
Najświętszego Sakramentu. Powstało wewnętrzne
przekonanie, że nie da się być blisko Maryi i pomi-
jać tego, którego Ona pokochała, a Bóg obdarzył
zaufaniem, powierzając jego opiece Maryję i Jezusa.
Kiedy spotkałam się z figurą św. Józefa przedstawia-
jącą go jako mężczyznę w sile wieku, który wprawnie
i z czułością trzyma małego Jezusa na ręku, wydał
mi się bardzo rzeczywisty. Zapragnęłam pojechać
do Kalisza, by nawiedzić sanktuarium św. Józefa.
Skorzystałam z pierwszej nadarzającej się okazji, by
przed słynącym łaskami obrazem zawierzyć swoją
rodzinę, a zwłaszcza ciężko chorego na nowotwór
mojego tatę. Na owoce nie trzeba było długo czekać,

gdyż po kilku dniach otrzymałam wiadomość, że badanie USG wykazało zmniejszenie liczby przerzutów w wątrobie u taty i czułam, że św. Józef jest gotów zaofiarować nam swoją pomoc na stałe. Niedługo potem wraz z mężem szukaliśmy malowniczego miejsca, by postawić tam letni domek. Okazało się, że upatrzony kawałek ziemi to okolice... Józefowa. Powstało pragnienie, by właśnie w tym miejscu mogła stanąć figura św. Józefa, by przypominała nam i innym o jego orędownictwie. Pojawiły się jednak trudności natury administracyjnej związane z zakupem działki, a sprawa odwlekała się w czasie. Zrozumiałam, że muszę powierzyć tę sprawę św. Józefowi, by stało się jasne, jaka jest wola Boża. Z tą myślą weszłam do kościoła w nieznanej mi dzielnicy i... oniemiałam. Przed ołtarzem stała udekorowana figura św. Józefa, z płonącą lampką, gdyż właśnie miała się rozpocząć Msza św. z nabożeństwem ku czci św. Józefa. Odtąd co tydzień w poniedziałek powierzałam sprawy rodziny i budowy domu św. Józefowi. Oczekiwaną wiadomość umożliwiającą nam zakup działki w okolicach Józefowa otrzymałam telefonicznie, gdy byłam w Medjugorie. Matka Boża najwyraźniej też nas wspierała. Teraz dom jest na ukończeniu, a my postanowiliśmy zamieszkać w nim na stałe. Trwam w poniedziałkowym czuwaniu ze św. Józefem, powierzając mu poszczególne etapy i różne decyzje związane z budową. Brak mi słów, by wyrazić, jak bardzo nam w tym pomaga i błogosławi. W czasie ostatnich ferii przyciągnął nas całą rodziną do naszego sanktuarium w Kaliszu. Wtedy to na spontaniczną prośbę dzieci właśnie w Kaliszu zrobiliśmy przerwę w długiej podróży na narty i trafiliśmy prosto na Eucharystię przed łaskami słynący obraz św. Józefa. Miałam w sercu wielką radość, że po trzech latach zaprosił nas tutaj całą rodziną i mogliśmy mu za wszystko podziękować i dalej zawierzyć. Jako cichy gospodarz tego miejsca był obecny, ale w centrum był Jezus adorowany tam nieustannie w Najświętszym Sakramencie i obecny szczególnie na Mszy św. wraz z Maryją ofiarowującą Go nam. Rozważając tajemnice radosne różańca zrozumiałam, że radość tych wydarzeń była okupiona duchowym cierpieniem milczącego Józefa. Najpierw wyraził całkowitą gotowość do rezygnacji z bycia ze swoją ukochaną, by Ją ochronić przed zniesławieniem. Niedługo potem tęskniąc, przyjmuje bycie „na drugim planie", gdy Maryja wyrusza usługiwać swojej krewnej Elżbiecie, choć to czas, gdy i on szczególnie potrzebuje Jej obecności po tym, co się wcześniej wydarzyło. Moment narodzin Jezusa to dla niego też uczucie bezsilności wobec ludzkiej obojętności, gdy sam nie był w stanie zapewnić godziwych warunków. Ofiarowanie Pana Jezusa rodzi z kolei u Józefa niepokój związany z bolesnym proroctwem dotyczącym jego Najbliższych. Namiastkę lęku o losy Jezusa przeżywa, gdy Jezus zagubił się w Jerozolimie. Z pewnością towarzyszyło mu wówczas poczucie niewywiązania się z opieki nad Bożym Synem oraz smutek, że nie do końca jest Go w stanie zrozumieć. Mimo tych różnych bolesnych doświadczeń św. Józef nie tracił mocy ducha i ufności. I przez to jest wspaniałym patronem na nasze czasy.

Synu, w chorobie swej nie odwracaj się od
Pana, ale módl się do Niego, a On cię uleczy.

———————— * ————————

(Syr 38, 9)

# Wdzięczność
# świętemu Józefowi

Stanisława, 69 lat, magister administracji, Kraków

Dla mnie św. Józef jest Oblubieńcem Matki Bożej
i przybranym ojcem Jezusa, a moim patronem na
drugie imię. Zwróciłam się do niego w dużej potrzebie i doświadczyłam jego nadzwyczajnej interwencji
u Boga. Mój mąż dostał zaburzeń psychicznych, de-
presji; nie jadł, nie odzywał się, cały blady i obojętny
na cały świat i życie. Nie mogłam dotrzeć do niego,
byłam zrozpaczona i przerażona jego stanem, myślałam, że tego nie można wyleczyć. Zaczęłam się
modlić trzy razy dziennie na otrzymanym *Telegramie* do św. Józefa. Już po jednym odmówieniu mąż
przyszedł do mojego pokoju ubrany i powiedział, że
pójdzie na zakupy, co do tej pory się nie zdarzało.
Zwykle siedział w ciemnym pokoju, nie jadł, nie odzywał się zachmurzony. Z każdą modlitwą było coraz
lepiej, aż przeszło mu całkowicie. Jestem szczęśliwa
i wyrażam wdzięczność św. Józefowi.

Albowiem nie w ilości jest Twoja siła ani panowanie Twoje nie zależy od mocnych, lecz Ty jesteś Bogiem pokornych, wspomożycielem uciśnionych, opiekunem słabych, obrońcą odrzuconych i wybawcą tych, co utracili nadzieję.

———— * ————

(Jdt 9, 11)

# Mój Patron

Józefa, 85 lat, Kraków

Mieszkam w Krakowie na ulicy Wrocławskiej i należę do parafii bł. Anieli Salawy. W marcu chodziłam do kościoła na nabożeństwa ku czci św. Józefa. W naszym nowym kościele jest piękna figura św. Józefa, duża na trzy metry. Dawniej, gdy byłam młodsza, chodziłam na ulicę Poselską do św. Józefa. Teraz, gdy mam już 85 lat, chodzę do kościoła parafialnego. Pewnego razu, gdy wychodziłam z moją sąsiadką z kościoła, ona znalazła na posadzce karteczkę. Podniosła ją, przeczytała i powiedziała: „To coś dla ciebie, bo ty kochasz św. Józefa". Była to kartka, na której była prośba o składanie świadectw na temat łask otrzymanych od tego Świętego. Pragnę odpowiedzieć na tę prośbę.

Dla mnie św. Józef jest najdroższym Opiekunem, całe moje życie było pod niezwykłą opieką tego Świętego. Po Panu Jezusie i Matce Bożej największą miłością darzę mojego Opiekuna św. Józefa.

Był marzec, miałam 13 lat. Pewna starsza pani, czcicielka św. Józefa, zapytała mnie, czy modlę się do św. Józefa, a ja odpowiedziałam, że nie. Powiedziała mi wtedy, że powinnam się modlić, bo to jest mój patron – mam na imię Józefa. Kiedy to usłyszałam doznałam olśnienia, że ja mam swojego patrona, ponieważ nigdy wcześniej o tym nie myślałam. Od tamtego dnia zaczęłam się modlić do św. Józefa i z każdą prośbą szłam do niego. Podczas jednej ze spowiedzi ksiądz zapytał mnie, dlaczego się nie modlę o dobrego męża. Wyznałam, że nie wyjdę za mąż, bo nie jestem ładna. Każdy chłopiec chce mieć ładną dziewczynę. Spowiednik powiedział mi, że nie mogę tak mówić, bo może Pan Bóg ma dla mnie kogoś dobrego i chce, bym o to prosiła. Po spowiedzi poszłam na ul. Poselską do mojego patrona i mówię do niego: „Święty Józefie, Ty wiesz wszystko, Ty wiesz, że byłam teraz do spowiedzi i wiesz, co spowiednik mi powiedział. Ale ja Ci wszystko powtórzę". Całą spowiedź mu powtórzyłam i powiedziałam: „Święty Józefie, ja Ciebie proszę, żebyś mi poszukał męża, ale jeżeli nie byłabym szczęśliwa, to usuń wszystkich z mojej drogi". Święty Józef mnie wysłuchał. Usunął wszystkich. Nikt się za mną nie oglądał i ja za nikim też, ale sam św. Józef otoczył mnie swoją opieką.

Po wojnie nie miałam mieszkania, cierpiałam z tego powodu. Pani, u której mieszkałam, nałogowo paliła, mieszkanie było stale zadymione. Wstawałam z bólem głowy i kładłam się spać z bólem głowy. Sprawa była beznadziejna, bo stale słyszałam, że przydział na mieszkanie w pierwszej kolejności dostają rodziny, które mają dzieci, a osoby samotne mają mieszkać przy kimś. Lata mijały, a ja modliłam się do mojego Patrona o samodzielne mieszkanie. Pewnego razu rozczuliłam się nad sobą i rano, gdy przyszłam do pracy, a jeszcze nikogo nie było w biurze, płakałam i myślałam, że pewnie źle się modlę. Nagle otworzyły się drzwi i ktoś wszedł. Nie widziałam kto to był, bo drzwi były za moimi plecami. Wytarłam szybko oczy, ale moje łzy zostały zauważone przez kierownika, który właśnie wszedł niespodziewanie. Zapytał, dlaczego płakałam, a ja szczerze mu odpowiedziałam: „Panie kierowniku, ja nie mam mieszkania, starając się o nie ciągle słyszę, że mieszkania są przydzielane osobom, które mają dzieci". Powiedział mi, że nasz zakład założył spółdzielnię mieszkaniową i są w budowie bloki z garsonierami. Trzeba jednak dać parę tysięcy. Święty Józef zaczął działać przez osobę kierownika, gdyż pieniędzy nie miałam. Zadzwonił on do dyrektora z prośbą o wciągnięcie mnie na listę potrzebujących mieszkania. Poradził, bym napisała do Rady zakładowej o pożyczkę na mieszkanie. Gdy blok został wybudowany, dostałam garsonierę na czwartym piętrze. Do dnia dzisiejszego mieszkam w tym mieszkaniu i mam bardzo dobrych sąsiadów. Byłam wdzięczna kierownikowi, że mi pomógł i chciałam się jakoś zrewanżować. Przyszła mi myśl, że dam na Msze św. wieczyste u św. Józefa. Jak pomyślałam, tak zrobiłam. Obrazek, na którym intencja została wypisana, był ze św. Józefem i był piękny. Sprawiło to wielką radość mojemu kierownikowi.

Święty Józef pomagał mi tak całe życie. Mój szwagier był lwowiakiem. Cała jego rodzina była przesiedlona z Lwowa na zachód. Szwagier osiedlił się w Krakowie. Jedna jego siostra była w Krzeszowicach, a reszta rodziny w Bytomiu. Pewnego dnia otrzymał telegram, że siostra z Krzeszowic jest ciężko chora, że leży w szpitalu w Chrzanowie i umiera. Zmartwiłam się tą wiadomością, ponieważ był to czas, kiedy nie wolno było chodzić księżom do szpitala. Żal mi było, że umrze bez sakramentów świętych. Sprawa wyglądała beznadziejnie. Ona umiera, a rodzina jest daleko, kto jej przyprowadzi księdza? Byłam wtedy u mojej siostry, a ona nad łóżkiem miała obraz św. Józefa. Zaczęłam więc prosić go o cud, żeby ktoś przyprowadził księdza Jadwidze.

Po pogrzebie siostry szwagra przyjechały do Krakowa, bo chciały troszkę pozwiedzać. Zapytałam wtedy Miecię, siostrę zmarłej Jadwigi, kto był przy śmierci oraz czy był u niej ksiądz. Powiedziała mi, że jak przyjechała do niej do szpitala, to oczy miała zamknięte, tak jakby już nie żyła, ale otworzyła je po chwili i powiedziała: „Taka jestem szczęśliwa, św. Józef przyszedł do mnie i spowiadałam się". Zrozumiałam więc, że chce się spowiadać i szybko sprowadziłam księdza. Ksiądz zaopatrzył ją na drogę, a chwilę po jego wyjściu odeszła do Pana. Ucieszyłam się tą wiadomością i tak myślę, że Jadwiga zamknęła oczy i poszła prosto do nieba. Podziękowałam mojemu Patronowi, że mnie wysłuchał.

Pamiętam też, jak kiedyś brakło mi lekarstw, które muszę brać ze względu na różne dolegliwości. Była ostra zima, śnieg zasypał cały świat. Całe osiedle było oblodzone, śniegu nikt nie odgarnął. Mam już 85 lat i nikogo, kto mógłby mi zrobić zakupy. Bałam się iść, bo zdawałam sobie sprawę, że jak upadnę, to już nie wstanę, ale co robić. Przed wyjściem z domu prosiłam św. Józefa o pomoc. Szłam po lodzie jak kot po ściernisku ostrożnie. Ponieważ było zimno, wszyscy siedzieli w domach, żywej duszy nie było wkoło, tylko ja jedna szłam z duszą na ramieniu po moje lekarstwa. Stanęłam przed apteką i pojawiła się przeszkoda, bardzo wysoki oblodzony stopień. Nie wiedziałam, jak na niego wejść, jak postawić stopę, by się nie poślizgnąć, jak postawić laskę. W tym moim zmartwieniu usłyszałam głos męski za sobą: „Ja pani pomogę". Pomógł mi, a ja czułam wielką świętość tego człowieka i tak cichutko sobie powiedziałam: „Jakiś święty człowiek mi pomaga" i zaraz przyszła mi myśl, że to sam Święty. Wróciłam szczęśliwie do domu i jestem pewna w 100%, że to była pomoc św. Józefa. To, co czułam przed apteką, tego nie da się opisać. To było niezwykłe przeżycie. Teraz proszę św. Józefa o szczęśliwą śmierć, aby mnie zabrał z tego mieszkania, które mi dał, prosto do nieba.

Ty bowiem, mój Boże, jesteś moją nadzieją,
Panie, ufności moja od moich lat młodych!
Ty byłeś moją podporą od narodzin; od łona
matki moim opiekunem. Ciebie zawsze wy-
sławiałem.

———————— * ————————

(Ps 71, 5–6)

# Orędownik rodzin

Anatolia, 65 lat, emerytowany pracownik umysłowy,
Kraków

„Gdy nam zmarł drugi synek, poprosiliśmy o odpra-
wienie Mszy św. błagalnej w kościele przy klasztorze
Sióstr Bernardynek w Krakowie przy ul. Poselskiej,
gdzie w głównym ołtarzu umieszczony jest cudowny
obraz św. Józefa. Przy tej okazji otrzymaliśmy obraz
tego Świętego, który umieściliśmy na głównej ścianie naszego pokoju, obok Matki Bożej Nieustającej
Pomocy". Taką odpowiedź otrzymałam od moich
rodziców, gdy zapytałam o początek kultu św. Józefa w naszej rodzinie. Pierwsze dziecko mające dwa
tygodnie, zmarło jesienią 1939 roku, drugie dziewię-
ciomiesięczne, odeszło do Pana w październiku 1944
roku. Ja urodziłam się w 1941 roku, a w 1946 i 1948
przyszli na świat moi bracia. W 1953 roku urodziła

się siostra. Żyją wszyscy do dzisiaj, założyli też swoje rodziny. Tradycję modlitwy do św. Józefa przekazała nam moja babcia, a mój ojciec chodził na ul. Poselską, aby tam zawierzać swoje sprawy orędownikowi rodzin. Gdy tylko nauczyłam się czytać, tato podpowiedział mi, bym odmawiała litanię do Matki Bożej i św. Józefa. Tak też czyniłam. Gdy już pracowałam zawodowo, przyszło mi natchnienie, by w dniu 19 marca uczestniczyć we Mszy św. u sióstr bernardynek i zawierzać ojca, który w tym dniu obchodzi urodziny, oraz brata o imieniu Józef, urodzonego w miesiącu marcu. I tak biorąc co roku udział w uroczystościach odpustowych, tam dzięki łaskawości Boga poznałam miłość św. Józefa do człowieka. W moim środowisku staram się świadczyć o tym, że jest to wielki orędownik rodzin i ludzi samotnych. Obecnie, gdy jestem już na emeryturze, przychodzę na Poselską adorować Jezusa w Najświętszym Sakramencie.

W okresie bezrobocia, jakie ma miejsce w naszej ojczyźnie, mój brat Józef wyjechał za granicę w poszukiwaniu pracy. Nie było tam jednak różowo. Gdy dowiedziałam się, że nie otrzymał zapłaty za wykonywaną pracę, natychmiast zaczęłam prosić św. Józefa o pomoc, a bratu wysłałam książeczkę z modlitwami do tego wielkiego orędownika ludzi pracy. Po pewnym czasie dowiedziałam się, że tam daleko od Polski brat spotkał przypadkowo kolegę, z którym kiedyś pracował w Krakowie, i ten załatwił mu stałą pracę. Napisałam „przypadkowo", ale dobrze wiem, że to była Boża interwencja.

Jestem osobą samotną, nie założyłam rodziny. Gdy mam trudności z odkręceniem śruby, wbiciem gwoździa w ścianę, lub ze znalezieniem odpowiedniego fachowca, zwracam się z prośbą do św. Józefa i pomoc przychodzi.

W styczniu 1985 roku miałam sen: Na ziemi ornej przygotowanej pod zasiew stała duża figura św. Józefa trzymającego na lewym ręku Dzieciątko Jezus. Gdy przechodziłam obok, w odległości trzech kroków, św. Józef uniósł prawą rękę w geście przywołującym mnie do siebie.

Zatrzymałam się, pytając w duchu, czego św. Józef oczekuje ode mnie? W tym momencie przebudziłam się, nadal zadając sobie to pytanie. Wracało ono do mnie jeszcze wiele razy. Wiedziałam, że mam kontynuować modlitwę do tego wielkiego, a zarazem pokornego Świętego. W listopadzie tego samego roku wzięłam udział w rekolekcjach ewangelizacyjnych w naszej parafii. Po nich przystąpiłam do grupy modlitewnej, w której w obecności kapłana rozważaliśmy Ewangelię. Spotkania te spowodowały, że coraz bardziej rozumiałam i kochałam Słowo Boże. Następnie przez wiele lat wsłuchiwałam się w konferencje formacyjne wygłaszane przy Sanktuarium Bożego Miłosierdzia w Krakowie. Wracając obecnie myślą do tamtego snu sprzed dwudziestu lat zrozumiałam, że tą rolą, na której stała figura św. Józefa, było moje wnętrze przygotowane pod zasiew Słowa Bożego, a św. Józef wstawiał się za mną do Boga, bym tę łaskę mogła otrzymać. Moi rodzice, którzy w 2005 roku obchodzili 67. rocznicę ślubu, również mają w tym swój udział przez zawierzenie całej rodziny Matce Bożej i św. Józefowi, przez częstą modlitwę. Wielki opiekun Świętej Rodziny jest dla mnie wzorem, jak w pokorze serca i umysłu pracować dla miłości Jezusa i Maryi. Często modlę się za siebie i innych *Pięcioma westchnieniami do św. Józefa*, która to modlitwa jest cudownym i skutecznym streszczeniem wołania do Jezusa i Maryi przez św. Józefa. Jedno z tych westchnień to: *Byśmy umieli łączyć życie czynne z głębokim życiem modlitwy*. Modlitwa stawia nas w pokorze przed Bogiem, uświadamiając, że to On jest sprawcą wszelkiego dobra. Modlitwa jest zaproszeniem Boga do naszych działań, do naszego życia. Niech będzie uwielbiony Bóg w św. Józefie.

Skosztujcie i zobaczcie, jak dobry jest Pan,
szczęśliwy człowiek, który się do Niego ucieka.

———————— * ————————

(Ps 34, 9)

# Plany świętego Józefa

Iwona, 46 lat, technik, Budzyń

Jeśli nie wiesz co w życiu zrobić, masz jakąś trudną
sprawę, to udaj się do św. Józefa. Tym zdaniem chcia
łam rozpocząć moje świadectwo, ponieważ ja się do
niego udałam w trudnej sprawie, a on ją rozwiązał,
szybciej niż bym mogła przypuszczać, że się da.

Ja, mój mąż Wojciech i dwóch naszych synów kilka lat temu znaleźliśmy się w trudnej sytuacji mieszkaniowej. Chcieliśmy z mężem mieć własny dom, ale
nie było to takie łatwe. Pojawiły się problemy z działką, którą chcieliśmy sprzedać; jak się okazało, nikt
nie mógł sprawy załatwić od 30 lat. Długo trwało
postępowanie sądowe. Jedna ze współwłaścicielek
działki bowiem zmarła, a spadkobiercy nie byli znani. Sprawa ciągnęła się więc latami. Straciliśmy nadzieję, że tę sprawę da się rozwiązać. Opowiedziałam
koleżance z pracy o moich troskach, a ona namówiła
mnie, bym udała się do św. Józefa na ul. Poselską.
Powiedziała mi ze spokojem i pewnością w głosie, że

„Święty Józef rozwiązuje wszystkie trudne sprawy". Ja doznałam jakby olśnienia, że jeszcze z tej strony nie szukałam pomocy. Jeszcze tego samego dnia zaraz po pracy udałam się do św. Józefa. Prosiłam go o pomoc w mojej sprawie. Wieczorem tego samego dnia udałam się do parafialnego kościoła; był to październik i pierwszy piątek miesiąca. Byłam tego dnia do spowiedzi i uczestniczyłam we Mszy św., a Komunię św. otrzymałam w postaci dwóch hostii naraz. Nie wiem jak to się stało. Nigdy wcześniej to mi się nie przytrafiło, ale był to dla mnie znak od św. Józefa. Poczułam wtedy, że nie muszę się martwić, że Święty mi pomoże. Następnego dnia mąż odebrał telefon od adwokata, który powiedział, że sąd poinformował go o odnalezieniu spadkobiercy części działki. W poniedziałek opowiedziałam z przejęciem koleżance o tym co się wydarzyło w ciągu ostatnich 60 godzin. Ona wcale nie była zdziwiona, miała już wiele doświadczeń interwencji św. Józefa w różnych sprawach. Powiedziała mi wtedy, pamiętam jak dziś, że św. Józef musi mieć jakieś plany w stosunku do mnie, skoro tak szybko zadziałał. 27 października na imieniny dostałam od niej wizerunek św. Józefa, który dałam do oprawy. Odbierałam go w grudniu na Mikołaja i obiecałam wtedy Świętemu, że jak uda się nam rozwiązać sprawy ze sprzedażą działki, kupimy jakiś dom lub mieszkanie, to będzie miał honorowe w nim miejsce. W okolicach świąt Bożego Narodzenia okazało się, że jestem w ciąży. Czułam, że to są te plany św. Józefa względem mnie. Mój mąż natomiast był zaskoczony i przerażony tą nowiną, miał już 39 lat, a ja 38. Mieliśmy już też dwóch synów: Karola w wieku 7 lat oraz Filipa w wieku 6 lat. Całkowite zaskoczenie i niespodzianka. Z rodziną nie podzieliliśmy się tą wiadomością szybko, trzymając ją w tajemnicy do momentu kiedy wiedzieliśmy, że ewentualne zagrożenia minęły. Postanowiłam wtedy, że córka będzie miała na drugie imię Józefa, czułam, że będzie to dziewczynka. Ciąża rozwijała się prawidłowo, ja też czułam się bardzo dobrze, chodziłam do pracy do samego rozwiązania. Poród był najlżejszy z trzech, które miałam, urodziłam między 15.00–16.00, a więc w godzinie Miłosierdzia. Lekarz też był zadowolony, gdyż rany goiły się wyjątkowo szybko i po dwóch dniach z Jadwigą Józefą byłyśmy w domu.

W tym czasie sytuacja z nieruchomością zmieniała się z minuty na minutę. W maju, gdy byłam już w ósmym miesiącu ciąży, kupiliśmy dom, działkę bowiem udało się sprzedać początkiem roku. Z braku czasu, nie mogłam sobie pozwolić na budowę domu od podstaw, byliśmy więc zainteresowani domem w surowym stanie. Święty Józef pomógł i tym razem. Sprawa nie była łatwa, mnie podobał się jeden dom, mąż nie był do niego przekonany. Święty Józef zadziałał wtedy przez kolejną koleżankę, która miała znajomego pracownika biura nieruchomości.

Miał w ofercie dom, który nam pokazał. Spodobał się nam i w 15 minut zdecydowaliśmy o jego kupnie. Taki łańcuszek osób postawił nam na drodze św. Józef, by udało się kupić nasz nowy wymarzony dom. Dom był w stanie surowym, zamkniętym, niewiele więc zostało nam do zrobienia, zajęło nam to tylko cztery miesiące. 16 października odbył się chrzest Jadwigi Józefy, a my przyjęcie zrobiliśmy już w nowym domu. Święty Józef w swoim wizerunku został oczywiście umieszczony na głównej ścianie w salonie. Od tego czasu upłynęło już siedem lat, Jadwiga idzie do pierwszej klasy, my nie wyobrażamy sobie życia bez niej, jest też oczkiem w głowie swojego tatusia. Bóg jego lęk przemienił w wielką radość z bycia ojcem po raz kolejny. Nadal też doświadczamy opieki św. Józefa. Mój mąż, który prowadzi własny zakład blacharsko-dekarski, często zwraca się do niego z prośbą o pomoc, mówiąc: „Święty Józefie pomóż mi, Ty też byłeś rzemieślnikiem i rozumiesz mnie najlepiej". A św. Józef pomaga mu w różnych sprawach dotyczących jego pracy.

Pan czyni dzieła sprawiedliwe, bierze w opiekę wszystkich uciśnionych.

——————— * ———————

(Ps 103, 6)

# Mąż sprawiedliwy

Marianna, 86 lat, emerytka, Kraków

Do kościoła pw. św. Józefa w Krakowie Podgórzu
chodziłam na dziewięciodniową nowennę do tegoż
Świętego. Zabierałam ze sobą dzieci, dwuletnią córkę
i rocznego syna gdyż nie miałam ich z kim zostawić,
mąż pracował. Mieszkaliśmy wtedy „kątem" w wy-
najmowanym jednym pokoju. Nowennę odprawiałam
w intencji rozwiązania problemu mieszkaniowego.
W dniu zakończenia nowenny dostaliśmy przydział
na mieszkanie przy ul. Poselskiej tuż przy samym ko-
ściółku pod wezwaniem św. Józefa, gdzie mieszkam
do chwili obecnej. Pomocną dłoń św. Józefa czuję do
dziś i za wszystkie łaski z serca mu dziękuję.

Od Najwyższego pochodzi uzdrowienie,
i od Króla dar się otrzymuje.

———————— * ————————

(Syr 38, 2)

# Cudowna interwencja

Stanisława, 39 lat, Bielsko-Biała

Jestem lekarzem i przed kilku laty byłam wstrząśnię-
ta po wizycie w moim gabinecie pobitej żony i zastra-
szonej dziewczynki. Jeszcze tego samego dnia prosiłam siostry bernardynki o modlitwę i dałam na
Mszę św. za wstawiennictwem św. Józefa w intencji
wyjścia z nałogu alkoholizmu Andrzeja.

Po trzech miesiącach w moim gabinecie pojawiły
się znów te same osoby – kobieta z córką, ale odmie-
nione, uśmiechnięte. Opowiedziały mi wtedy, że po
wizycie u mnie coś się zmieniło. Andrzej zaczął mówić, że wybierze się na wizytę do lekarza, o tym, że
nie może tak dalej żyć itd. Szybko trafił do Poradni
Uzależnień i zaczął leczenie. Od tego czasu minęło już trochę czasu, wiem, że wyszedł z nałogu, wyszła też jego mama, którą sam namówił na leczenie.
Oboje wyspowiadali się na Jasnej Górze, a Andrzej
do dzisiaj jest terapeutą w klubie AA. Tak cudownie,
natychmiast zadziałał św. Józef. Często zwracam się
do św. Józefa z prośbami, gdyż wierzę w jego pomoc.

Panie, Ty dla nas byłeś ucieczką z pokolenia
na pokolenie. A dobroć Pana Boga naszego
niech będzie nad nami! I wspieraj pracę rąk
naszych, wspieraj dzieło rąk naszych!

——————— * ———————

(Ps 90, 1.17)

# Dobra praca

### Izabela, Radomsko

Chciałam podziękować z całego serca wraz z mężem za modlitwy i Msze św. za przyczyną św. Józefa.
Msze św. za męża Grzegorza zamówiłam u sióstr
31 grudnia 2007 roku. Sama też modliłam się na
nowennie do św. Józefa o znalezienie dobrej pracy
dla męża. Dziś, tj. 29 lutego, w ostatni dzień mojej
nowenny, którą odmawiałam kolejny raz od 8 stycznia tego roku, św. Józef wysłuchał wiernej modlitwy. Za jego przyczyną mój mąż w dniu dzisiejszym
(29.02.2008) otrzymał dobrą pracę. Ufam, że otrzy-
mana praca będzie podobała się Bogu.

[...] jeśli podasz twój chleb zgłodniałemu i nakarmisz duszę przygnębioną, wówczas twe światło zabłyśnie w ciemnościach, a twoja ciemność stanie się południem. Pan cię zawsze prowadzić będzie, nasyci duszę twoją na pustkowiach. Odmłodzi twoje kości, tak że będziesz jak zroszony ogród i jak źródło wody, co się nie wyczerpie.

———————— * ————————

(Iz 58, 10–11)

# Powiernik w trudnych sprawach

Joanna Piechaczek, 35 lat, historyk, Kraków

Nawet cuda stają się czymś normalnym, jeśli zrozumiemy, że są jednym ze sposobów, w jaki Bóg okazuje ludziom swą miłość.

W duchu kultu św. Józefa pragnę się z Wami podzielić moją osobistą refleksją o człowieku, któremu Bóg „powierzył straż nad swoimi najcenniejszymi skarbami", o człowieku, który stał się Powiernikiem tajemnicy Boga samego, któremu Bóg niczego nie odmawia. Jestem tego najlepszym przykładem. Ilekroć zwracałam się do Boga za wstawiennictwem tego Milczącego Patrona, tyle razy zostałam wysłuchana. Mam tu na myśli żarliwą, pełną wiary i ufności modlitwę, a nie traktowanie Boga jak złotej rybki czy lampy Alladyna spełniającej nasze życzenia. Zresztą ktoś kiedyś mądrze powiedział, że gdyby Pan Bóg chciał nas unieszczęśliwić, spełniłby nasze wszystkie marzenia.

Moje spotkanie ze św. Józefem miało miejsce wkrótce po ukończeniu studiów. Dzięki Przyjaciółce trafiłam – teraz już wiem, że nie przypadkiem – do maleńkiego kościołka Sióstr Bernardynek przy ulicy Poselskiej w Krakowie. Nietrudno się domyślić, że jest to świątynia pod wezwaniem św. Józefa, w której znajduje się słynący łaskami obraz ziemskiego Opiekuna Maryi i Jezusa. Jest coś niesamowitego w tym przedstawieniu – św. Józef prowadzi małego Jezusa, trzymając Go za rękę. Klęcząc przed tym świętym wizerunkiem pomyślałam sobie, że ja również chcę, by św. Józef wziął moją dłoń i prowadził we właściwym kierunku. I tak się stało. Od tej chwili stał się moim Patronem, Opiekunem i Powiernikiem w trudnych, czasem niemożliwych do rozwiązania po ludzku sprawach. To w tym miejscu wyprosiłam za jego wstawiennictwem wiele łask i cudów. To tutaj z ufnością modliłam się do Boga za wstawiennictwem św. Józefa o uzdrowienie z choroby nowotworowej mojego kolegi. To był rak oka, który pojawia się zwykle u osób w starszym wieku, a mój kolega miał wówczas 31 lat. Po paru miesiącach zdarzył się cud. Lekarze nie potrafili w żaden logiczny sposób tego wytłumaczyć, a ja dowiedziałam się o uzdrowieniu kolegi w wyjątkowym dla siebie dniu, dniu moich trzydziestych urodzin. To był najpiękniejszy prezent przygotowany dla mnie przez samego Boga. To był znak, że dla Boga nie ma rzeczy niemożliwych. Moja radość i wdzięczność była tak ogromna, że dzieliłam się z nią nie tylko z przyjaciółmi i bliskimi, ale również z obcymi przypadkowo spotykanymi ludźmi. Chciałam wlać w ich serca wiarę, nadzieję i ufność. Minęły miesiące. Czułam, że niedostatecznie podziękowałam Bogu za to, co się stało. Wówczas jako wotum wdzięczności za wszystkie otrzymane łaski ofiarowałam w odpust św. Józefa złoty pierścionek, do którego miałam duży sentyment i trudno było mi się z nim rozstać. Dokładnie rok później, 19 marca miało miejsce kolejne niesamowite zdarzenie. Otóż dostałam pracę, o której od dawna marzyłam. Decyzja o zmianie pracodawcy nie była łatwa. Dlatego, by nie podejmować pochopnych kroków, znów zwróciłam się do św. Józefa. Ostatni etap rozmów kwalifikacyjnych przypadł na ten szczególny dzień, zostałam zaproszona na podpisanie umowy. Wiedziałam, że to znak. Wtedy już miałam pewność, że decyzja, którą podejmuję, jest właściwa.

Święty Józef jako patron dobrej śmierci pomógł przetrwać mi ciężką chorobę i powołanie do wieczności mojego Taty. Nieświadoma tego, że Tato odchodzi, odmawiałam *Telegram* do św. Józefa. Jego śmierć nie pogrążyła mnie ani w smutku, ani w rozpaczy, wręcz przeciwnie – umocniła moją wiarę. Jestem przekonana, że św. Józef był wtedy przy nim i trzymając go, jak Jezusa na obrazie, przeprowadził w Krainę Wiecznego Szczęścia.

Szerzyłam i szerzę nadal kult św. Józefa. W ten sposób na Poselską dotarło wielu moich znajomych, powierzając tutaj jego opiece swoje codzienne sprawy i troski. Tradycją się już stały telefony przed 19 marca. Wówczas dzwonią koleżanki, by spytać, o której idziemy na Mszę, bo zbliża się jedno z najważniejszych świąt w roku.

Za wstawiennictwem św. Józefa modliłam się również za moją koleżankę, która od lat się leczyła, ponieważ lekarze stwierdzili, że nie może mieć dzieci. Już straciła nadzieję i zapisała się do ośrodka adopcyjnego. Z adopcją też niestety pojawiły się problemy. Powierzyłam ją Opiekunowi Najświętszej Rodziny i teraz jest szczęśliwą mamą dwuletniej, zdrowej córeczki.

Za wstawiennictwem Opiekuna spraw po ludzku beznadziejnych modliłam się za przyjaciela, u którego zdiagnozowano guza mózgu. Guz ten ulokowany był w części mózgu odpowiadającej za podstawowe funkcje życiowe. Lekarze uprzedzali go, że istnieje ryzyko, iż nie przeżyje tego zabiegu lub straci na przykład wzrok lub mowę. Operacja miała miejsce w dziewiętnastym dniu miesiąca. Mój przyjaciel przeżył i nie stracił żadnego ze zmysłów, porusza się o własnych siłach. Mimo że badanie histopatologiczne wykazało, iż jest to nowotwór, mocno wierzę, że Bóg jego i nas przez tę chorobę przeprowadzi.

Synu, jeżeli masz zamiar służyć Panu, przygotuj swą duszę na doświadczenie! Bo w ogniu doświadcza się złoto, a ludzi miłych Bogu – w piecu utrapienia. Bądź Mu wierny, a On zajmie się tobą, prostuj swe drogi i Jemu zaufaj!

——————— ∗ ———————

(Syr 2, 1.5–6)

# Zawierzyłem świętemu Józefowi

Jacek, 62 lata

Kult do św. Józefa zaszczepiła we mnie moja córka. Na ul. Poselskiej w Krakowie u sióstr bernardynek znajduje się cudami słynący wizerunek św. Józefa, do którego ona często się udaje w różnych sprawach. Od przywiezienia przez nią kopii obrazu tego Świętego do domu zacząłem zawierzać mu wszystkie sprawy rodzinne oraz związane z pracą. Nastąpiła we mnie duża zmiana, wyciszyłem się, od kiedy zacząłem pokładać ufność w opiekę tego Świętego. Wcześniej częściej bywałem nerwowy i drażliwy. Prawie codziennie odczuwałem jego pomoc w różnych sprawach, przestałem się martwić o różne rzeczy, które wcześniej spędzały sen z powiek. Wszystko zawierzałem św. Józefowi i nigdy się nie zawiodłem. Sprawy wydające się nieraz z mojego punktu widzenia za bardzo ciężkie, często odbierane jako krzywda, po jakimś czasie okazywały się proste i prowadzące do dobra.

Od 2012 roku zacząłem się źle czuć, byłem osłabiony i ociężały, a po wizycie u lekarza i przeprowadzeniu badań okazało się, że jest konieczna operacja na otwartym sercu. Był to dla mnie szok, bo chociaż chorowałem na serce nie spodziewałem się, że będę kiedykolwiek operowany. Zaufałem jednak św. Józefowi i jego Oblubienicy Najświętszej Maryi Pannie i w duchu pogodziłem się z wolą Bożą. Według kardiochirurgów ryzyko tej operacji miało wynosić tylko 3%, ja czułem jednak, że będą jakieś problemy. Przygotowałem się na odejście z tego świata, wyspowiadałem się z całego życia i przyjąłem sakrament chorych. Okazało się, że podczas operacji rzeczywiście nastąpiły duże komplikacje. Godzinę po zakończeniu siedmiogodzinnej operacji wszczepienia trzech bypasów i wymianie zastawki nastąpił krwotok wewnętrzny i było potrzebne ponowne otwarcie klatki i serca.

W czasie operacji żona z córką modliły się między innymi *Telegramem* do św. Józefa. Po kilku godzinach kardiochirurg oznajmił, że sytuacja została opanowana. W ocenie lekarzy operacja była bardzo ciężka ze względu na stan naczyń, które w rękach się łamały, i zastawki serca, która była prawie całkowicie zniszczona. Ja wiem, że przeżyłem tę operację dzięki interwencji z nieba i szczęśliwemu splotowi okoliczności, które sprawiły, że operował mnie najlepszy zespół kardiochirurgów w Polsce. Chcę wspomnieć, że operacja miała być w innym szpitalu, do którego mnie skierowano. Miałem już nawet wyznaczony termin. Szczęśliwie trafiłem jeszcze na dodatkową konsultację do jednego z najlepszych w Polsce kardiochirurgów, prof. Andrzeja Bochenka. Początkowo wizyta ta miała być w dniu operacji w wyznaczonym szpitalu, niespodziewanie jednak została ona przeniesiona na wcześniejszy termin. Profesor przyjął mnie pod swoją opiekę i wyznaczył bardzo szybki termin operacji w swoim szpitalu. To on miał mnie operować. Dziś wiem, że nikt inny nie poradziłby sobie z tak trudnym przypadkiem.

Jestem już po rehabilitacji i sprawy związane z sercem pomału wracają do normy. Mam jeszcze inne problemy zdrowotne, ale się nie martwię, bo wierzę, że św. Józef i Maryja są ze mną i moją rodziną cały czas i prowadzą nas ku wiecznej szczęśliwości. Drogi te wydają się po ludzku czasem niezrozumiałe i kręte, ale po jakimś czasie okazuje się, że są dla nas najlepsze.

Wielbi dusza moja Pana, i raduje się duch
mój w Bogu, moim Zbawcy. [...] gdyż wielkie rzeczy uczynił mi Wszechmocny. Święte
jest Jego imię – a swoje miłosierdzie na pokolenia i pokolenia [zachowuje] dla tych, co
się Go boją.

———————— * ————————

(Łk 1, 46b–47.49–50)

# Opieka świętego Józefa

Rozalia, 96 lat, emerytka

W ciągu życia przeżyłam, obok wielu pięknych i waż-
nych chwil, także wiele prób i doświadczeń, które
wydawały mi się nie do przezwyciężenia; przekracza-
ły moje ludzkie siły. Miałam jednak zawsze wielkie
nabożeństwo do św. Józefa, który był mi najbliższy
obok Matki Bożej przed Bogiem. W takich chwilach,
kiedy nie umiałam sobie poradzić z trudnościami,
szukałam schronienia i opieki u niego.

Wyznaję z całą szczerością, że doznałam jego
szczególnej pomocy, przede wszystkim w sprawach
rodzinnych. Nieraz wydawało mi się, że jedynie ja
mam rację w pewnych sprawach. Nie zawsze jednak
spotykało się to z uznaniem u innych, raczej budzi-
ło konflikty. To przekonanie o własnej racji stawało

się nieraz bardzo dokuczliwe, w końcu doszłam do wniosku, że pochodzi to z poduszczenia diabelskiego. Wtedy zaczęłam się gorąco modlić i prosić św. Józefa, by mi pomógł w uwolnieniu się z tego diabelskiego sidła. Moja modlitwa została rychło wysłuchana. Zostałam uwolniona od tego straszliwego diabelskiego natarcia. Odtąd cieszę się pokojem i polecam kłopotliwe sprawy Bogu przez przyczynę św. Józefa.

Chciałabym się podzielić także moim szczególnym doświadczeniem. Mój pierwszy syn, który wstąpił do Małego Seminarium, w czasie studium i formacji, zwłaszcza w początkach, miał nie zawsze najlepsze chwile. Byłam tym bardzo zasmucona i zmartwiona. Można to było wyraźnie zauważyć. Któregoś dnia, kiedy w Krakowie szłam zamyślona i zatroskana o swojego syna, zwróciła na mnie uwagę pewna kobieta. Nie znałam jej osobiście, jednak ona przyłączyła się do mnie i zapytała: „Co panią martwi?". Wtedy wyznałam jej powód mojego smutku, a ona zadała mi kolejne pytanie: „Jak na imię ma twój syn?". Odpowiedziałam bez wahania: „Józef". Usłyszałam wówczas i do dziś słyszę jej słowa: „Proszę się nie martwić, jeśli ma na imię Józef, pani rozumie, jest pod szczególną opieką swojego patrona, św. Józefa".

Od tamtej chwili jeszcze bardziej zaufałam św. Józefowi i zawsze liczę na jego pomoc, i zawsze czuję jego opiekę nad sobą i nad moją rodziną.

Dobry jest Pan, On obroną w dniu niedoli;
zna tych, którzy Mu ufają.

———————— * ————————

(Na 1, 7)

# Patron spraw beznadziejnych

ks. Andrzej Fryźlewicz

Bliższą znajomość ze św. Józefem zawarłem jeszcze
w dzieciństwie. W domu moich dziadków, dokąd codziennie wieczorem chodziliśmy „po mleko", zaraz
w kuchni, nad leżanką, był duży kaliski obraz Świętej
Rodziny. Długie lata babcia leżąc pod nim, cierpiała
chorując na gościec stawowy i wymadlając dla dwóch
swych najstarszych wnuków łaskę powołania kapłań-
skiego. Potem dziadek Władysław, który dożył dzie-
więćdziesięciu lat, snuł pod obrazem św. Józefa, wobec
nas, wnuków, swe strzeleckie i legionowe opowieści.
„W bitwach we wszystkich byłem, jakie tylko staczał
3. pułk i 11. i 12. kompania od Rafajłowej 1914 roku
aż do Polskiej Góry 5 lipca 1916 roku i tam zostałem
wzięty do niewoli rosyjskiej (na 2 lata). I to przez cały
czas byłem w kompanii, nie byłem ranny ani chory.
To mogą poświadczyć..." (wg oryginalnej wymowy).
Poświadczył to i Prezydent Rzeczypospolitej Polskiej,
przyznając dziadkowi w 1930 roku Krzyż Niepodle-

głości. Zresztą nieodebrany, bo trzeba było wpłacić do kasy PKO na konto Komitetu aż 19 zł, na co nie było go stać. „A zawsze ratował mnie ON" – i pokazywał na św. Józefa. Tak to równocześnie uczył miłości do Ojczyzny i do św. Józefa – najwierniejszego i najmężniejszego Opiekuna.

Było to w kwietniu 1976 roku. Razem z dwoma starszymi kolegami z seminarium pojechałem do parafii Matki Bożej Królowej Polski w Ryczowie koło Zatora na tzw. Niedzielę powołań. Posługę duszpasterską zakończyliśmy późnym wieczorem i trzeba się było jakoś dostać do Krakowa. Pociągu ani autobusu już nie było, niedziela – więc autostop. A i samochody jeździły rzadko. Po kilku nieudanych próbach zatrzymania poprosiłem kolegów, abyśmy się ufnie pomodlili do św. Józefa: *Do Ciebie, o św. Józefie, uciekamy się w naszej niedoli...* Rzeczywiście niedola, ciemno, pusto i daleko... I znów ręce wyciągnięte nad drogą w geście prośby: zabierzcie choćby do Skawiny. Ale i ten samochód nas mija. Koledzy kpią ze mnie: „Masz św. Józefa". Ale oto pojazd po kilkuset metrach się zatrzymuje, włącza wsteczny bieg, podjeżdża pod górę, na której „haltowaliśmy", i kierowca grzecznie pyta: „Dokąd to księża chcą się dostać?" „Do Krakowa, do Seminarium". „A to dobrze. Jadę w tamtą stronę". Opowiedzieliśmy w drodze kierowcy, jakim sposobem go zatrzymaliśmy, a on ze śmiechem: „Bo ja mam na imię Józef". I dowiózł nas pod same drzwi budynku seminaryjnego przy ul. Podzamcze w Krakowie.

W czasie zdrowotnych kryzysów zwykłem był przychodzić do św. Józefa na Poselską, żeby się wyżalić. Raz, gdy już prawie „wypowiedziałem służbę św. Józefowi", który jest zwany nadzieją chorych, wychodzę z kościoła, a tu wybiega siostra z furty, z radością ogłaszając: „Proszę księdza, wydałyśmy nowy modlitewnik do św. Józefa – i, wręczając książeczkę – może się przyda". Tak to, zamiast łez z dziedzińca sanktuarium św. Józefa niosłem do domu modlitewnik z zapewnieniem o mocy św. Józefa i o modlitwie sióstr bernardynek. Staram się tę ufność podtrzymywać co środę przed cudownym wizerunkiem św. Józefa przy ul. Poselskiej w Krakowie.

Moja rodzinna parafia Najświętszego Serca Pana Jezusa w Nowym Targu przeżywała w ubiegłym 2012 roku pięćdziesięciolecie konsekracji kościoła. Z tej okazji rodziły się różne inicjatywy, m.in. wymiany dachu na kościele. Stara, zwykła blacha po 60 latach od założenia przeżarta była korozją. Ale wątpliwości: to prawie 5 tysięcy metrów kwadratowych, czy potrafimy, zwłaszcza że z tej parafii w ostatnim 30-leciu powstało 5 nowych parafii w mieście. Jeśli tak, to jaką dać blachę, jak rozplanować roboty, jaką firmę wybrać... Poradziłem nowemu zaradnemu proboszczowi, ks. prałatowi Stanisławowi Strojkowi: „Odwagi! Nie bójmy się..., a za Mistrza robót weźmiemy św. Józefa". Więc zaczęło się w kościele środowe nabożeństwo do św. Józefa, i w modlitwie powszechnej wiele razy przyzywano jego wstawiennictwa w remoncie. A ja z o. Walerianem i siostrami bernardynkami w Krakowie wspierałem te prace przy cudownym obrazie Rzemieślnika z Nazaretu. Po roku prac już połowa kościoła, ta najtrudniejsza, z wieżyczkami, pokryta blachą miedzianą, bez większych długów, a parafianie w drodze do kościoła dumnie podnosili głowy. „Popatrzcie, jak im pięknie idzie"... Ale jeśli Mistrzem robót św. Józef, to musi tak iść. Na dodatek jeszcze nasz Gospodarz wystarał się o prawne przejęcie prywatnego domu pomiędzy plebanią, domem parafialnym i wikarówką, o co bezskutecznie starało się już trzech poprzednich nowotarskich proboszczów, ze względu na możliwość zakłócenia w przyszłości kościelnego charakteru tego terenu. Święty Józefie, Patronie spraw beznadziejnych....

W samym kościele, po 24 latach wieczystej adoracji Najświętszego Sakramentu w bocznej kaplicy, zdecydowano się przenieść wystawienie na „bardziej uczęszczaną trasę" – do ołtarza św. Józefa. A św. Józef z Dzieciątkiem Jezus przed sobą i aniołami po bokach jakby tylko czekał – ponad pół wieku – na przyjęcie pod opiekę Żywego i Prawdziwego Syna Bożego obecnego w Świętej Monstrancji i pomaga wiernym w modlitwie uwielbienia.

W homilii na zakończenie marcowych nabożeństw 2012 roku użyłem fragmentu z Księgi Rodzaju (39, 5–6) o roli Józefa egipskiego w domu Potifara, urzędnika faraona, dowódcy straży przybocznej:

*Uczynił Józefa zarządcą swego domu, oddawszy mu we władanie cały swój majątek. A odkąd go ustanowił zarządcą swego domu i swojego majątku, Pan błogosławił domowi tego Egipcjanina przez wzgląd na Józefa. I tak spoczęło błogosławieństwo Pana na wszystkim, co posiadał w domu i w polu. A powierzywszy cały swój majątek Józefowi, nie troszczył się już przy nim o nic, tylko o to, aby miał takie pokarmy, jakie zwykł jadać.*

A cóż dopiero, gdy wszystkie nasze troski oddamy Józefowi z Nazaretu, Oblubieńcowi Najświętszej Maryi Panny i przybranemu ojcu Pana Jezusa!

Wznoszę swe oczy ku górom: Skądże nadej-
dzie mi pomoc? Pomoc mi przyjdzie od Pana,
co stworzył niebo i ziemię.

———————— * ————————

(Ps 121, 1–2)

# Pośrednik łask

Janina, babcia, Kraków

Pragnę poinformować o łasce od Boga, którą otrzymałam za pośrednictwem św. Józefa i Matki Bożej
Nieustającej Pomocy.

Moja synowa będąc w stanie błogosławionym
w czwartym miesiącu, zgłosiła się do lekarza, który
po odczytaniu wyników USG stwierdził, że dziecko jest w 15% zagrożone z powodu niewchłonięcia
płynu, co może spowodować jego uszkodzenie. Dla
pewności miała ponownie za dwa tygodnie powtórzyć USG na nowocześniejszym aparacie w szpitalu.
Również i tam potwierdzono, że dziecko jest zagrożone. Synowa została po raz trzeci skierowana do
zrobienia USG. Jak tylko się o tym dowiedziałam,
rozpoczęłam codzienną modlitwę do św. Józefa, powierzając mu to dziecko, z prośbą, by wstawiał się
u swojego przybranego Syna Jezusa, by to dziecko
urodziło się zdrowe. A jeśli Bóg pozwoli i zechce,

by rosło na Jego chwałę. Dałam na Mszę św., prosząc Matkę Bożą Nieustającej Pomocy i św. Józefa, by Bóg wysłuchał nas i sprawił, by sprawa zakończyła się szczęśliwie dla matki i dziecka. Spotkałam moją synową przypadkowo w sklepie, kiedy wracała po zrobieniu trzeciego USG. Podbiegła do mnie uśmiechnięta i powiedziała, że ma wyniki. Pani doktor powiedziała jej, że nic niepokojącego nie widzi oraz że USG jest w porządku. Dla pewności dała jej jeszcze jedno skierowanie, by powtórzyć czwarty raz badanie. I tym razem okazało się, że wszystko jest w porządku. Przypomniałam sobie wtedy o codziennej modlitwie do św. Józefa w tej intencji. Bardzo mu dziękowałam. 31 stycznia 2009 roku urodziła się wnuczka, bez powikłań, zdrowa, ważyła 3 kg 75 dag i miała 56 cm. Po dwóch dniach synowa wróciła do domu ze szpitala, a dziecko rośnie zdrowe i silne. Jestem bardzo szczęśliwa z tego powodu i z całego serca dziękuję Bogu za wysłuchanie moich próśb, zanoszonych przez św. Józefa.

Szczęśliwi, którzy mieszkają w domu Twoim,
Panie, nieustannie Cię wychwalają. Szczęśliwi, których moc jest w Tobie, którzy za-
chowują ufność w swym sercu.

———————— * ————————

(Ps 84, 5–6)

# Wierny Przyjaciel

## Maria

Od czasu mojego nawrócenia mogę powiedzieć, że
wciąż wzrasta moja zażyłość ze św. Józefem, potężnym i bliskim Opiekunem. Opatrzność Boża przy-
prowadziła mnie do jego sanktuarium na ul. Poselskiej niemal na samym początku mojego pobytu
w Krakowie. Właśnie tu po drodze na Uniwersytet
mogłam odwiedzać Pana Jezusa i choć przez chwilę Go adorować. Święty Józef dyskretny, cichy, po-
zostający w cieniu przygotowywał miejsce dla moich spotkań z Panem w Najświętszym Sakramencie.
Chciało mi się tu przebywać, cisza koiła moje serce. Uczyłam się tu rozmawiać z żywym Bogiem. Tu
dokonywały się tak ważne uzdrowienia wewnętrzne
i przemiana mojego serca. Wierzę, że św. Józef otaczał mnie szczególnym wstawiennictwem. Pomagał
mi wyzdrowieć z moich najgłębszych ran. Jego pro-

siłam o pomoc w przygotowywaniu się do sakramentu spowiedzi oraz o dobre przeżycie go. Tutaj, u św. Józefa wypraszałam i wypraszam wolność od zła dla całej mojej rodziny.

Maryja powierzyła mnie Józefowi, poprowadziła mnie do niego. To Ona była Tą, z którą przyjaźniłam się najpierw. Wraz z Józefem troszczyła się i nadal się troszczy, aby Jezus mógł we mnie wzrastać. Uczą mnie adoracji, wiary w moc i bliskość Boga. Święty Józef stał się patronem mojego całkowitego poświęcenia się Bogu.

Józef jest mi bliski, gdy ciemności na mojej drodze zdają się zbyt gęste. Wiem, że on doświadczył tak wielkich prób i nie zostawi mnie, ale wyprosi potrzebną łaskę. Pisząc te słowa mam w sercu radość, że Bóg daje nam tak wiernego i bliskiego Przyjaciela. Codzienne nabożeństwo do św. Józefa, które staram się praktykować, pokrzepia mnie, napełnia otuchą, pewnością jego opieki. Józef wszystko wyprosi, przekonuję się o tym w tak wielu momentach życia.

Święty Józef towarzyszy mi także w zwykłych sprawach dnia codziennego. U Józefa szukałam pomocy i oparcia w kłopotach z pracą, mieszkaniem. Jemu pewnego dnia powierzyłam wszystko, co wiąże się z moim utrzymaniem. Doświadczałam wielu nadzwyczajnych interwencji. Gdy brakowało pieniędzy na zapłacenie mieszkania, otrzymywałam prace dorywcze bardzo dobrze wynagradzane, aby wystarczyło mi na konieczne wydatki. Wiem, że stał za tym mój Opiekun św. Józef.

We wszystkich trudnych sprawach, troskach nie tylko moich, ale także tych, z którymi przychodzą do mnie inni i których czasem jest dużo, idę do Józefa i proszę go o pomoc. Wiem, że on zaradzi, znajdzie wyjście, ratunek. O, jak dobrze, że Bóg dał nam takiego Opiekuna! On jest dla wszystkich i nikt nie odejdzie od niego zawiedziony.

Ojcem dla sierot i dla wdów opiekunem jest
Bóg w swym świętym mieszkaniu. Pan niech
będzie przez wszystkie dni błogosławiony:
ciężary nasze dźwiga Bóg, zbawienie nasze!

—————— * ——————

(Ps 68, 6.20)

# Nagrodzona ufność

### Krystyna

W roku 2010 w październiku straciłam pracę. Przez
cztery miesiące intensywnie szukałam nowej. Jestem
wdową samotnie wychowującą córkę. Utrata pracy
była dla mnie dużym problemem, ponieważ na moich
barkach spoczywa utrzymanie domu. Modliłam się,
nie tracąc nadziei, przez wstawiennictwo św. Józefa
o pracę. Pan Bóg wysłuchał mojej modlitwy. Chcę innym, którzy są w podobnej sytuacji powiedzieć, aby
się nie załamywali i nie tracili nadziei, tylko pokładali
ufność w Bogu. Dziękuję Bogu i wszystkim, którzy
wspierali mnie modlitwą, za okazaną pomoc.

Wysławiajcie Pana, bo dobry, bo na wieki Jego
łaskawość. Niechaj to mówią odkupieni przez
Pana, ci, których wybawił z rąk przeciwni-
ka i których zgromadził z obcych krajów, ze
wschodu i zachodu, z północy i południa.

———————— * ————————

(Ps 107, 1–3)

# Nowenna o cud

Elżbieta, 36 lat, malarz, Gävle Szwecja

Sześć lat temu, po urodzeniu trzeciego dziecka poważnie zachorowałam. Na ciele miałam ponad sto
bolesnych, czerwonych guzów. Lekarze zdiagno-
zowali to jako rumień guzowaty na przemian z ru-
mieniem wielopostaciowym. Byłam bardzo obolała,
miałam wysoką temperaturę, a po kilku dniach jeszcze zapalenie stawów. Dodatkowo doszło jeszcze
zapalenie tęczówki oka i inne bardzo bolesne dolegliwości. Nie mogłam chodzić, bolały mnie wszystkie stawy i miałam zapalenie kaletki maziowej. Kar-
miłam dziecko piersią, ale byłam tak chora, że nie
mogłam obrócić się na łóżku. Najgorzej było nocą,
czułam przeszywający, ssący ból. Nie mogłam prze-
wijać dziecka, ubierać go ani opiekować się dwójką
pozostałych dzieci, nie mogłam malować ani wypeł-

niać obowiązków stanu. Był problem ze znalezieniem specjalisty, który podjąłby się leczenia. Nie chciałam iść do szpitala z powodu dziecka. Cały czas gorąco się modliłam, modliła się też cała moja rodzina i znajomi. Poprosiliśmy zaprzyjaźnione klasztory, w tym siostry bernardynki, o modlitwę do św. Józefa. Tak też znalazł się lekarz, który zastosował leczenie i zlecił badania. Leczenie dobrał w taki sposób, bym nie musiała przerwać karmienia dziecka piersią. Z wielkim bólem i wśród wielu dolegliwości chodziłam do kościoła modlić się i na Mszę św. Miałam duży problem, żeby uklęknąć, a gdy już uklękłam, nie mogłam wstać. Podczas Mszy św. łzy płynęły mi z oczu strumieniami tak, że nie mogłam się inaczej modlić jak tylko tymi łzami. Czułam wielkie wsparcie z nieba. Gdy wspominam tamte dni, dokładnie pamiętam wrażenia, jakbym była niesiona łaską Bożą, czułam, że wspiera mnie modlitwa Kościoła. W tamtym czasie wielokrotnie musiałam wykonywać badania w kierunku bardzo groźnych chorób, by je ewentualnie wykluczyć i znaleźć przyczynę i źródło choroby. Badano mnie w kierunku gruźlicy, sarkoidozy, choroby Crohna, cukrzycy, reumatoidalnego zapalenia stawów, chorób autoimmunologicznych i innych chorób. Obawiałam się o swoje życie i o to co się stanie z dziećmi. Myślałam, że w najlepszym wypadku będę się musiała zmagać z chorobą i kalectwem przez całe życie. Wszystkie nasze plany zawisły na włosku. Myślałam o tym, czy będę żyła i czy wychowam dzieci oraz o tym, czy będziemy mogli mieć jeszcze inne dzieci, o czym marzyliśmy. Osoba, która nagle staje w obliczu choroby swojej czy bliskich, poza tym, że cierpi na ciele, przeżywa też wewnętrzne rozterki i stawia sobie pytania o sens życia, cierpienia, o to co będzie z nią i jej rodziną. Szczęśliwy człowiek, który szuka Boga, który z krzyża Chrystusowego czerpie moc i siłę.

W tym trudnym czasie starałam się spowiadać regularnie i jak najczęściej przyjmować Komunię św. Podczas jednej Mszy św. u sióstr bernardynek w kościele św. Józefa na ul. Poselskiej w Krakowie poleciłam się św. Józefowi i przystąpiłam do sakramentu spowiedzi. Opowiedziałam wtedy o wszystkich lękach i obawach kapłanowi, a on mnie podniósł na duchu i powiedział z przekonaniem, że teraz jeszcze nie umrę, bo jestem potrzebna dzieciom, rodzinie i światu oraz że mam jeszcze coś do zrobienia. Poczułam się zachęcona do modlitwy o cud. Zaczęłam codziennie odmawiać tzw. nowennę o cud, którą otrzymałam od sióstr. Poczułam się tak umocniona, że największym szczęściem było dla mnie nie upragnione zdrowie, ale pragnienie zjednoczenia z Bogiem.

Zachorowałam w sierpniu, a w październiku byłam na tyle zdrowa, że mogłam rozpocząć kolejny semestr studiów (bowiem studiowałam jeszcze w tym czasie). Leczenie trwało w sumie osiem miesięcy, do teraz nie jest jasne źródło tamtej choroby, która minęła bez trwałych skutków. Pielgrzymowaliśmy wówczas do Sanktuarium Bożego Miłosierdzia, do Dzieciątka Koletańskiego u sióstr bernardynek i św. Józefa i innych miejsc. Prosiliśmy różnych świętych o wstawiennictwo, o pomoc z nieba, bym mogła wypełniać obowiązki, zwłaszcza że mąż musiał wyjechać na siedem miesięcy w delegację zagraniczną. Pomoc nadeszła, ukończyłam studia, zaliczając dwa lata w rok, i obroniłam pracę dyplomową. Z Bożą pomocą pokonaliśmy też inne trudności. W tamtym czasie traciliśmy też ukochane mieszkanie, nasz dom, w którym nasza rodzina żyła od pięciu pokoleń. W kamienicy w centrum Krakowa z bólem patrzyłam, jak nasi sąsiedzi byli wyrzucani lub zmuszani do odejścia ze swoich mieszkań, i nie mieli się gdzie podziać i bardzo cierpieli. Szłam wówczas do św. Józefa i błagałam o pomoc dla nich i nawrócenie dla tych, którzy nie mieli miłosierdzia. Święty Józef nas wsparł i rozpoczął się niezwykły zwrot w naszej rodzinie. Aby pomóc rodzicom, którzy nie mieli gdzie zamieszkać, bo po ponad 40 latach uczciwej pracy nie byli w stanie kupić sobie mieszkania, gdy byli zmuszeni wyprowadzić się z kamienicy, zdecydowaliśmy się na emigrację. Mąż jako fachowiec, dzięki pomocy św. Józefa miał wiele dobrych propozycji pracy. Nie wrócił więc z delegacji, tylko podpisał umowę o pracę w Szwecji i ściągnął nas do siebie. Było nam bardzo trudno się przyzwyczaić. Nikogo nie znaliśmy, nie mieliśmy tam bliskich. Wiele łez wylaliśmy, ale na stałe związałam się ze św. Józefem. Faktycznie jest tak, jak napisała św. Teresa, że św. Józef jej nigdy nie zawiódł. Wiem, że nam dopomaga. Na emigracji staramy się wspierać naszego proboszcza i innych misjonarzy. Podejmujemy się różnych dzieł, by budzić wiarę w zlaicyzowanym społeczeństwie, w jakim przyszło nam żyć za granicą. Jak się wyraził tamtejszy biskup, ludzie tacy jak my, którzy są wierzącymi wśród niewierzących w pogańskich krajach, nie są emigrantami, lecz misjonarzami.

Powoli przez lata poznaję św. Józefa z jak najlepszej strony. Prosimy także siostry z Krakowa o modlitwę za różne osoby. Przesyłamy też intencje od parafian i prośby o modlitwę oraz Mszę św. przed słynącym łaskami obrazem św. Józefa. Krzewimy jego kult na tym terenie, gdzie mieszkamy. Modlimy się nowenną lub *Telegramem* do św. Józefa i rozpowszechniamy te modlitwy. Są bowiem bardzo skuteczne. Wymienię teraz niektóre otrzymane łaski:

Łaska spowiedzi i pomoc od Boga dla konającego na raka 38-letniego Łukasza, tak iż umarł pojednany i pełen łaski Bożej w ramionach św. Józefa i Maryi.

Modliliśmy się za konającego Ireneusza, alkoholika, o pojednanie z rodziną, nawrócenie i spowiedź. Po wieloletniej przerwie sytuacja wydawała się beznadziejna. Z ufnością i wiarą zwróciliśmy się do Boga przez wstawiennictwo św. Józefa, odmawiając *Telegram* i inne modlitwy, by zechciał go obdarzyć łaską pojednania z Bogiem i bliźnimi. Błagaliśmy o pomoc z nieba. Po dwóch dniach wypisali go ze szpitala, by mógł umrzeć w domu. Toczyła się walka o jego duszę i zbawienie. Był agresywny i nie chciał słyszeć o Bogu i pojednaniu. Odrzucał błagania bogobojnej córki, by zechciał przyjąć kapłana. Niespodziewanie jednak zaskakując wszystkich poprosił o to, by ksiądz przyszedł do niego, bo chce się wyspowiadać. Zapragnął pojednać się z rodziną. Uważam to za prawdziwy cud, że umarł pojednany z Bogiem i bliskimi.

Przez wstawiennictwo św. Józefa modliliśmy się też za Zygmunta, który po 20 latach poszedł do spowiedzi.

Chcę podziękować Bogu przez to świadectwo, za św. Józefa, za Kościół święty. Wspaniale Bóg wszystko zaplanował i nieustannie nam pomaga, byśmy mogli się z Nim spotkać w niebie. Święci Boży są dla nas wsparciem i pomocą w trakcie ziemskiej pielgrzymki do domu Ojca. Wraz z mężem staramy się wspierać ubogich i potrzebujących na wszelkich możliwych płaszczyznach. Często prosimy św. Józefa o pomoc. Wiele razy św. Józef dopomógł nam, gdy modliliśmy się nowenną za bezrobotnych, za osoby mające problemy w pracy lub dając wsparcie ubogim, gdy niespodziewanie napływały pieniądze komuś bardzo potrzebne na utrzymanie.

Dopomagał w znalezieniu pracy i środków potrzebnych do życia panu Piotrowi z Olkusza, Jerzemu z Krakowa, Grażynie z Söderhamn, Pawłowi z Karlstad, Włodzimierzowi z Gävle, Pawłowi i Annie z Krakowa, Grażynie z Krakowa, Janowi ze Sztokholmu i innym.

Święty wspierał naszą rodzinę w organizowaniu rekolekcji w Gävle. Wiele osób po dłuższej przerwie wyspowiadało się i stara się żyć zgodnie z nauką Kościoła: Jan po około 40 latach przerwy, Włodzimierz po ponad 20 latach, Jerzy po 12 latach, Robert po 8 latach i inni. Wiele dobrych rzeczy pomógł dokonać św. Józef podczas tych rekolekcji, które już kilka razy odbyły się w naszej parafii. Jednym z owoców tych rekolekcji jest pragnienie dzielenia się przez parafian z najuboższymi.

Święty Józef także nam pomógł w trudnej sprawie organizacji transportów rzeczy dla potrzebujących w Polsce i na Białorusi, które już wielokrotnie miały miejsce. Jednym z cudów było to, że św. Józef w bardzo kryzysowej sytuacji dwukrotnie znalazł nam kierowcę, który niespodziewanie zgłosił się, aby nam pomóc w przetransportowaniu rzeczy.

Długo można by jeszcze wymieniać, co zawdzięczamy Bogu przez wstawiennictwo św. Józefa i modlitwy sióstr bernardynek, które rozpowszechniają kult tego Świętego. Dziękuję za odzyskanie zdrowia cioci Hani, która chorowała na raka piersi, Ani, która miała guza na mózgu, Wioletty, która miała operację wymiany rozrusznika serca, Jadwigi, która przeszła w Szwecji amputację piersi, a wyniki były tak dobre, że nie musiała brać chemioterapii. Dziękuję za Filipa, który w wieku czterech lat zachorował na białaczkę, potem miał nawrót choroby. Po chemioterapii zakwalifikował się do przeszczepu, a od kilku lat czuje się znakomicie, zaczął się prawidłowo rozwijać, wrócił do szkoły, bawi się, jeździ na rowerze, pływa i jest wielką pociechą dla swoich rodziców i rodzeństwa. Jego rodzina nawróciła się, zaczęła chodzić do Kościoła, a Filip, jedenastoletni już dzisiaj, wraz z bratem przystąpili w tym roku do Pierwszej Komunii Świętej. Za te i inne łaski dziękuję św. Józefowi.

Ufają Tobie znający Twe imię, bo nie opusz-
czasz, Panie, tych, co Cię szukają.

——————— * ———————

(Ps 9, 11)

# Powrót do Boga

Beata, Mielec

Życie mojego taty nie było łatwe. Dzieciństwo i młodość to czas wojny i pracy. Gdy założył rodzinę,
przyszło nowe doświadczenie, urodziła się moja siostra z wadą serca. Trzynaście lat rodzice walczyli o jej
życie, aż odeszła do Pana. Przez te lata rodzicom
nie było łatwo, choroba taty uniemożliwiała podję-
cie pracy. Mama opiekowała się chorą siostrą i mną,
małym wtedy dzieckiem. Moi rodzice byli wspaniałym małżeństwem. Wzrastałam w domu pełnym
miłości, w którym pamięć siostry zawsze była żywa.
Po latach wyszłam za mąż i niedługo potem zmarła
mama. Tata przeżył mocno to wszystko, ponadto został sam, ja bowiem wyjechałam daleko. Zaczął się-
gać po alkohol. Po dwóch latach powróciłam z mężem i dziećmi do domu, ale po jakimś czasie urodziła
się nam chora córeczka. Tata znów przeżył mocno tę
sytuację, jako mój ojciec i dziadek. Zaczął się poważ-
ny problem z alkoholem i trwał kilkanaście lat. By-

łam u kresu wytrzymałości. Prosiłam Boga o chwilę wytchnienia. W tym czasie wpadła w moje ręce książeczka z modlitwami do św. Józefa. Zaczęłam odmawiać modlitwę w nagłej potrzebie przez kolejne trzy dni. Po tych dniach przyszła myśl, by zamówić Mszę św. Eucharystia odprawiona została następnego dnia, a kolejnego tata się przewrócił. W trakcie badań okazało się, że musi iść do szpitala, ale choroba nie była związana z upadkiem. Potem okazało się, że choroby wcale nie było, lekarz odczytał błędnie zdjęcie rentgenowskie, które nie było najlepszej jakości. W czasie pobytu w szpitalu przystąpił jednak do sakramentu pojednania i przyjął Pana Jezusa do serca. A nie był do spowiedzi wiele lat. Obecnie tata już nie żyje, ale przychodził do niego kapłan co miesiąc z Panem Jezusem. W dniu śmierci o godzinie piętnastej przyjął w domu sakrament chorych. Dziękuję Panu Jezusowi i św. Józefowi za wszystko, co uczynili w moim życiu.

Bo myśli moje nie są myślami waszymi ani
wasze drogi moimi drogami – wyrocznia
Pana. Bo jak niebiosa górują nad ziemią, tak
drogi moje – nad waszymi drogami i myśli
moje – nad myślami waszymi.

——————— ∗ ———————

(Iz 55, 8–9)

# Mistrz budowy

s. M. Ignis Flis, Zgromadzenie Sióstr Św. Józefa

Niepewność i tajemnica życia duchowego – ta praw-
da odbija się w życiu św. Józefa. Kiedy Bóg wkra-
cza w życie człowieka, często burzy jego plany, stąd
też musi zaistnieć zgoda na niepewność i tajemnicę
w życiu człowieka poszukującego Boga.

Jestem siostrą zakonną – 25 lat po Pierwszej Pro-
fesji. Wydarzenie to jest ważne w moim życiu. Jest
to pieczęć na wszystkim i wyraża zgodę na wszystko... Pomimo że były to pierwsze śluby zakonne, które przez 7 kolejnych lat odnawiałam każdego roku,
to ten wybór nie był na próbę. Składałam już wtedy
śluby na wieki. Rok 1994 wprowadził mnie w kolejną tajemnicę i niepewność – 19 marca tegoż roku
złożyłam śluby wieczyste, a 8 października tego roku
znalazłam się na Ukrainie, gdzie przebywałam 4 lata.

Miejscem mojego posługiwania po „pierestrojce" była parafia Narodzenia Matki Bożej w Stryju z dojazdem do wspólnoty w Skolem, w Chodorowie, gdzie katechizowałam przez prawie 3 lata, oraz czasami w Żydaczowie (na dni skupień dla młodzieży).

Świadectwo dotyczące działania św. Józefa Opiekuna Pana Jezusa i Patrona Kościoła świętego jest wybrane spośród wielu. Przedziwne i pełne mocy, a zarazem spokojne i cierpliwe działanie św. Józefa objawiło się na przestrzeni 3 lat. Wraz z moją współsiostrą Antoniną Kamilewską byłyśmy poproszone przez ówczesnego proboszcza ks. kanonika Jana Nikla o modlitwę za wstawiennictwem św. Józefa o łaskę odzyskania pomieszczeń byłej przedwojennej plebanii koło kościoła. Ksiądz zamieszkiwał w odstąpionych przez parafiankę dwóch pokojach z kuchnią i korytarzykiem. Zrobił w korytarzyku remont, zagospodarowując niewielką jego część na łazienkę. Ubolewał, że plebania jest zamieszkana przez wielu ludzi, którzy na propozycję wykupu ich mieszkań podawali ogromne sumy pieniężne. Nie było to możliwe do zrealizowania. Rozpoczęłyśmy nowennę do św. Józefa z wielką wiarą, tym bardziej że nam w dziewiątym miesiącu odprawianej nowenny do tak przemożnego Orędownika udało się zakupić w ciągu miesiąca dom przy głównej ulicy z ogrodem w odległości 10 minut od kościoła. Na warunki Ukrainy w tamtym czasie było to prawdziwym cudem.

Mijały tygodnie i nic się nie działo. Pewnego dnia,
z samego rana po Mszy św. ks. proboszcz zaprosił
nas na plebanię, pokazując obsypujący się tynk sufitu
w kącie pierwszego pokoju. Zapytał nas, czy dobrze
sprecyzowałyśmy prośbę do św. Józefa, ponieważ
skutek wydaje się raczej odwrotny. Święty Józef miał
zatroszczyć się o powiększenie pomieszczeń naszej
plebanii, a nie burzyć pokoje. Roześmialiśmy się na
taką pointę i zapewniłyśmy księdza, że naprawdę
wiemy, o co prosimy św. Józefa. Miał czas i pewnej nocy zaczęły się wysuwać cegły z sufitu i to tak
intensywnie, że ksiądz postawił belki podtrzymujące
strop. Pytaliśmy św. Józefa o co chodzi? Czego on
od nas oczekuje? Co ma robić ksiądz? Po roku trzy
belki drzewa podtrzymujące strop były bardzo wy-
gięte, a otwór był coraz większy. Byliśmy zaniepoko-
jeni. Pewnego wieczoru ks. proboszcz Jan Nikiel zadzwonił do nas i powiedział: „Święty Józef ma głowę.
On chce, abym zrobił schody na strych i zagospo-
darował go na pokoje". Okazało się, że strych nad
pokojami księdza należał do niego, stąd zapisy były
tylko formalnością. Trzeba było jedynie postarać się
o pozwolenie na przebudowę, wykonać dobry plan
i zabrać się do roboty. W niedługim czasie po prze-
prowadzonych remontach ksiądz powiększył plebanię o trzy pokoiki na górze, łazienkę i korytarzyk.
Schody prowadzące z pokoju na parterze znajdują
się w miejscu, które się waliło. Wszyscy byli zasko-

czeni. Oględziny bowiem wykazywały, że sufit jest mocny, nie było żadnych zacieków, a zatem dlaczego obsypywał się sufit?...

Dzisiaj odpowiedź jest prosta. Bóg i Jego święci pomagają nam, ale niczego nie robią za nas. Nie chcą, abyśmy byli bezczynni. Trzeba jedynie czasem cierpliwie poczekać, aby rozkoszować się owocami współpracy Boga z człowiekiem. Człowieka z Bogiem. Niech Bóg będzie uwielbiony w swoich świętych.

Wierny przyjaciel jest lekarstwem życia;
znajdą go bojący się Pana.

———————— * ————————

(Syr 6, 16)

# Niebieski Przyjaciel

Helena, 57 lat, ekonomista, Kraków

Święty Józef jest dla mnie kimś bardzo drogim i za-
ufanym. Nie ma dnia, abym się do niego nie zwracała
w modlitwie. Tak jest już od wielu lat. Modlę się do
niego jako do serdecznego opiekuna pomagającego
mi w różnych potrzebach i sytuacjach życiowych.
Jest patronem Kościoła, postrachem złych duchów,
zatem wzywam jego ratunku dla Kościoła świętego
i w rozlicznych duchowych zagrożeniach w mojej rodzinie i w Ojczyźnie.

Pragnę podzielić się dwoma wydarzeniami, w których zostałam wysłuchana, szukając pomocy u św. Józefa. Pierwsze dotyczyło interwencji w sprawie mojego zdrowia, a drugie sytuacji duchowej mojej córki.

Pewnego razu, jadąc autobusem, poczułam się bardzo źle i czułam, że jest coraz gorzej. Po objawach zo-
rientowałam się, że grozi mi wylew krwi do mózgu.
Niestety nie miałam tego dnia przy sobie żadnego lekarstwa. Natychmiast zaczęłam odmawiać *Telegram*

do św. Józefa. Zrobiłam to trzykrotnie w krótkich odstępach czasu. Kryzys powoli ustępował, aż całkiem minął. Poczułam się lepiej i z pomocą obsługi MPK szczęśliwie wróciłam do domu.

Moja córka postanowiła wziąć ze swoim narzeczonym najpierw ślub cywilny, a dopiero po skończeniu studiów ślub kościelny. Czekając na termin kontraktu w Urzędzie Stanu Cywilnego, zamieszkali już razem. Bardzo mnie to zasmuciło i zaczęłam gorączkowo szukać ratunku u św. Józefa, mojego Niebieskiego Przyjaciela. Modliłam się do niego nieustannie na *Telegramie*, żeby dzieci zmieniły decyzję i nie odwlekały zawarcia sakramentalnego związku. Święty Józef szybko mnie wysłuchał, pomógł i pocieszył. W niedługim czasie Małgosia i Marcin byli już po ślubie kościelnym. Na ich twarzach było widać radość. Wszyscy czuliśmy się szczęśliwi.

Dołóż starania, byś sam stanął przed Bogiem jako godny uznania pracownik, który nie przynosi wstydu, trzymając się prostej linii prawdy.

———— * ————

(2 Tm 2, 15)

# Patron robotników

Zdzisław, 78 lat, ekonomista, Kraków

Święty Józef jest dla mnie przede wszystkim troskliwym i kochającym przybranym ojcem oraz żywicielem i obrońcą Syna Bożego, a ponadto patronem i podporą rodzin oraz wzorem dla pracujących. Dlatego też już od lat mam wielkie nabożeństwo do św. Józefa. Dowiedziałem się o pomyśle zbierania świadectw osób, które dostąpiły łask za przyczyną św. Józefa w celu szerzenia jeszcze większego jego kultu. Postanowiłem opisać te zdarzenia, których osobiście doświadczyłem za przyczyną tego Świętego. Są to znaki jego szczególnej opieki w moim życiu.

Do św. Józefa jako patrona rodzin zwracałem się często z prośbą o opiekę nade mną i moją rodziną. Moim kościołem parafialnym jest kościół Bożego Ciała księży kanoników regularnych na Kazimierzu w Krakowie. Znajduje się w nim piękny obraz przedstawiający św. Józefa z Dzieciątkiem, przed którym wielokrotnie modliłem się, prosząc o pomoc w różnych trudnych sytuacjach i o opiekę.

W roku 1951 ukończyłem studia w Wyższej Szkole Ekonomicznej w Krakowie i stanąłem przed problemem zdobycia jakiejś pracy. Po kilkumiesięcznym poszukiwaniu znalazłem ją w jednym z przedsiębiorstw komunalnych w Krakowie. Było to spełnieniem życzeń mojej śp. mamy, dla której praca w takim miejscu jak elektrownia, gazownia, wodociągi czy komunikacja była synonimem stabilności. Pracę rozpocząłem w nietypowy dzień, bo dokładnie dnia 1 maja 1952 roku. Do tego niewątpliwie przyczynił się św. Józef, choć 1 maja został ustanowiony jego świętem dopiero trzy lata później, w 1955 roku przez Piusa XII. Jako nowo przyjęty do pracy absolwent WSE udałem się do zakładu, aby wraz z załogą, po wysłuchaniu przez radio okolicznościowego przemówienia, wziąć udział w pierwszomajowym pochodzie ulicami miasta. Był wtedy piękny, słoneczny dzień, który stwarzał doskonałą okazję do zawierania pierwszych znajomości z nowym gronem przyszłych koleżanek i kolegów. Jedną z poznanych wówczas osób była, jak się później okazało, moja przyszła małżonka, z którą spędziłem w bardzo szczęśliwym związku małżeńskim czterdzieści osiem lat. W tym czasie Pan Bóg obdarzył nas trojgiem potomstwa, dwoma synami bliźniakami, z których jeden zmarł po siedmiu dniach, oraz córką. Święty Józef patronował też rozpoczętej wówczas mojej nieprzerwanej przez czterdzieści osiem lat pracy w tym zakładzie. Jest jeszcze drugi fakt, który uznaję za kolejny znak św. Józefa. Otóż, po dwudziestu jeden latach pracy na różnych stanowiskach w 1973 roku zostało mi powierzone stanowisko zastępcy dyrektora ds. ekonomicznych. Miało to miejsce również w święto św. Józefa, 19 marca. Funkcję tę pełniłem bez przerwy przez dwadzieścia lat, ciesząc się opieką św. Józefa w różnych trudnych sytuacjach, aż do przejścia na emeryturę. Także i te fakty uznaję za niezbite dowody opieki tego patrona pracujących.

Wróć, moja duszo, do swego spokoju, bo Pan
ci dobrze uczynił. Uchronił bowiem moje
życie od śmierci, moje oczy – od łez, moje
nogi – od upadku.

——————— * ———————

(Ps 116, 7–8)

# Uratowane życie

Barbara, 79 lat, emerytka, Kraków

Nabożeństwo do św. Józefa mam od lat młodzień-
czych. Moja mama nauczyła mnie zwracać się do niego, prosić o łaski we wszelkich potrzebach, dziękować
mu i czcić go. Do św. Józefa modlę się codziennie,
a w marcu korzystając ze specjalnego modlitewnika,
odprawiam nabożeństwo, czytając przeznaczone na
każdy dzień rozważania i modlitwy. Biorę też udział
w uroczystości ku czci tego Świętego 19 marca.

Święty Józef jest moim opiekunem. Pomaga mi
znosić choroby, między innymi cukrzycę (biorę regularnie insulinę), reumatyzm i inne dolegliwości, a także codzienne troski i kłopoty. Uratował mnie też od
śmierci i ciężkiego kalectwa.

Moi najbliżsi krewni już nie żyją. Jestem osobą
całkiem samotną. W maju 2009 roku przechodziłam przez ulicę na przejściu dla pieszych. Było zie-

lone światło, ale ciężki terenowy samochód się nie zatrzymał, tylko na mnie najechał. Znalazłam się pod samochodem. Straciłam przytomność. Jak odzyskałam świadomość zaczęłam się modlić do św. Józefa. Po wycofaniu samochodu kierowca pomógł mi wstać i na moją prośbę zawiózł mnie do mojej przychodni rejonowej. Tam moja lekarka zbadała mnie, ale nie miałam żadnych złamań ani uszkodzeń wewnętrznych organów. Miałam tylko potłuczone kolana. Przez długi czas miałam kłopoty z chodzeniem i bólem kolan, ale przeszłam rehabilitację. Obecnie chodzę dość dobrze i ból też jest coraz mniejszy. Chwała Pana Jezusowi i św. Józefowi.

Jeśli zobaczysz zbłąkanego wołu swego brata
albo sztukę mniejszego bydła, nie odwrócisz
się od nich, lecz zaprowadzisz je z powrotem
do swego brata. Tak postąpisz z jego osłem,
tak postąpisz z jego płaszczem, tak postąpisz
z każdą rzeczą zgubioną przez swego brata – z tym, co mu zginęło, a tyś odnalazł: nie
możesz od tego się odwrócić.

———————— * ————————

(Pwt 22, 1.3)

# Zgubiony portfel

Joanna, Wrocław

Chciałam się podzielić radością, która mnie spotkała
w drugi dzień świąt Bożego Narodzenia. Wracaliśmy
z rodziną od brata w nocy taksówką, pół godziny po
północy. Przy bramie zapłaciłam za kurs taksówka-
rzowi i wysiadłam. Wstałam rano i odruchowo się-
gnęłam do torebki, nie wiem po co, jakiś instynkt.
Z przerażeniem stwierdziłam brak portfela. Zrobiło
mi się gorąco i bardzo się zdenerwowałam. Były tam
moje ostatnie pieniądze, około 400 zł, które dostałam
od mamy, a częściowo zarobiłam na pieczeniu ciast
świątecznych. Pracuję tylko ja, więc było mi tym bardziej przykro, bo nie mogłam liczyć na żadną pomoc

od męża. Usiadłam w kuchni i myślałam gorączkowo co robić. Pomyślałam, że odmówię trzykrotnie *Telegram* do św. Józefa. Pomyślałam, że tylko św. Józef może mi pomóc.

Prosiłam zatem św. Józefa, żeby mnie wysłuchał, a tym samym umocnił wiarę sceptyków w mojej rodzinie. I czekałam. Portfelik mój zamiast włożyć do torebki musiałam upuścić w taksówce, i tego nie zauważyłam. Tego samego dnia późnym wieczorem w drzwiach stanął młody mężczyzna, kierowca taksówki. Wszedł do środka i oddał mi mój portfelik razem z całą zawartością. Zdziwienie domowników było ogromne, a i zarazem radość. Ja bardzo się ucieszyłam, wycałowałam go i złożyliśmy sobie życzenia świąteczne. Powiedział mi, że nie mógł sobie znaleźć miejsca w domu i czuł, że nie może zwlekać z oddaniem portfela. Adres odnalazł za sprawą odcinka z przekazu pocztowego, bo wysłałam coś do Niepokalanowa przed świętami. Wiem, że w moim domu nie jest najlepiej, bo są kłótnie, bo mąż nie pracuje nigdzie od dziewięciu lat. Nie jest tak, jakbym chciała, żeby było, ale w ten drugi dzień świąt św. Józef ukazał swą moc i potęgę. Bogu niech będą dzięki. Modlę się za tego pana, choć nie znam nawet jego imienia, bo w tym zaskoczeniu o to nie zapytałam.

Oto synowie są darem Pana, a owoc łona
nagrodą. Jak strzały w ręku wojownika, tak
synowie za młodu zrodzeni.

———————— * ————————

(Ps 127, 3–4)

# Ulubiony Święty

Łucja, 37 lat, Istebna

Chciałam podzielić się tym, jak Jezus i św. Józef
działają w moim życiu. Moja mama śp. Anna zawsze
modliła się do św. Józefa. Ja również już od dawna
modlę się *Litanią do św. Józefa* oraz różnymi modlitwami, a w miesiącu marcu rozważaniami na każdy
dzień. Święty Józef jest moim ulubionym świętym,
do którego modlę się w różnych intencjach. Mam
37 lat i wychowuję dzieci. W marcu 2008 roku poczułam się źle, wszystko mnie bolało podobnie jak
przy grypie. Zaczęłam robić różne badania. W końcu
lekarz zlecił badania HCV, wyszedł wynik dodatni.
Skierowano mnie do szpitala na oddział zakaźny,
z diagnozą zapalenie wątroby typu C. Przeszłam se-
rię różnych badań (biopsja wątroby itd.). Zakwalifi-
kowano mnie do leczenia. Zaczął się bardzo trudny
okres w moim życiu. Musiałam brać bardzo silne ta-
bletki i zastrzyki raz w tygodniu przez cały rok. Był

to ciężki okres rocznego leczenia. Organizm zaczął się buntować i miewałam napady krzyku, płaczu, złości itd. Nie umiałam sobie z tym poradzić. Moją podporą był mąż, który mi pomagał i troszczył się o mnie. Modlił się, wspierał mnie i zawsze był przy mnie. Nasza córeczka również była bardzo dzielna jak na swoje 6 lat. Widziałam, że się czasami boi, jest nerwowa, ale jakoś to przetrwała. Modliłam się za nią oraz tłumaczyłam jej, że jestem chora i różnie się zachowuję. Bałam się, jak to się wszystko skończy i powierzyłam całą rodzinę, siebie i leczenie Jezusowi oraz św. Józefowi. Byłam też otoczona modlitwą rodziny i wspólnoty z ks. Jarkiem. Po jakimś czasie poczułam pokój, miałam pewność, że Jezus jest ze mną i wszystko będzie dobrze. Leczenie zakończyłam pomyślnie. Jestem wdzięczna Bogu za zdrowie i za każdy darowany dzień, oraz za opiekę św. Józefa.

Postanowiliśmy z mężem, że przy wyborze imion dzieci mąż będzie decydował o imionach dla dziewczynek, a ja dla chłopców. Pierwsza była dziewczynka, Zuzia. Czekaliśmy na następne dzieci, ale długo się nie pojawiały. Modliliśmy się razem z Zuzią. W marcu zakończyłam to długie leczenie, a w sierpniu niespodziewanie na kolejną rocznicę ślubu dostaliśmy dar drugiego dziecka. Jakaż to była wielka radość i czas oczekiwania. W kwietniu urodził się nasz syn Józef. Radość, ale i obawa, ponieważ urodził się z wrodzonym, zwichniętym bioderkiem. Znów zaczęliśmy się modlić. Od miesiąca życia Józio był w szynach, później na wyciągu. W tym czasie zmarła moja mama. Józio znów musiał mieć szyny, później kolejny raz wyciąg oraz gips na sześć tygodni. Szyny miał do pierwszego roku życia. Z pomocą Jezusa i św. Józefa leczenie zostało pomyślnie zakończone. Józio dzielnie przeszedł szyny, szpital i gips.

Jest naszym kochanym, wesołym, ślicznym i mądrym dzieciątkiem. Od 15. miesiąca zaczął samodzielnie chodzić. I wszystko jest w porządku. Biega, wspina się, zawsze jest uśmiechnięty i grzeczny. Dzieci są dla nas wielkim darem, za który dziękujemy każdego dnia.

Raduj się w Panu, a On spełni pragnienia twego serca. Powierz Panu swoją drogę i zaufaj Mu: On sam będzie działał.

———————— ✳ ————————

(Ps 37, 4–5)

# Kłopoty finansowe

Jadwiga, Trzebunia

Pragnę podziękować św. Józefowi, że wysłuchał moich próśb. Moi synowie w wieku 21 i 23 lata nie mogli znaleźć pracy po maturze. Zatrudnili się tylko dorywczo, ale pracodawca płacił bardzo mało, a były też miesiące bez wynagrodzenia. Mąż miał niską rentę, a ja chorowałam. Lekarstwa były drogie. Sytuacja finansowa zmuszała nas do tego, by młodszy syn przerwał studia, które bardzo lubił. Powierzyłam naszą sytuację Sercu Jezusowemu i św. Józefowi, modląc się prosiłam, by synowie otrzymali pracę za godziwe wynagrodzenie. Nie zawiodłam się. Moi synowie w krótkim czasie otrzymali dobrą pracę. Pracują ciężko, ale są wypłacani każdego miesiąca. Młodszy syn może opłacać sobie studia na Politechnice Krakowskiej. Razem też kupili samochód, którym dojeżdżają do pracy. Za tę łaskę dziękuję Sercu Jezusowemu i św. Józefowi.

Niech będzie błogosławiony Bóg i Ojciec
Pana naszego Jezusa Chrystusa, On napełnił nas wszelkim błogosławieństwem duchowym na wyżynach niebieskich – w Chrystusie. [...] przeznaczył nas dla siebie jako
przybranych synów przez Jezusa Chrystusa,
według postanowienia swej woli, ku chwale majestatu swej łaski, którą obdarzył nas
w Umiłowanym.

———— * ————

(Ef 1, 3.5–6)

# Adopcja i milczenie

Stanisław, 69 lat, chemik

Wraz z żoną wychowywaliśmy troje dzieci adopto-
wanych z różnych rodzin. Nie była to historia, którą
sobie wymyśliliśmy: była to próba odczytania pod-
powiedzi Pana Boga i nie miała nic wspólnego z naszymi planami życiowymi. Ustąpiliśmy pod wymową
faktów. Nie była to historia łatwa. Kiedy dożyliśmy
do wieku emerytalnego, zaczęliśmy sobie zdawać
sprawę z powagi sytuacji: wprawdzie córka wypro-
wadziła się z domu i prowadzi samodzielne życie, ale
pozostali dwaj chłopcy, w wieku 25 i 30 lat, prak-
tycznie niezdolni są do samodzielnej egzystencji;

choć fizycznie sprawni, obaj są na rentach z powodu różnego rodzaju niesprawności.

Zaczęliśmy zdawać sobie sprawę z tego, jak trudna będzie sytuacja w przypadku śmierci jednego, a tym bardziej obojga z nas. Próby włączenia chłopców w odnalezione rodziny biologiczne dotychczas się nie udawały, mimo utrzymywania kontaktów.

Obrazek św. Józefa towarzyszył naszemu małżeństwu od początku: stanowił jedną z nielicznych pamiątek po domu, w którym się wychowywałem. Do siostry mojej babci przywędrował z dalekiej Ameryki. W domu, w rozmowach, nazywany był „Święty Józef – patron emigrantów". Rzeczywiście pod wizerunkiem znajduje się napis w 4 językach: Le Patriarche St Joseph, El Patriarca Sn Jose – literami większymi, a pod spodem mniejszymi: St Joseph the Patriarch i H. Joseph Patriarch, czyli po francusku, hiszpańsku, angielsku i niemiecku. Święty Józef przedstawiony jest na nim jako mężczyzna w sile wieku, trzyma na swym lewym ramieniu kilkuletniego Jezusa, a w prawym ręku ma lilię. Aureola zaznaczona jest słabo. Wizerunek wpisany jest w owal i ozdobiony elementami roślinnymi wypełniającymi cztery przestrzenie pomiędzy owalem a resztą prostokąta, jaki stanowi obrazek.

Czy ta obecność św. Józefa w naszej rodzinie była zapowiedzią kolejnych adopcji? Stawiam sobie to pytanie dziś, po latach, gdyż jakoś wcześnie, chyba po pierwszej z nich, uświadomiliśmy sobie, że to właśnie św. Józef śmiało mógłby zostać uznany za patrona adopcji: przecież Pana Jezusa adoptował!

Z całą mocą zaczęliśmy to sobie uświadamiać właśnie teraz, gdy poważnie myślimy o tym, jak nasza śmierć wpłynie na dalsze losy naszych dzieci. Po ludzku sprawa wygląda na trudną, jeśli nie beznadziejną: żaden z wymyślonych wariantów nie zapowiadał nic dobrego. Wtedy stwierdziłem, że mogą tu pomóc Maryja i Józef, wszak to Oni byli najlepszymi Rodzicami.

Niespodziewanie dostaliśmy wiadomość od siostry matki młodszego z synów, że jego matka pojawiła się po latach w domu rodzinnym, w pozytywnie odmienionym stanie. Wykazała zainteresowanie swymi dziećmi i zapowiedziała dalsze wizyty. Syn, który widział ją przed laty, już jako dorosły, tylko raz w życiu, cierpiał z powodu tego spotkania, to bowiem trudne zobaczyć matkę w takim stanie.

Odmianą matki syn bardzo się ucieszył i wybiera się wraz z nami na rodzinne spotkanie. Niezależnie od naszych modlitw zawsze namawialiśmy go, by sam też modlił się mimo wszystko za swych biologicznych rodziców. Ufamy, że to zapowiedź dalszych interwencji Pana Boga.

Wszystko to działo się i dzieje na tle innej sprawy: od kilku lat moja gorąca modlitwa do Maryi i Józefa, Świętych, Cichych i Pokornych (w Ewangeliach Józef milczy całkowicie, Maryja wypowiada kilka zdań) –

jak Ich przyzywam w modlitwie wzorowanej na różańcu – pomaga mi trwać, pokonywać pokusy buntu,
a nawet mieć chwile radości w pewnej bardzo trudnej
sytuacji, w której się znalazłem wyraźnie z woli Pana
Boga. Rozpoczęcie tej modlitwy wiąże się z tym, że
otrzymałem w samą porę obrazek Maryi Milczącej,
z palcem na ustach; zrozumiałem, że to podpowiedź
mająca mnie ratować i zacząłem się do Maryi Milczącej modlić. Potem jakoś szybko skojarzyłem, że przecież św. Józef też milczał. Teraz pociesza mnie myśl,
że gdy milczę, jestem w dobrym towarzystwie. Cała ta
historia z adopcją pomogła mi zrozumieć, ile to Pan
Bóg ma kłopotów z nami, przybranymi dziećmi.

Niewiastę dzielną któż znajdzie? Jej wartość
przewyższa perły. Serce małżonka jej ufa, na
zyskach mu nie zbywa; nie czyni mu źle, ale
dobrze przez wszystkie dni jego życia. Kłam-
liwy wdzięk i marne jest piękno: chwalić należy niewiastę, co boi się Pana.

——————— * ———————

(Prz 31, 10–12.30)

# Małżeństwo od świętego Józefa

## Barbara, lekarz

Zawsze pragnęłam mieć rodzinę i Pan Bóg w swej dobroci spełnił to pragnienie za wstawiennictwem św.
Józefa. Historia naszego małżeństwa sięga roku 1983.
Wówczas jako panna po studiach poznałam Michała,
młodszego ode mnie, dzielnego młodzieńca, który po-
stanowił związać swoje życie i pracę z ziemią.

Okazało się, że oboje, niezależnie od siebie, modlimy się do św. Józefa z prośbą o dobrego męża lub
dobrą żonę. Modlitwę tę otrzymaliśmy od ks. prałata
Aleksandra Woźnego, proboszcza jednej z poznań-
skich parafii. Jest to modlitwa złożona z 6 punktów:

1) Św. Józefie, dziękuję Ci, że jeszcze nie wyszłam
   za mąż (nie ożeniłem się) (*tzn. że mogę się modlić
   i prosić o dobrego męża lub żonę*);

2) Św. Józefie, jeżeli jest ktoś, kogo Bóg przeznaczył mi na współmałżonka, to błogosław mu, zachowaj go w czystości;

3) Św. Józefie, jeżeli teraz jest sytuacja (znajomość), która się Bogu nie podoba, to ją popsuj;

4) Św. Józefie, obiecuję, że nie będziemy udawać małżeństwa przed ślubem;

5) Św. Józefie, obiecuję, że na Twoją cześć, pierwsze dziecko będzie miało imię Józef lub Józefina;

6) Św. Józefie, obiecuję, że wszystkim będę mówiła, że jest to mąż (żona) od Ciebie.

W tym czasie byłam zakochana w innym człowieku, Janie, co do którego miałam nadzieję, że połączy nas sakrament małżeństwa. Znaliśmy się kilka lat i spotykaliśmy się często. Mijały miesiące. Michał coraz wyraźniej dawał dowody uczuć, które do mnie żywił, a których ja nie odwzajemniałam. W pewnym momencie oświadczył się, prosząc, bym została jego żoną. Zaskoczona – odmówiłam.

Po tym wydarzeniu tym usilniej modliłam się do św. Józefa prosząc go, by pomógł mi wejść w wolę Bożą, bym ją rozpoznała. Punkt modlitwy dotyczący popsucia tego, co się Bogu nie podoba, niósł ze sobą intencję popsucia znajomości z Michałem.

W końcu, zmęczona tą sytuacją, postanowiłam jednoznacznie rozpoznać intencje Jana. Gdy na spotkaniu, które miało rozstrzygnąć, czy będziemy razem, nie usłyszałam prośby o dalsze spotykanie się, nie mówiąc o małżeństwie – wiedziałam, że to koniec. Zobaczyłam wyraźnie, że nie miał chęci albo odwagi wiązać się ze mną.

Cierpiałam i pytałam Boga: „Dlaczego? Co dalej?". Równocześnie byłam ogromnie zaskoczona tak szybką, czytelną i jednoznaczną wiadomością od św. Józefa.

Wówczas Pan Bóg otworzył mnie na Michała, na szukanie woli Bożej w małżeństwie z nim. Pan Bóg, przez ręce św. Józefa, dał mi miłość do przyszłego męża. Sprawił, że mocą modlitwy, nie udawaliśmy małżeństwa przed ślubem. Zobaczyłam też, że zachowanie czystości do czasu małżeństwa daje wolność wyboru.

Po zawarciu małżeństwa dał nam jedność, o jakiej nie marzyłam i jakiej nie mogłam sobie wyobrazić.

Gdy poczęło się pierwsze z czwórki naszych dzieci, wiedzieliśmy, że będzie to Józef albo Józefina. Urodziła się córka, która do dzisiaj jest dumna ze swojego Patrona.

Jesteśmy szczęśliwi i wdzięczni Panu Bogu, że pozwolił nam spotkać się ze sobą, że wysłuchał św. Józefa, gdy przez jego ręce prosiliśmy o dobrego męża i żonę, że dzisiaj nasze córki mogą Mu dziękować za naszą miłość i jedność. Z radością obwieszczamy – jesteśmy małżeństwem od św. Józefa.

Za pełną radość poczytujcie to sobie, bracia
moi, ilekroć spadają na was różne doświadczenia. Wiedzcie, że to, co wystawia waszą
wiarę na próbę, rodzi wytrwałość. Błogosławiony mąż, który wytrwa w pokusie, gdy bowiem zostanie poddany próbie, otrzyma wie-
niec życia, obiecany przez Pana tym, którzy
Go miłują.

———————— * ————————

(Jk 1, 2–3.12)

# Próba

Janina, Dąbrowa Białostocka

Zgodnie z obietnicą złożoną siostrom bernardynkom
chciałabym złożyć świadectwo opieki św. Józefa nad
moją rodziną. Miłość do tego Świętego odziedziczy-
łam po swojej babci Weronice, przy której wzrastałam jako mała dziewczynka, a później nastolatka.
Babcia żyła 94 lata. Chciała umrzeć w dzień św. Józefa i zmarła we środę.

Mieliśmy z mężem trzech synów. Trzeci syn Da-
wid urodził się w 1988 roku z zespołem Downa. Po
miesięcznej chorobie zmarł w wieku pięć i pół miesiąca. Modliliśmy się bardzo gorąco do św. Józefa, od-
prawiając dziewięciodniową nowennę o zdrowie dla

dziecka, jeżeli jest to zgodne z wolą Bożą. Na drugi dzień po skończeniu nowenny otrzymaliśmy wiadomość ze szpitala, że Dawidek zmarł. Bardzo boleśnie przeżyliśmy z mężem odejście synka. W 1990 roku, na początku marca prosiłam św. Józefa jako patrona rodzin, aby dał jakiś znak, czy mogę jeszcze urodzić zdrowe dziecko.

Moja rodzina od lat ma wielką cześć do tego Świętego, każdego roku 19 marca uczestniczymy we Mszy św. Tego roku był to piękny słoneczny dzień i mąż powiedział, żebym sama z dziećmi poszła na wieczorną mszę, bo on ma dużo pracy. Z dwoma synami, dziewięcio- i sześcioletnim, pojechał mąż na pole ciągnikiem z doczepionym wozem, aby zbierać kamienie. Starszy syn Błażej podjeżdżał ciągnikiem, a mąż z młodszym Danielem zbierali kamienie. Gdy wóz w połowie był naładowany, w pewnym momencie Daniel stanął przed przednim kołem wozu, a starszy syn ruszył ciągnikiem, najeżdżając na niego. Mąż będąc kilka metrów dalej, widząc to, krzyknął i syn zatrzymał ciągnik, gdy koło wozu przygniotło Daniela do ziemi. Gdy drugi raz mąż krzyknął, syn znowu ruszył i koło przejechało wzdłuż całego ciała od nóg po głowę. Mąż podbiegł do Daniela i wyciągnął go spod wozu, by nie najechało na niego drugie koło. Dziecku cudem nic się nie stało. Miał tylko otarcie na twarzy po przejściu koła i nieduży ból w nodze. Mąż po przywiezieniu

Daniela do domu powiedział, że wszyscy jedziemy na wieczorną Mszę św.

Ten wypadek uznaliśmy za znak dany od Pana Boga za wstawiennictwem św. Józefa. Znak, o który prosiłam na początku marca. Przecież mogliśmy stracić jeszcze jedno dziecko. W krótkim czasie po tym wypadku byłam w stanie błogosławionym i w tym samym roku 31 grudnia urodziłam zdrowego Kamila, który niebawem skończy 17 lat.

Święty Józef pomagał nam w wielu życiowych sprawach. Każdego roku w marcu modlimy się całą rodziną przy zapalonych świecach. Za otrzymane łaski staramy się w miarę naszych możliwości szerzyć kult św. Józefa. W 1996 roku urodziłam jeszcze jednego syna Konrada. Przez cały okres ciąży odmawialiśmy z rodziną *Koronkę do Bożego Miłosierdzia*, prosząc o urodzenie zdrowego dziecka. O godz. 15.00 w godzinie Miłosierdzia urodziłam zdrowego Konrada. Od tej pory *Koronka do Bożego Miłosierdzia* jest naszą codzienną modlitwą. Niech będzie uwielbiona Trójca Przenajświętsza, Matka Boża i św. Józef.

O Tobie mówi moje serce: «Szukaj Jego oblicza!». Szukam, o Panie, Twojego oblicza;
swego oblicza nie zakrywaj przede mną, nie
odpędzaj z gniewem swojego sługi! Ty jesteś
moją pomocą,więc mnie nie odrzucaj i nie
opuszczaj mnie, Boże, moje Zbawienie!

———————— * ————————

(Ps 27, 8–10)

# Znalazłam Miłość

Maria, 85 lat, prawnik, Kraków

Święty Józef jest dla mnie bardzo skutecznym orędownikiem we wszystkich problemach życia, ale
szczególnie pomaga w pojednaniu zbłąkanego człowieka ze swym przybranym Synem Jezusem. Moja
mama miała bardzo wielkie nabożeństwo do św. Józefa. Nauczyła mnie i moją siostrę między innymi
pięknej modlitwy:

*O święty Józefie, wzorze wszystkich pracujących,
uproś mi łaskę bym i ja pracowała w duchu pokuty w celu zadośćuczynienia za me liczne grzechy, nie
cofając się przed znużeniem lub trudnościami, bym
pracowała starannie i wytrwale, mając nieustannie
przed oczyma śmierć i rachunek, który muszę złożyć
za czas stracony, a także ze zmarnowanych talentów,*

*z opuszczenia dobrego, z próżnej dumy w powodzeniu tak szkodliwej w dziełach Bożych. Wszystko dla Jezusa, wszystko przez Maryję, wszystko na Twój wzór, o święty Patriarcho Józefie! To będzie moim hasłem w życiu i przy zgonie.*

Mieszkaliśmy w Legionowie. Mój ojciec był żołnierzem AK. W 1942 roku ojciec musiał wyjechać, aby uniknąć aresztowania przez Niemców. Dom, w którym mieszkałyśmy, był obserwowany. Przed Zielonymi Świętami tego roku mama piekła dla nas rarytas, słodką bułkę z białej mąki. Przyszła siostra mamy, ciocia Elza. Chciała mamie coś powiedzieć i kazały nam, dzieciom, wyjść z kuchni do pokoju i obserwować, czy Niemcy nie kręcą się koło domu. Stanęłyśmy przy oknie i zobaczyłyśmy podjeżdżające auto, które zatrzymało się przy furtce. Z auta zaczęli wysiadać Niemcy. Przerażone wpadłyśmy do kuchni wołając: Mamo, Niemcy! Mama stała blada jak ściana, trzymając w ręce dużą kartkę papieru. Ciotka szybko wyrwała jej kartkę i wrzuciła do rozpalonego pieca. Za chwilę Niemcy wtargnęli do mieszkania i rozpoczęli rewizję. Potem dowiedziałyśmy się, że spalona kartka to był list od naszego ojca. Niemcom nie udało się znaleźć żadnych materiałów ani zdjęć poszukiwanego ojca, ale zabrali ze sobą mamę. Ciotka dała znać organizacji o tym wydarzeniu, bo nie wiedziała, co ma zrobić z nami. Miałyśmy wówczas po kilkanaście lat.

Wieczorem ciotka zaczęła nas przygotowywać do wyjazdu, do rodziny mieszkającej w Tarnowie. Byłyśmy przekonane, że mama wróci nieprędko. Tymczasem mama wróciła przed północą, była ledwo żywa. Kiedy ochłonęła, opowiedziała jak było na przesłuchaniu. W duchu cały czas powtarzała wezwanie: „Jezu, Maryjo, Józefie święty!", spodziewając się najgorszego. W pewnym momencie do pomieszczenia, w którym była przesłuchiwana, Niemcy wpuścili ogromnego psa, żeby ją postraszyć. Mama niezbyt lubiła psy, a ten pies powoli podszedł do niej i swój ogromny łeb przytulił do jej kolan. Pozwolił się nawet pogłaskać, a mama połykała łzy. Niemcy byli zdumieni i wkrótce potem wypuścili ją do domu. Mama była przekonana, że Święta Rodzina ją wówczas uratowała.

Przypomniałam sobie to gorliwe nabożeństwo mojej mamy do św. Józefa kilkadziesiąt lat później, kilka miesięcy po jej śmierci. Od wielu lat byłam poza Kościołem, ponieważ po odejściu mojego męża i ojca dwojga naszych dzieci zawarłam cywilny związek małżeński z wolnym, pełnym szlachetnej dobroci, człowiekiem. Mieszkaliśmy w Krakowie. Pracowałam na ulicy Kanoniczej. Pewnego dnia byłam trochę spóźniona i skracałam sobie drogę, idąc od przystanku tramwajowego przy Poczcie Głównej, przez ulicę Poselską. Tyle razy tamtędy chodziłam, nie zwracając uwagi na mijany kościół, ale tym razem pomimo mego opóźnienia pomyślałam o mojej mamie i weszłam do kościoła. Uklękłam, ogarnęła mnie cisza i skupienie. W głębi dostrzegłam Najświętszy Sakrament wystawiony w monstrancji. Odczułam radość, jakbym dostała coś bardzo cennego. Czas się zatrzymał, znikło napięcie pośpiechu. Spokojnie odmawiałam modlitwę za mamę, prosząc Boga o radość wieczną dla niej. Poczułam się wysłuchana i bardzo radosna. Rozejrzałam się po kościele, bo byłam tam po raz pierwszy. Zachwyciło mnie pięknie przybrane Dzieciątko Jezus w bocznym ołtarzu, też jakby zadowolone z naszego spotkania. Obraz św. Józefa wówczas nie zatrzymał mojej uwagi, wydał mi się trochę dziwny. Wyszłam z kościoła i spokojnie dotarłam na Kanoniczą. Wtedy jeszcze nie wiedziałam, co się we mnie zaczęło, ale w zgiełku moich zajęć odczuwałam brak czegoś ważnego. Dopiero po pewnym czasie zrozumiałam, że jest to pragnienie pojednania się z Bogiem. Jeszcze kilka lat chodziłam przez ulicę Poselską do pracy i już zawsze wstępowałam do kościoła św. Józefa, bo zauważyłam, że tam jest źródło mego pragnienia, że tam dostaję jakieś wyciszenie i pokój. Po pewnym czasie odkryłam zatroskane i piękne oblicze Opiekuna dorastającego Chłopca-Jezusa, który patrzy na ludzi z pełnym miłości zaciekawieniem. Wielka postać Opiekuna, mocnego mężczyzny z wysoką laską wydała mi się bardzo czuła, pełna miłości i dyskrecji zarazem. Nabrałam przekonania, że to św. Józef,

Opiekun Najświętszej Rodziny, zawołał mnie do tej świątyni i obudził w sercu tęsknotę za pojednaniem z moim Stwórcą Ojcem Przedwiecznym. Z czasem moje pragnienie pojednania się z Bogiem stawało się coraz mocniejsze, mimo mojej sytuacji rodzinnej. Szukałam pomocy, a św. Józef w swoim kościele przekonywał mnie, że trzeba się modlić i trwać cierpliwie w tym postanowieniu. Trzeba wytrzymać upokorzenia, przykrości, upływ czasu, trzeba czekać i trwać na modlitwie. On to załatwi. Było wiele trudu i łez, ale nie byłam sama, bo czułam mocną dłoń mojego Opiekuna, który podtrzymywał moją ufność, że trzeba trwać, on na pewno to załatwi. Mój cywilny „mąż" Kazimierz zachorował, miał zawał serca, potem był bardzo słaby. Opowiedziałam mu o mojej tęsknocie za bliskością Boga Ojca. Zadumał się. Po pewnym czasie wyznał, że też chętnie by się wyspowiadał. Moja przyjaciółka, która znała moją sytuację, umówiła mnie na rozmowę z jednym z ojców jezuitów. Wśród łez i westchnień wylałam z siebie bolesne przeżycia i strach przed przyszłością. Mój rozmówca był cierpliwy i współczujący, obiecał mi, że przyjdzie do nas do domu i wyspowiada nas oboje, ale był to czas przed Wielkim Tygodniem, wiele nabożeństw, spowiedzi, trzeba było trochę odczekać. Niestety, wcześniej nastąpił drugi zawał serca Kazimierza. Był bardzo rozległy i śmiertelny. Tak oto nagle zostałam wdową, po dwudziestu siedmiu latach tego „małżeństwa". Odszedł człowiek dobry i bardzo mi bliski. Czułam ból, gorzki żal, że nie było naszej spowiedzi. Byłam otępiała, też jakby martwa, nic już nie chciałam dla siebie, czułam się winna, że Kazimierz przeze mnie będzie potępiony. Nie mogłam się modlić, ale pojechałam do kościoła św. Barbary. Tam znalazł mnie „mój rozmówca". Wziął mnie za rękę i powiedział: „Chodź, wyspowiadam cię". Niedaleko stała moja przyjaciółka, była zapłakana. Poszłam za moim spowiednikiem, czułam, że św. Józef jest ze mną i spokojnie się spowiadałam. W końcu wyznałam, że czuję się winna śmierci Kazimierza w ciężkim grzechu. Wtedy usłyszałam, że miłosierdzie Boże jest bezgraniczne i otwiera niebo dobrym duszom, które miały pragnienie pojednania się z Bogiem, tylko ja muszę się za niego wiele modlić. Wówczas doznałam ogromnej ulgi, a nawet radości. Odeszłam od spowiednika i powiedziałam głośno: „Boże, jaka jestem szczęśliwa mimo wszystko!". I tak się rozpoczęło moje nowe życie z Bogiem. Poznałam Jego wielką miłość i Jego moc nad złem, bo przywrócił mi radość życia i nadzieję na zbawienie moje i Kazimierza. Dziękuję Ci, św. Józefie!

Natomiast z człowiekiem pobożnym podtrzymuj znajomość, a także z tym, o którym
wiesz, że strzeże przykazań, którego dusza
podobna do twej duszy, i kto, jeślibyś upadł,
będzie współczuł tobie.

———————— * ————————

(Syr 37, 12)

# Pokuta

Ewelina Juszczyk, 36 lat, nauczyciel, Kraków

Przed wielu laty, gdy byłam jeszcze studentką,
spowiednik (śp. o. P. Lenartowicz SJ) polecił mi za
pokutę pomodlić się do św. Józefa. Sam bowiem
był jego gorącym czcicielem. Zwykle starałam się
jak najszybciej odprawić pokutę, tym razem miałam
ogromne opory, by się za nią zabrać. Dziękowanie
za otrzymane łaski Jezusowi czy Maryi, prośby, po-
wierzanie swych codziennych trosk i problemów,
prośba o opiekę, radę – to było dla mnie czymś
oczywistym, prostym. Ale św. Józef, co miałabym
mu powiedzieć? Czy o coś poprosić? Do żadnego ze świętych nie miałam jakiegoś szczególnego
nabożeństwa. Dziwną mi się wydawała ta pokuta.
A że spowiedź miała miejsce tuż przed wakacyjnym
wyjazdem, postanowiłam odprawić ją już w czasie

letniego wypoczynku. Długo jednak trwało nim się udałam do miejscowego kościoła. Uklękłam w bocznej nawie, by tam się spokojnie pomodlić. Wzięłam nawet ze sobą książeczkę do nabożeństwa z zamiarem zmówienia *Litanii do św. Józefa*, bo własnymi słowami nie wiedziałam co powiedzieć. Odruchowo spojrzałam na wiszący przede mną obraz, przyjrzałam się atrybutom postaci i roześmiałam w duchu – przedstawiał św. Józefa z Dzieciątkiem Jezus. Przepraszam Cię, św. Józefie, że tak długo zwlekam z zadaną mi za pokutę modlitwą do Ciebie, tak mi się za nią ciężko zabrać – wyszeptałam. I wtedy stało się coś, co pamiętam żywo do dziś. Nie mogę napisać, że usłyszałam głos, bo nie słyszałam uszami, raczej w sercu, że choć on – św. Józef jest dla mnie obcy, to ja dla niego przeciwnie, nie jestem mu obca, że zna mnie od zawsze, wszystko co się mnie tyczy, wszystkie moje sprawy. I że opiekuje się mną, bo jakby mógł nie mieć w opiece tych, którzy zawierzają się jego (Przeczystej) Oblubienicy Maryi. Że jest blisko mnie i zawsze mogę zwrócić się do niego w mych potrzebach. To była niezapomniana modlitwa. Nie mówiłam nic, tylko słuchałam, a potem długo jeszcze siedziałam w tej nawie zaskoczona tym, co przeżyłam, usłyszałam w sercu, serdecznością, ciepłem tych słów. I od tej chwili św. Józef stał mi się niebieskim przyjacielem, skutecznym orędownikiem u Boga w trudnych sprawach. Jego święto 19 marca obchodzę co roku, zwykle poprzedzając nowenną do niego, upraszając za jego przyczyną wiele łask i dziękując za opiekę, teraz już nie tylko nade mną, ale i całą moją rodziną!

Weźcie moje jarzmo na siebie i uczcie się
ode Mnie, bo jestem cichy i pokorny sercem,
a znajdziecie ukojenie dla dusz waszych.

———— * ————

(Mt 11, 27)

# Patron rodziny

Ewa Wałkiewicz

Jestem chrześcijanką od 57 lat, mężatką od 27 lat,
mamą czwórki dzieci w wieku 19–25 lat. Razem
z mężem jesteśmy członkami Domowego Kościoła, mam wyższe wykształcenie, mieszkam w dużym
mieście wojewódzkim na zachodzie Polski.

Chcąc napisać o swojej przyjaźni ze św. Józefem
powinnam nadmienić, że pierwsze kroki w nawią-
zywaniu bliższych relacji z Panem Bogiem stawiałam w domu, przy rodzicach. To od nich uczyłam
się prostych zwyczajów, które pielęgnuję do dziś.
Moja ściślejsza relacja z Oblubieńcem Matki Bożej
sięga czasów panieńskich. Po śmierci mamy i po zakończeniu studiów nadal dużo się uczyłam, zdając
egzaminy na specjalizację. Tak się jakoś składało, że
nikogo, z kim chciałabym związać swe życie, w tym
czasie nie poznałam. Tłumaczyłam sobie, że to jest
akurat czas na poszerzanie swoich kwalifikacji zawo-

dowych. Przyszedł jednak taki moment, że chciałam zdecydowanie obrać konkretniejszą drogę i wyjść za mąż. Tyle że nikogo takiego w tym czasie nie znałam. Pomału zbliżała się trzydziestka. Dziś już nie wiem przez kogo ani gdzie dowiedziałam się, że św. Józef jest patronem wyboru dobrego męża. Zdecydowałam się na nowennę, która trwała 30 dni. W jej trakcie wzięłam udział w katechezach neokatechumenalnych, a potem zostałam członkiem wspólnoty. To właśnie w tej grupie ludzi poznałam męża.

Pobraliśmy się po blisko rocznej znajomości. Podczas sakramentu małżeństwa, które nam pobłogosławił zaprzyjaźniony kapłan, poprosiliśmy o uroczyste nadanie patrona naszej rodzinie. Został nim św. Józef. Dlatego obchodzimy uroczystości rocznicowe 20 września i 19 marca. Uważam, że dzięki orędownictwu Oblubieńca Najświętszej Maryi Panny „znalazłam" męża i zawarłam związek małżeński.

Kim jest dla mnie św. Józef? Jest najstarszym z grona moich niebieskich przyjaciół. Stale przy mnie obecnym, bo o to go proszę w codziennej modlitwie. Jest moim orędownikiem, wsparciem w pracy zawodowej. Pracuję w sektorze prywatno-usługowym i codziennie mam do czynienia z ludźmi. Praca jest trudna i odpowiedzialna. Przed tą odpowiedzialnością uciekałam niczym prorok Jonasz przed wezwaniem do Niniwy. Stałe orędownictwo oraz pomoc kogoś silnego i była i nadal jest mi potrzebna. Święty Józef jest moim opie-

kunem. Powierzam mu nie tylko siebie, ale szczególnie męża, syna i zięcia. Jest przykładem cierpliwości.
Sama Opatrzność wie, jak mi brakuje cnoty posłuszeństwa. Świat łudzi mnie, że to rzecz nieistniejąca
i zbyteczna, nikomu nie służy. Ustawicznie szukam
własnych rozwiązań. Święty Józef jest dla mnie wzorem bezgranicznego zawierzenia Panu Bogu. Potrzebuję jego pomocy, zwłaszcza w chwilach, gdy wokół
mnie dzieją się sprawy niezrozumiałe, takie, na które
nie mam wpływu, trudne do zaakceptowania. Jest dla
mnie przykładem pokory, spokojnego, a jednak bardzo twórczego trwania w życiu przed Panem Bogiem
w milczeniu i ciszy. Uczę się od niego, jak znosić ludzi
przykrych i dokuczliwych. Wprost trudno uwierzyć, że
pochodził z królewskiego rodu, a żył bardzo skromnie,
zawsze w cieniu, ale bardzo blisko, w ogromnej zażyłości z Chrystusem i Jego oraz moją Matką, Maryją.

Jeśli chodzi o konkretny przykład z ostatniego czasu, to w wieku 56 lat straciłam pracę. Usłyszałam
wówczas bardzo raniące mnie słowa. Mój Opiekun
pomógł mi znaleźć inną pracę, tak że finansowo wyszłam na tej zmianie korzystnie. Codziennie mnie
wspiera w jej dobrym wykonywaniu. Pomaga mi ule-
czyć rany zadane słowem. Niestety daleko mi jeszcze,
by być tak dobrym rzemieślnikiem w swoim fachu, jak
on był w swoim.

Jest jeszcze sprawa, która ma dalekie od moich
wyobrażeń rozwiązanie. Prosiłam św. Józefa, aby po-

mógł mojej rodzinie wyjść z długów finansowych. Najlepiej za jednym zamachem, na przykład wygrana w totolotka, która rozwiązałaby nasze problemy. Tymczasem „nici" z moich oczekiwań. Dług wprawdzie maleje, choć bardzo, ale to bardzo wolno. Pewnie jego zasługą jest to, że zrozumiałam, iż kłopoty finansowe są moim krzyżem, który jest mi potrzebny do pracy nad sobą, do zmiany sposobu myślenia i rezygnacji z natychmiastowej realizacji zachcianki.

Nauczyłam się, że kiedy przyjmuję Pana Jezusa w Komunii św., to zapraszam do swego serca całkiem spore grono niebieskich przyjaciół z Matką Najświętszą i św. Józefem. Proszę ich wszystkich, aby mi pomogli uwielbić Jezusa i by w mojej duszy nie czuł się opuszczony. Teraz, gdy już więcej lat za mną niż przede mną, zwracam się do mojego świętego Przyjaciela o dobrą śmierć – jest jej patronem, tak jak i patronem czasów ostatecznych.

Jestem przekonana, że to Ojciec Niebieski tak mnie prowadził, żebym się szczególnie zaprzyjaźniła ze św. Józefem. *Wierny bowiem przyjaciel potężną obroną, kto go znalazł, skarb znalazł* (Syr 6, 14).

To świadectwo pragnę złożyć w podziękowaniu za 27 lat sakramentu małżeństwa, w którym Pan Bóg mi pobłogosławił za szczególnym orędownictwem św. Józefa. Chwała niech będzie Panu Jezusowi.

Nie opuszczajcie się w gorliwości! Bądźcie
płomiennego ducha! Pełnijcie służbę Panu!
Weselcie się nadzieją! W ucisku bądźcie cier-
pliwi, w modlitwie – wytrwali!

———————— * ————————

(Rz 12, 11–12)

# Skuteczny orędownik

Józef, 62 lata, inż. chemik, Kraków

Moją żoną jest Anna, mamy trzy dorosłe córki. Nasze małżeństwo dzięki pomocy Świętej Rodziny trwa
już 35 lat. Święty Józef jest dla mnie przede wszystkim moim patronem, ale wiem, że jest to patron
nadzwyczajny. Ten fakt niezwykłości św. Józefa od-
kryłem dosyć późno, bo w wieku dojrzałym, chociaż
jako młody człowiek również czasami zwracałem
się do niego. Zawsze budził mój wielki podziw poprzez swoją niezwykłą historię i rolę, jaką przyszło
mu pełnić wobec Maryi i Jezusa oraz sposób, w jaki
to czynił. Fascynuje mnie jego prostota, milczenie
i skuteczność wynikająca z posłuszeństwa w pełnie-
niu woli Bożej.

W moim życiu zawsze były pewne problemy, które mnie przerastały i różnie sobie z nimi radziłem.
Będąc już w wieku całkiem dojrzałym zobaczyłem,

że te poważne problemy, które mnie przerastają i stają się nie do zniesienia, prowadzą do uprzykrzenia życia, a nawet załamania. Zrozumiałem, że wymagają one jakiejś nadzwyczajnej interwencji. Z jednej strony doświadczałem więc ogromnego lęku, zwłaszcza o moich najbliższych wobec różnych zagrożeń, które się pojawiały i wobec których ja byłem bezradny, z drugiej zaś strony liczyłem zawsze na Boże Miłosierdzie i miłość do mnie, która objawiła się w śmierci i zmartwychwstaniu Jezusa Chrystusa, Syna Bożego. A ponieważ zostali nam dani przez Kościół święci nasi patronowie, pomyślałem, że przecież mam swojego patrona, św. Józefa, opiekuna Świętej Rodziny. Komu, jeśli nie jemu powierzyć te sprawy? I tak się zaczęło. Od wczesnego dzieciństwa bliski mi był bardzo kościół ojców Karmelitów Bosych przy ul. Rakowickiej w Krakowie. Do tego kościoła chodziłem na naukę religii i tam przyjąłem Pierwszą Komunię św. i sakrament bierzmowania, tam brałem udział w nabożeństwach i rekolekcjach. Był i jest to mój kościół.

W tym to kościele w lewym bocznym ołtarzu znajduje się cudowny, łaskami słynący obraz św. Józefa, Patrona miasta Krakowa. W każdą środę przed tym obrazem odbywa się nabożeństwo do św. Józefa. Jest wiele spraw, które w tym miejscu powierzyłem Świętemu. Napiszę tylko o kilku najważniejszych, gdzie interwencja mojego patrona jest niepodważalna.

Pierwszą szczególnie mocną interwencją św. Józefa było zapewnienie spokoju mojemu ojcu Bronisławowi w jego własnym mieszkaniu. W latach dziewięćdziesiątych, po śmierci mojej mamy Eleonory w grudniu 1994 roku, ojciec mieszkał sam. Miał bardzo hałaśliwych sąsiadów mieszkających pod nim, lubiących częste imprezy towarzyskie i bardzo głośną muzykę, zwłaszcza wieczorami i nocami, czasami do rana. Towarzystwo to było nie tylko głośne, ale i zadziorne. Pomimo wielokrotnie zwracanych im uwag i próśb, aby bawili się ciszej, zwłaszcza nocami, nic się nie zmieniało. Muzyka z głośników była tak głośna i dudniąca, że w pokoju u ojca drgały szklanki na stole, przy którym siedzieliśmy, i z trudem można było rozmawiać. Nie chciałem wzywać policji, aby nie pogarszać i tak napiętych relacji z tymi sąsiadami oraz z obawy o bezpieczeństwo ojca. Postanowiłem poprosić św. Józefa o interwencję. Zaniosłem kartkę z odpowiednią intencją „o spokój dla ojca", która została odczytana przed Mszą św. podczas środowego nabożeństwa przed obrazem św. Józefa. Efekt był prawie natychmiastowy. Głośna muzyka przestała zakłócać spokój mojemu ojcu, a zadziorne i hałaśliwe towarzystwo gdzieś się rozproszyło. Efektem tej modlitwy było również to, że udało się nam z tymi sąsiadami, parą młodych ludzi, nawiązać lepszy kontakt. Pan Bóg pobłogosławił im, dając im córeczkę. Kiedyś przyjęli księdza po kolędzie, czego wcześniej nigdy nie robili. Ich relacje z moim ojcem i ze mną są całkiem poprawne. Jednak najbardziej uderzające jest to, że od tego czasu, tj. od kilkunastu lat, problem nocnego imprezowania się nie ponowił. Jestem ogromnie wdzięczny św. Józefowi za tę jego niezwykle skuteczną opiekę nad moim ojcem, który bardzo mocno przeżywał te sąsiedzkie imprezy. Święty Józef okazał się bardzo skuteczny w tej sprawie.

Kolejna sprawa, również z lat dziewięćdziesiątych, dotyczy mojego szwagra, któremu groziła utrata pracy. Wskutek poważnej reorganizacji zakładu pracy był wyznaczony do zwolnienia. Zaczęliśmy się modlić za pośrednictwem św. Józefa podczas środowych nabożeństw, aby do tego nie doszło, bo konsekwencje tego faktu byłyby bardzo trudne dla całej rodziny. I św. Józef pomógł! Mój szwagier pozostał w tej firmie i pracuje tam nadal. On sam przyznaje, że była to sytuacja niezwykła, iż wówczas tej pracy nie utracił, i zgadza się z moim przekonaniem, że jest to skutek modlitwy do św. Józefa. Trzeba podkreślić ten fakt ze względu na to, że mój szwagier wcześniej był buddystą i nawrócił się również za przyczyną św. Józefa. Stało się to zaraz po śmierci mojej mamy. Kiedy w lutym 1995 roku uczestniczyliśmy wszyscy we Mszach św. gregoriańskich o pokój dla jej duszy, a później zaprosiłem całą moją rodzinę na katechezy Drogi Neokatechumenalnej, wszedł do wspólnoty. Wtedy po wielu latach przystąpił do sakramentu pokuty i rozpoczął drogę nawrócenia. Po kilku latach odszedł ze wspólnoty, ale pozostał praktykującym katolikiem. Pamiętam wieloletnie moje i całej rodziny modlitwy przed św. Józefem o jego nawrócenie. Na szczególne podkreślenie zasługuje też modlitwa mojej mamy, która w życiu doczesnym tego nawrócenia nie doczekała, ale wypraszała je i cieszyła się jego nastąpieniem, będąc już po tamtej stronie życia, w domu Ojca.

Szczególnie mocnym doświadczeniem była choroba nowotworowa naszej córki Marysi. Wiosną 2004 roku dowiedzieliśmy się, że choruje na ziarnicę złośliwą. Zostało to odkryte podczas prześwietlenia płuc dokładnie w jej urodziny 8 kwietnia. W jej klatce piersiowej tkwił guz wielkości paczki zapałek, jak określił to lekarz radiolog, taka połówka cegły, uciskając płuca, kręgosłup, serce, tętnice i żyły zwłaszcza szyjne, co groziło niedotlenieniem mózgu. Potrzebne było natychmiastowe leczenie: chemioterapia w Krakowie przez kilka miesięcy, a potem radioterapia w Warszawie, dalsze dwa miesiące. Prosiliśmy wtedy Pana Boga o miłosierdzie i zdrowie dla naszej córki. Poszliśmy z żoną na pielgrzymkę na Jasną Górę, prosząc o łaskę zdrowia dla Marysi. Przede wszystkim jednak zaczęliśmy systematycznie modlić się przed „naszym" św. Józefem u ojców karmelitów. W tym czasie Marysia była leczona chemioterapią, a potem radioterapią. Pod koniec 2004 roku, kiedy wróciła z Warszawy ze spalonym po radioterapii przełykiem i potwornymi zniszczeniami w organizmie, leczenie dobiegło końca. Nasza córka przeżyła kurację, chociaż bywały bardzo trudne chwile. Czasami po niektórych chemiach wydawało się, że umiera. Bardzo trudne były te doświadczenia dla niej i całej rodziny. Ostatecznie Pan Bóg zachował ją przy życiu i wrócił zdrowie w tym sensie, że ta choroba już nie powróciła. Wiemy, że stało się tak dzięki naszej modlitwie, w tym szczególnie modlitwie do św. Józefa podczas środowych nabożeństw przed jego obrazem. Podczas leczenia chemioterapią Marysia poznała dziewczynę, która również chorowała na ziarnicę złośliwą. Hela pochodziła ze Śląska. Przez niedolę, która ich połączyła, zostały przyjaciółkami. Ich choroby przebiegały podobnie, leczenie również, jednak u Heli nastąpił nawrót choroby i pomimo wysiłków lekarzy zmarła. Córka pojechała na pogrzeb. Pożegnała przyjaciółkę, a sama została, aby żyć, bo tak chciał Bóg. Wierzymy, że modlitwy całej rodziny i wstawiennictwo św. Józefa uprosiły łaskę ocalenia jej życia.

Nadal polecamy nasze córki opiece św. Józefa, wierząc, że jest on opiekunem niezawodnym w każdych przeciwnościach prawego życia, a takiego życia i przyszłości pragniemy dla naszych córek jako rodzice. Powierzamy mu także nasze chrzestne dzieci, spotykając się systematycznie, raz w miesiącu na modlitwie przed św. Józefem. Przez tę systematyczną modlitwę osłaniamy ich przed niebezpieczeństwami, jakie niesie świat, i widzimy skuteczność tej modlitwy w życiu każdego z nich, widzimy, jak cudownie działa Pan Bóg przy udziale św. Józefa.

Jest wiele spraw moich osobistych, które powierzałem św. Józefowi i zawsze mi pomagał. Jedną z nich jest moje zdrowie i prośba do Pana Boga za pośrednictwem Świętego, gdy w 2011 roku dowiedziałem się, że mam raka prostaty, nowotwór złośliwy. Już wcześniej, wykonując badania, liczyłem się z taką możliwością i zanosiłem kartki z prośbami o uzdrowienie, a kiedy się okazało, że jest potrzebna operacja, prosiłem o szczęśliwy jej przebieg. I udało się. Otrzymałem dobrych lekarzy, którzy mnie operowali, ratując mi życie. Kilka dni przed operacją, wykonując badania w innym ośrodku zdrowia, usłyszałem od pewnej pielęgniarki, że jej mąż mający również raka prostaty zmarł niedawno, lekarze nie zdążyli go operować, choroba ich uprzedziła. Dla mnie również mogło się tak skończyć, ale Ktoś nade mną czuwał. W ubiegłym roku okazało się, że dodatkowo jest potrzebna radioterapia, którą również odbyłem. Po zakończeniu leczenia pani doktor stwierdziła: „Jest pan zdrowy jak byk". Bardzo mnie to ucieszyło i wiem, że zawdzięczam to Panu Bogu i św. Józefowi. Bogu niech będą dzięki za wszystko, czym mnie obdarza.

Na zakończenie tego świadectwa podam jeszcze dwa przykłady, jak skuteczna jest modlitwa za pośrednictwem św. Józefa. Pierwszy przykład dotyczy mojego ojca. Od lat modlimy się „o jego siły i zdrowie", aby Pan Bóg zachował go jak najdłużej. Modlitwę tę zanosimy szczególnie podczas środowych nabożeństw, na których spotykamy się całą rodziną raz w miesiącu. I św. Józef wysłuchuje nasze prośby i zanosi je przed Tron Boży, a Bóg błogosławi mojego ojca i daje mu siły. Mój ojciec ma już dziewięćdziesiąty rok życia i mimo chorób i samotności jest samodzielny, dobrze sobie radzi. Jest pogodny, szczęśliwy, pomimo starości. Jest wdzięczny Panu Bogu za niezwykłą opiekę, którą czuje, i za swojego Anioła Stróża. Nie sposób oprzeć się wrażeniu, że ta sytuacja jest owocem modlitwy do Boga za wstawiennictwem św. Józefa.

Drugi przykład dotyczy mojego zakładu pracy. Od wielu lat zanoszę przed obraz św. Józefa intencję: „o uratowanie mojego zakładu pracy przed upadkiem". Lata mijają, mój zakład pracy cały czas ma bardzo duże trudności i problemy, walczy o przetrwanie. Zmieniają się udziałowcy, zarządy, przeprowadza się poważne reorganizacje i popełnia poważne błędy. Słysząc, jakie są straty, wydaje się dziwne, że ta firma jeszcze istnieje. Czy nie jest to tak, że św. Józef proszony o uratowanie tego zakładu pracy przed upadkiem, „złożył w nim swoje udziały" i do tego upadku nie dopuszcza? Jestem przekonany, że gdyby nie modlitwa już dawno byłoby po firmie. Taki jest św. Józef!

Kiedy piszę to świadectwo, nasunęła mi się refleksja. A co by było, gdyby Pan Bóg nie wysłuchał tych próśb, albo wysłuchał inaczej? Przecież głośni sąsiedzi mogli dalej imprezować, szwagier mógł pozostać buddystą i stracić pracę, córka mogła podzielić los przyjaciółki, mój rak mógł być złośliwszy i uprzedzić lekarzy, ojciec mógł gorzej znosić swoją starość. Mogłoby tak być i co wtedy? Wtedy na pewno byłoby znacznie trudniej wierzyć w Bożą miłość, w to, że Pan Bóg wysłuchuje próśb i działa przez świętych, że w ogóle nas kocha. Ale Pan Bóg naprawdę kocha każdego z nas. Widzi nasze sytuacje i działa tak, abyśmy mogli nosić krzyż, który daje. Bo jeszcze jesteśmy dziećmi i potrzebujemy mleka, a nie stałego pokarmu, który jest dla dorosłych dojrzałych chrześcijan. Święty Józef – Wychowawca jest nam potrzebny. Z miłością nas nosi na rękach tak długo, aż wydoroślejemy.

Każde dobro, jakie otrzymujemy, i wszelki
dar doskonały zstępują z góry, od Ojca świa-
teł, u którego nie ma przemiany ani cienia
zmienności.

———— * ————

(Jk 1, 17)

# Prezent urodzinowy

Krystyna, Kraków

Jestem matką dwóch córek. Gdy we wrześniu
2011 roku dowiedziałam się, że będę babcią radość
moja i moich bliskich nie miała końca. Córka była
w trzecim miesiącu ciąży. Łzy radości płynęły z oczu.
Radość ta nie trwała jednak długo, ponieważ po
trzech tygodniach córka poroniła. Smutek i łzy były
ogromne. Wraz z mężem zaczęłam się bardzo modlić i błagać Pana Boga za wstawiennictwem św. Józefa, aby córka się nie załamała, bo bardzo przeżywała utratę upragnionego dzieciątka. Przed kilku
laty jedna z koleżanek w pracy, wielka czcicielka
św. Józefa, przyniosła kopię cudownego wizerunku
Świętego z Panem Jezusem z kościoła Sióstr Bernardynek. Obraz został powieszony na honorowym
miejscu i od tej chwili św. Józef stał się patronem
naszego zespołu i naszej pracy.

Dlatego w swym cierpieniu udałam się do sióstr na ulicę Poselską. Siostra wpisała córkę do księgi Mszy św. wieczystych i obiecała modlitwę o cud poczęcia za wstawiennictwem św. Józefa. Pragnieniem posiadania wnuka lub wnuczki podzieliłam się z koleżankami z mojego zespołu. Od jednej z nich dostałam w prezencie na urodziny ramkę – aniołka, jak powiedziała: „na zdjęcie dzieciaczka". Urodziny miałam 2 maja, a w styczniu 2013 roku urodziła się zdrowa, cudna wnusia Maja. Wówczas zorientowałyśmy się z koleżanką, że od moich urodzin upłynęło dziewięć miesięcy. Ramka była zapowiedzią wielkiego „prezentu urodzinowego", który wyprosili dla mnie u Pana Boga Maryja i św. Józef. Córka brała ślub 1 maja w święto Józefa Robotnika. Radość jest ogromna, również z tego powodu, że druga córka także jest w stanie błogosławionym. Cała nasza rodzina doświadczyła, jak wielka jest moc modlitwy i jak bardzo się nami opiekuje Święta Rodzina.

«Udajcie się do Józefa i, co on wam powie, czyńcie».

———————— * ————————

(Rdz 41, 55c)

# Patron Kościoła

ks. Robert Skrzypczak,
wykładowca teologii i duszpasterz, Warszawa

Miało to miejsce gdzieś na Podkarpaciu w czasie wojny. Siostry zakonne prowadzące sierociniec stanęły przed problemem głodu, jaki dotknął pod hitlerowską okupacją tereny południowej Polski. Zmartwienie narastało: co damy jeść naszym małym podopiecznym. Do przełożonej wyrażającej swój gorzki niepokój podeszła w pewnym momencie najstarsza zakonnica klasztoru z zapytaniem:

— A mogłabym w tej intencji ofiarować kartofelka św. Józefowi? — Miała oczywiście na myśli figurkę świętego Protektora stojącą na dziedzińcu sierocińca.

— Ależ, co mi siostra teraz zawraca głowę kartofelkiem — zdenerwowała się przełożona — niech siostra robi, co uważa za słuszne.

Nazajutrz rozlega się dzwonek do furty. Siostry otwierają. W bramie stoi woźnica z wąsami:

– Nie chciałyby siostry przypadkiem trochę kartofli? Mam ich cały wóz. Wiozłem je do pobliskiego sanatorium dla niemieckich oficerów, ale nie przyjęli, bo trochę przegniły. Ale, gdyby siostry je przebrały – pomyślałem – to z połowę zdrowych dałoby się ocalić.

Siostry z radością zajęły się selekcją kartofli. Ale przełożoną tchnęło wspomnienie tamtego, wczorajszego „niemądrego" pytania staruszki.

– Siostro – przywołała sędziwą zakonnicę – co siostra zrobiła wczoraj z tym kartofelkiem?

– Ofiarowałam go św. Józefowi, tak jak...

– A mogłaby siostra tego kartofelka mi pokazać? – przerwała tamtej przełożona.

Po chwili zakonnica wróciła, niosąc w ręku „daninę" przeznaczoną dla Świętego.

– Ależ – zdziwiła się przełożona – on jest do połowy zgniły. Czemu siostra ofiarowała takiego kartofla?

W tym momencie fala czerwonego wstydu zalała twarz staruszki.

– Żal mi było oddać zdrowego – wyszeptała.

Na św. Józefie nie warto oszczędzać.

Jestem przekonany, że św. Józef towarzyszy dziś Kościołowi w tym samym stopniu, jak za ziemskiego życia towarzyszył Maryi, Matce Jezusa, ochraniając Ją i służąc swej Świętej Rodzinie. Znakiem tego dla mnie był ostatni etap dziejów Kościoła przebiegający

pod znakiem „dwóch Józefów": w Polsce ks. Prymasa Józefa Glempa, w wymiarze powszechnym zaś Papieża o chrzcielnym imieniu Józef. Dwóch Józefów,
którzy podobnie jak ich biblijny prototyp z miłości
do swej Oblubienicy przecierpieli sporo krytyk, nie-
sprawiedliwych osądów, czasem nawet personalnych
ataków prasy, aż po dobrowolne oddanie urzędu pod
naporem ciężaru sędziwego wieku.

Papieża Benedykta XVI można by nazwać „cyre-
nejczykiem" epoki kaleczenia Kościoła grzechami
wielu jego synów oraz niełaskawością laickich środo-
wisk w stosunku do siwowłosego strażnika chrześcijańskiej wiary. W 1909 roku św. papież Pius X doznał
mrocznej wizji mistycznej podczas jednej z audien-
cji. Wstrząśnięty i przygnębiony opowiedział potem,
że zobaczył w niej papieża w białej sutannie uciekają-
cego z Watykanu, zmuszonego przechodzić pomiędzy leżącymi trupami swoich kapłanów. Ukrywszy
się w jakimś zakamarku, po niedługim czasie został
dopadnięty i brutalnie zabity. Ojciec Święty wrócił
do tej wizji na łożu śmierci w 1914 roku. Powiedział
wtedy, iż bólem go napawa, że serca wielu ludzi utra-
ciły szacunek do Boga, w niedługim zaś czasie ludzkość zrobi wiele, by Boga wymazać całkowicie ze swej
pamięci. Po czym dodał, że zastanawiał się wiele, kim
był ów jego następca, którego zobaczył w swej ponu-
rej wizji. Wyraził przy tym przekonanie, iż tamten będzie miał to samo imię, co on. Czy chodziło o innego

papieża o imieniu Pius? Czy być może miał na myśli swe imię chrzcielne? A Pius X nazywał się Giuseppe Sarto. Widział innego Następcę św. Piotra o podobnym chrzcielnym imieniu?

Ksiądz Kardynał Józef Glemp, poza historyczną rolą prymasa, jaką odegrał dla naszej Ojczyzny i Kościoła nad Wisłą i Odrą, był pasterzem żywo zainteresowanym nową ewangelizacją. Dostrzegał wiele pozytywnych oznak działania Ducha Świętego w Kościele po Soborze. Z tej to racji był jednym z pierwszych hierarchów w świecie, który poprosił dla swojej diecezji o seminarium międzynarodowe i misyjne Redemptoris Mater, korzystające z formacji wiary i zapału ewangelizacyjnego Drogi Neokatechumenalnej. Powstało ono latem 1990 roku. Wśród jego pierwszych kleryków znalazłem się również ja. Poza mną ks. Prymas wyświęcił i posłał na misje około czterdziestu kapłanów z tego seminarium, z różnych narodowości, inkardynowanych w archidiecezji warszawskiej, oddanych do dyspozycji Kościoła powszechnego: od Kanady i Brazylii aż po Syberię i Kazachstan.

Ksiądz Prymas często i chętnie odwiedzał wspólnotę klerycką mieszkającą w nowym, pięknym gmachu seminaryjnym na Młocinach warszawskich. Podczas swej ostatniej wizyty w seminarium, półtora miesiąca przed swoją śmiercią, zatrzymał się przy figurze św. Józefa umieszczonej w głównym holu budynku, dotknął ją ręką, pogłaskał i powiedział:

„Jak się cieszę, o, jak ja się cieszę". Słyszałem, że św. Józef w gipsowych, marmurowych czy drewnianych wersjach swych figurek patronuje niemal wszystkim seminariom misyjnym noszącym Imię Matki Odkupiciela. Nie opuszcza ani na chwilę swej pięknej Oblubienicy i Jej dzieci.

Dzięki czyńcie Panu, wzywajcie Jego imienia,
głoście dzieła Jego wśród narodów! Śpiewaj-
cie Mu, grajcie Mu psalmy, rozpowiadajcie
wszystkie Jego cuda.

———————— * ————————

(1 Krn 16, 8–9)

# Wspaniały Święty

Elżbieta Polak, Kraków, 27 lutego 2013 roku

Kim był św. Józef? Kim jest on dla mnie? Człowiekiem o gołębim i zarazem lwim sercu – pokornym,
posłusznym, delikatnym i troskliwym, ale też silnym,
odważnym, mężnym i konsekwentnym – wspaniałym
Świętym. Ewangelista św. Mateusz zaświadczył, że:
*Zbudziwszy się ze snu, Józef uczynił tak, jak mu po-
lecił anioł Pański: wziął swoją Małżonkę do siebie.*
Przyjął do swego domu i serca Maryję z Jezusem.
Święty Józef nie wymawiał się, że ten wielki, zanurzony w Bożej tajemnicy obowiązek przekracza jego
siły, choć pewnie był świadomy swojej ludzkiej, kru-
chej kondycji. Podjął zlecone mu przez Pana Boga
zadanie, bo był człowiekiem wiary i modlitwy, bo
był mężem sprawiedliwym, który całkowicie pokła-
dał ufność w Bogu. Ofiarował swej Małżonce Maryi
i swemu przybranemu Synowi, Jezusowi całe swoje

życie i obdarzył Ich, a zarazem cały Kościół, którego Maryja stała się Matką, wielką, czystą miłością.
Dlatego każdy syn i każda córka Kościoła może się
zwrócić do św. Józefa jak do ojca, bo jemu tak jak
Jezusowi i Maryi zależy na każdym z nas.

Mogę zaświadczyć, że to nie ja szukałam kontaktu ze św. Józefem, ale to on wychodził mi naprze-
ciw. „Przyszedł" także do mojego domu, bo kilka lat
temu niespodziewanie dostałam na imieniny kopię
obrazu z kościoła św. Józefa przy klasztorze Sióstr
Bernardynek. W dzieciństwie wyobrażałam go sobie
jako niezbyt ciekawego staruszka. Podczas Pasterki,
trochę śpiąca zawsze śpiewałam: *Maryja Panna –
Dzieciątko piastuje i Józef stary – Ono pielęgnuje...*
W młodości przylgnęłam do Maryi, ze szczególnym
nabożeństwem do Matki Bożej Fatimskiej. Ale Matka Boża pragnie, aby św. Józef był kochany, cenio-
ny i podczas jednego z akademickich dni skupienia
w Tyńcu „wyprostowała" moje błędne wyobrażenie
o Jej Świętym Małżonku. Odkryciem była dla mnie
katecheza duszpasterza, w której zwrócił uwagę, że
św. Józef nie był starcem, lecz silnym mężczyzną
w wieku około czterdziestu lat i z pewnością nie było
mu łatwo zrezygnować całkowicie ze swych ludzkich pragnień, zrezygnować z siebie. Ofiarował Maryi miłość jak sam kwiat róży, a sobie zachował cierpienie, jak łodygę z kolcami. Wówczas zobaczyłam
w św. Józefie pięknego duchowo i fizycznie, prawdzi-

wego mężczyznę i zaczęłam go darzyć szacunkiem. Parę lat później, po śmierci mojego brata, kiedy moja chora mama była w kryzysie, św. Józef za pośrednictwem „łańcuszka" życzliwych ludzi zaprosił nas, zapewniając także finanse, do jednego ze „swoich" domów. Był to dom sióstr służebniczek, zwany popularnie Ochronką, w Krynicy Zdroju. Siostry oprócz przedszkola prowadzą w nim od kilkudziesięciu lat wspaniały pensjonat i dbają o prawdziwie rodzinną atmosferę. W holu starego, pięknego domu wita gości św. Józef w swej dużej, ponadmetrowej figurze. Polubiłam ten dom i przez wiele lat bywałam tam z bliskimi każdego lata. Miałam wiele okazji, aby się przekonać, że św. Józef, który wraz z Maryją patronuje Zgromadzeniu, troszczy się nie tylko o sprawy duchowe, ale też materialne swych podopiecznych. Wspomnę tylko niektóre fakty, które zachęciły mnie osobiście do zwracania się do niego w każdej potrzebie. Podwórko sióstr przylega do wysokiej skarpy, na której stoi dom sąsiadów. W latach osiemdziesiątych, podczas wakacji siostry były zmuszone szybko budować mur oporowy, ponieważ skarpa zaczęła się obsuwać, a pogoda była niepewna. Przyjechali robotnicy, a tu okazało się, że nie dowieziono cementu, który wówczas był materiałem deficytowym. Godziny biegły, robotnicy opłacani „na godziny"... Co tu robić? – martwiła się siostra Klara. „Siostro, przynieś świeczkę i zapal świętemu

Józefowi, pomodlimy się. Cement na pewno dzisiaj będzie" – powiedziała nieżyjąca już niestety siostra Lucyna, wielka czcicielka św. Józefa. Przyjechała ona z Ameryki i odpoczywała w Krynicy. Byłam tego świadkiem, upłynęło niewiele czasu i cement został dostarczony tego samego dnia. Zaskoczona tak szybką interwencją z przejęciem słuchałam później siostry Lucyny, która opowiedziała o swej zażyłości ze św. Józefem. Na amerykańskiej placówce polskie siostry prowadzą Dom Opieki pw. św. Józefa. Siostra Lucyna dojeżdżała też do chorych do domów, nieraz zmuszona pokonywać duże odległości. Jej stary samochód coraz częściej się psuł i zaczęła się martwić, co będzie, jak się zupełnie rozsypie. Wcześniej zdarzyło się jej znaleźć wyrzuconą przez kogoś figurkę Świętego. Siostra wyczyściła ją, postawiła w swoim pokoju i w każdą środę paliła św. Józefowi świeczkę, prosząc go o opiekę. Powierzała mu też sprawę samochodu. Kiedyś poproszono ją o zaopiekowanie się w zastępstwie starszym panem. Bardzo ją polubił. Nic dziwnego, bo była bardzo życzliwą i radosną osobą. Podopieczny chciał się jej koniecznie odwdzięczyć i kiedy się dowiedział o problemach z samochodem, kazał się zawieźć do salonu i zdumionej siostrze kupił nowiutki samochód. Było to 19 marca i aby nie miała wątpliwości „kto za tym stoi", starszy pan wręczył jej kluczyki z breloczkiem ze św. Józefem.

Siostra Melchiora, która zawsze dbała, aby były świeże, piękne kwiaty przed figurą, została zabrana do domu Ojca 19 marca. Siostra Maria Rozalia, także już świętej pamięci, zawsze przed udaniem się do urzędu skarbowego pocierała księgi rachunkowe, które prowadziła, o figurę św. Józefa i nigdy nie miała z tym „groźnym" urzędem problemów. Kiedy na początku lat dziewięćdziesiątych upadł mój zakład pracy i znalazłam się na bezrobociu, siostry wraz z innymi życzliwymi ludźmi pomogły mi wymodlić nową, lepszą pracę. Pan Bóg wskazał, że św. Józef miał znaczący udział w tym wstawiennictwie, bo wraz z pracą podarował mi przyjaźń z siostrą... józefitką, którą poznałam w nowej pracy. A później św. Józef zaprosił mnie do „swojego" innego domu, do życzliwych sióstr józefitek w Rabce, gdzie mogłam w ciepłej, rodzinnej atmosferze spędzić ostatnie wakacje z moją ciężko chorą, teraz już świętej pamięci, mamą. Wiedziałam, że to on wszystko załatwił, bo gdy weszłyśmy do przygotowanego pokoju od razu zobaczyłam na ścianie jego dobrze mi znany wizerunek z ulicy Poselskiej.

Kiedy nastały dni chmurne, dni kryzysu i smutku, chodziłam do Pana Jezusa i św. Józefa właśnie tam, na Poselską, gdzie odzyskiwałam pokój i nadzieję.

Było bardzo dużo cudownych interwencji najpokorniejszego, wspaniałego Świętego i jego najpokorniejszej Małżonki Maryi. Działają Oni zawsze razem w doskonałej jedności małżeńskiej, ale – jak mawia pewien świątobliwy kapłan – życia i wieczności nie starczy, aby opowiedzieć wielkie dzieła Boże i za nie podziękować. Niech Święta Rodzina ma każdego z nas i cały Kościół święty w swej opiece.

# MODLITWY
## I
# NABOŻEŃSTWA

## DO
# ŚW. JÓZEFA

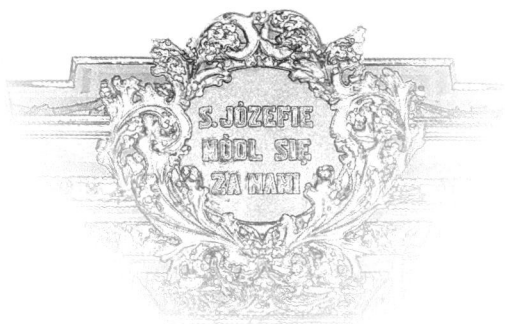

# Telegram

(dla wybłagania szybkiego ratunku)

---

Podane modlitwy należy odmówić trzykrotnie w ciągu dnia: rano, w południe i wieczorem. Jeśli jest to sprawa pilna, można je odmówić w kolejnych trzech godzinach.

Święty Józefie, ofiaruję Ci miłość Jezusa i Maryi, jaką żywią ku Tobie. Oddaję Ci też hołdy czci, wdzięczności i ofiary składane przez wiernych od wieków aż do tej chwili. Siebie i wszystkich drogich memu sercu oddaję na zawsze Twej świętej opiece.

Błagam Cię dla miłości Boga i Najśw. Maryi Panny racz nam wyjednać łaskę ostateczną zbawienia i wszystkie łaski nam potrzebne, a szczególnie tę wielką łaskę ... (*wymienić intencję*). Pospiesz mi na ratunek, święty Patriarcho, i pociesz mnie w tym zmartwieniu. O święty Józefie, Przyjacielu Serca Jezusowego, wysłuchaj mnie!

*Ojcze nasz..., Zdrowaś Maryjo..., Chwała Ojcu...*

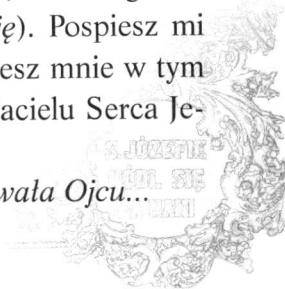

Ojcze Przedwieczny, ofiaruję Ci Przenajświętszą Krew, Serce, Oblicze Twego Jednorodzonego Syna, wszystkie cnoty i zasługi Matki Najświętszej i Jej przeczystego Oblubieńca, św. Józefa oraz wszystkie skarby Kościoła św. na wyjednanie łaski ostatecznej zbawienia i łask nam potrzebnych, szczególnie tej ... (*wymienić intencję*).
O Józefie, ratuj nas
w życiu, w śmierci, w każdy czas.

# Litania do św. Józefa

Kyrie, elejson. Chryste, elejson.
Kyrie, elejson.
Chryste, usłysz nas. Chryste, wysłuchaj nas.
Ojcze z nieba, Boże, – *zmiłuj się nam nami.*
Synu, Odkupicielu świata, Boże,
Duchu Święty, Boże,
Święta Trójco, Jedyny Boże,
Święta Maryjo, – *módl się za nami.*
Święty Józefie,
Przesławny potomku Dawida,
Światło Patriarchów,
Oblubieńcze Bogarodzicy,
Przeczysty stróżu Dziewicy,
Żywicielu Syna Bożego,
Troskliwy obrońco Chrystusa,

Głowo Najświętszej Rodziny,
Józefie najsprawiedliwszy,
Józefie najczystszy,
Józefie najroztropniejszy,
Józefie najmężniejszy,
Józefie najposłuszniejszy,
Józefie najwierniejszy,
Zwierciadło cierpliwości,
Miłośniku ubóstwa,
Wzorze pracujących,
Ozdobo życia rodzinnego,
Opiekunie dziewic,
Podporo rodzin,
Pociecho nieszczęśliwych,
Nadziejo chorych,
Patronie umierających,
Postrachu duchów piekielnych,
Opiekunie Kościoła świętego,
Baranku Boży, który gładzisz grzechy świata,
– *przepuść nam, Panie.*
Baranku Boży, który gładzisz grzechy świata,
– *wysłuchaj nas, Panie.*
Baranku Boży, który gładzisz grzechy świata,
– *zmiłuj się nad nami.*
**K**. Ustanowił go panem domu swego
**W**. I zarządcą wszystkich posiadłości swoich.

**Módlmy się**: Boże, Ty w niewysłowionej Opatrzności
wybrałeś świętego Józefa za Oblubieńca Najświętszej

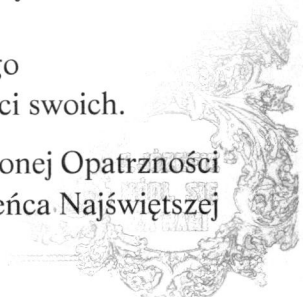

Rodzicielki Twojego Syna, † spraw, abyśmy oddając mu na ziemi cześć jako opiekunowi, † zasłużyli na jego orędownictwo w niebie. Przez Chrystusa Pana naszego. Amen.

# Pomnij

Pomnij, o najczystszy Oblubieńcze Maryi Dziewicy, mój najmilszy Opiekunie, Józefie święty, że nigdy nie słyszano, aby ktokolwiek, kto ucieka się pod Twoją opiekę i błaga o Twą pomoc, pozostał bez pociechy. Tą ufnością ożywiony przychodzę do Ciebie i z całą gorącością ducha Tobie się polecam. Nie odrzucaj mojej modlitwy, przybrany Ojcze Odkupiciela, ale racz ją przyjąć łaskawie i wysłuchać. Amen.

## Pamiętaj o nas
(Modlitwa św. Bernardyna ze Sieny)

Pamiętaj o nas, błogosławiony Józefie, i wstawiaj się za nami u Twego domniemanego Syna oraz spraw, aby nam była łaskawa Błogosławiona Dziewica, Oblubienica Twoja, a Matka Tego, który z Ojcem i Duchem Świętym żyje i króluje po wszystkie wieki wieków. Amen.

# Pozdrowienie św. Józefa

Pozdrawiam Cię, święty Józefie, którego duszę napełniła łaska Boża. Na Twoich rękach został złożony Zbawiciel, a potem wzrastał pod Twoim wejrzeniem. Błogosławionyś Ty między wszystkimi mężami i błogosławiony jest Jezus, Boskie Dziecię Twojej dziewiczej Oblubienicy.

Święty Józefie, dany za ojca Synowi Bożemu, wspieraj nas w naszym zatroskaniu o rodzinę, o zdrowie i pracę, po wszystkie dni naszego życia i racz nas wspomagać w godzinę śmierci naszej. Amen.

# Modlitwa o czystość

Stróżu i ojcze dziewic, święty Józefie, którego wiernej straży sama niewinność, Jezus Chrystus i Panna nad pannami, Maryja, była powierzona, proszę Cię i błagam przez ten podwójny skarb – Jezusa i Maryję – spraw to, abym od wszelkiej nieczystości zachowany, nieskalanym umysłem, niewinnym sercem i czystym ciałem zawsze służył Jezusowi i Maryi w wielkiej czystości. Amen.

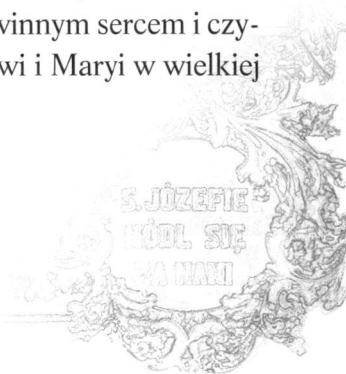

# Modlitwa za Kościół
### (Papieża Leona XIII)

Do Ciebie, święty Józefie, uciekamy się w naszej niedoli. Wezwawszy pomocy Twej Najświętszej Oblubienicy z ufnością również błagamy o Twoją opiekę. Przez miłość, która Cię łączyła z Niepokalaną Dziewicą Bogarodzicą i przez ojcowską Twą troskliwość, którą otaczałeś Dziecię Jezus, pokornie błagamy: wejrzyj łaskawie na dziedzictwo, które Jezus Chrystus nabył Krwią swoją i swoim potężnym wstawiennictwem dopomóż nam w naszych potrzebach.

Opatrznościowy Stróżu Bożej Rodziny, czuwaj nad wybranym potomstwem Jezusa Chrystusa. Oddal od nas, ukochany Ojcze, wszelką zarazę błędu i zepsucia. Potężny nasz Wybawco, przybądź nam łaskawie z niebiańską pomocą w tej walce z mocami ciemności. A jak niegdyś uratowałeś Dziecię Jezus z niebezpieczeństwa, które groziło Jego życiu, tak teraz broń świętego Kościoła Bożego od wrogich zasadzek i od wszelkich przeciwności.

Otaczaj każdego z nas nieustanną opieką, abyśmy za Twoim przykładem i Twoją pomocą wsparci mogli żyć pobożnie, święcie umrzeć i osiągnąć wieczną szczęśliwość w niebie. Amen.

# Akt ofiarowania się młodzieży św. Józefowi

Święty Józefie, najdroższy po Jezusie i Maryi mojemu sercu! Tobie się poświęcam i oddaję, jak Ci się powierzyli Jezus i Maryja. Przyjmij mnie za Twoje dziecko, wychowanka i ucznia, gdyż na całe życie wybieram Cię sobie za ojca, opiekuna i przewodnika duszy.

Najlepszy mój Ojcze, święty Józefie, prowadź mnie prostą drogą do Jezusa i Maryi. Naucz mnie kochać mego Pana i Jego Matkę czystą i ofiarną miłością, dobrze się modlić i być posłusznym woli Bożej, także przekazywanej przez ludzi. Naucz walczyć ze złymi skłonnościami mojej skażonej natury, z pokusami ciała, świata i szatana. Naucz pracy nad kształtowaniem charakteru i umiejętności nabywania cnót. Wzbudź i podtrzymuj we mnie zapał dążenia do świętości, zgodnie z zaleceniem Chrystusa: „Bądźcie doskonałymi, jak Ojciec wasz niebieski jest doskonały".

Piastunie Syna Bożego, czuwaj nade mną, jak strzegłeś Dzieciątka Jezus, bądź troskliwym Opiekunem mojej duszy, odkupionej Jego najdroższą Krwią, a ja Ci przyrzekam wierność, posłuszeństwo i miłość aż do śmierci. Amen.

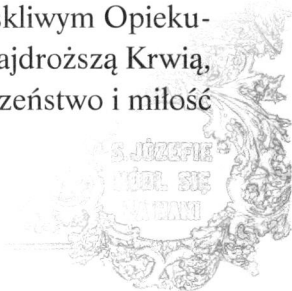

# Oddanie się pod opiekę św. Józefa

Święty Józefie, dziewiczy Ojcze i Żywicielu naszego Boga, Pana i Zbawiciela, Jezusa Chrystusa, przeczysty Oblubieńcze Błogosławionej Dziewicy Maryi,
oddaję się pod Twoją opiekę i obieram Cię za mego
szczególnego Patrona i Orędownika przed obliczem
Boga. Mężu sprawiedliwy i wielce roztropny, Tobie
Bóg oddał w ojcowską opiekę swego Syna, abyś Nim
kierował według Jego upodobania, bądź moim stróżem i obrońcą.

Naucz mnie nabożnie czcić Błogosławioną Maryję, jako Bożą Rodzicielkę. Rozpal moje serce dziecięcą miłością i niezachwianą ufnością ku Niej. Wyjednaj
mi doskonałe zjednoczenie z Jezusem Chrystusem,
by On żył we mnie, a ja w Nim.

Niech z Twoją pomocą wiernie wypełnię wszystkie
moje obowiązki. Strzeż mnie w każdym niebezpie-
czeństwie, wspomagaj w walce z pokusami, zapalaj
gorliwością o świętość i zbawienie moje i wszystkich
ludzi. Miej mnie w swojej opiece, szczególnie w godzinie śmierci i wprowadź do chwały Jezusa Chrystusa, abym Go razem z Tobą chwalił na wieki. Amen.

# Modlitwy do św. Józefa w trudnych sprawach

Święty Józefie, Twoja moc rozciąga się na wszystkie nasze sprawy. Ty umiesz uczynić możliwym to, co wydaje się być niemożliwe. Spójrz z ojcowską miłością na wszystkie moje potrzeby duszy i ciała. Udziel mi łaski ... (*wymienić intencję*), o którą Cię proszę z ufnością. Amen.

*Albo:*
Cześć Ci oddaję święty Józefie i jak Bóg Ojciec powierzył Twojej pieczy swego Jednorodzonego Syna, tak i ja również oddaję się pod Twoją przemożną opiekę. Czuwaj nade mną, bądź moim Orędownikiem u Jezusa Chrystusa, którego byłeś na ziemi troskliwym, wiernym i kochającym Ojcem, Żywicielem i Obrońcą.

Powierzam Ci dzisiaj także tę moją troskę ... (*wymienić ją*). Dopomóż mi, niezawodny Patronie, bo Ty wszystko możesz uprosić u swego przybranego Syna. Okryj mnie płaszczem swej opieki i błogosław mi. Amen.

*Albo:*
Święty Józefie, z ufnością udajemy się do Ciebie we wszystkich trudnościach i cierpieniach, które nas przytłaczają. Racz wziąć w swoje miłościwe dłonie tę ważną i trudną sprawę, która jest przyczyną naszego niepo-

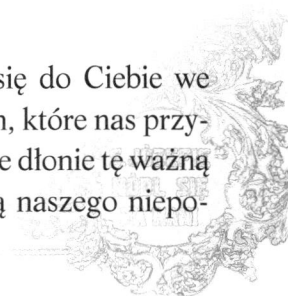

koju. Spraw, aby jej szczęśliwe zakończenie przyniosło chwałę Bogu, a dobro oddanym Tobie sługom.

O ukochany święty Józefie, Ty nigdy nie byłeś wzywany na próżno, gdyż cieszysz się tak wielką łaską u Boga, że można powiedzieć: „W niebie święty Józef raczej rozkazuje, niż prosi". Dobry Ojcze, błagaj za nami Jezusa i Maryję. Bądź naszym Orędownikiem u Boskiego Syna, dla którego byłeś na ziemi najlepszym Ojcem, troskliwym Żywicielem i wiernym Obrońcą. Dodaj do swojej chwały i tę – Orędownika w tej trudnej sprawie, którą Ci powierzamy.

Wierzymy mocno, że możesz wysłuchać naszą prośbę i uwolnić nas od trosk i cierpień. Mamy też wielką ufność, że nie zaniedbasz niczego na korzyść strapionych, którzy Cię o to błagają.

Skłaniając się do Twoich stóp, święty Józefie, prosimy Cię, wejrzyj na nas, okaż nam swą dobroć i błogosław nam. Amen.

# Modlitwy do św. Józefa w różnych intencjach

Święty Józefie, Ojcze i Żywicielu Jezusa, strzeż Go przed wszelkim ludzkim nieuszanowaniem i niegodnym przyjmowaniem w Eucharystii. Chroń Go we wszystkich tabernakulach całego świata przed świętokradztwem wrogów Boga i Kościoła.

Święty Józefie, Opiekunie Kościoła św., strzeż Ojca świętego, biskupów i kapłanów oraz cały lud Boży; zachowaj go w prawdziwej wierze i jedności.

Święty Józefie, ojcowski Opiekunie naszych rodzin, uproś nam wzajemną miłość i pokój w rodzinach, pomagaj w wychowaniu dzieci oraz wspieraj nas w codziennych troskach i kłopotach.

Święty Józefie, Opiekunie samotnych i opuszczonych, a zwłaszcza wdów i sierot, oddalaj od nich niebezpieczeństwa, pocieszaj w utrapieniach i pomagaj im we wszystkich sprawach doczesnych i wiecznych.

Święty Józefie, Patronie umierających, wyproś nam szczęśliwą godzinę śmierci, a szczególnie pamiętaj o tych, którzy dziś przejdą do wieczności.

Święty Józefie, Orędowniku dusz czyśćcowych, ulżyj im w cierpieniach i doprowadź do rychłego oglądania Bożego oblicza. Amen.

## Modlitwa matki

Święty Józefie, wierny Oblubieńcze Bogarodzicy Maryi! Ty znasz problemy życia małżeńskiego i rodzinnego, jego blaski i cienie. Wyjednaj mi łaskę zrozumienia i wypełnienia woli Bożej na drodze wiary, sakramentalnego małżeństwa i odpowiedzialnego macierzyństwa. Dopomagaj mi wychować dzieci na chwałę Bożą dla dobra Kościoła i Ojczyzny, aby za

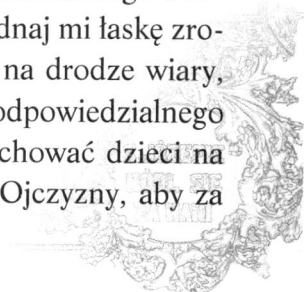

wzorem Chrystusa wzrastały w cnotach, mądrości i łasce u Boga i u ludzi.

Bądź wzorem i natchnieniem dla mojego męża w ofiarnej służbie chrześcijańskim ideałom. Udziel mu poczucia odpowiedzialności za szczęście wszystkich członków rodziny, które wypływa z pełnienia woli Najwyższego. Jak strzegłeś i broniłeś od zła Świętą Rodzinę, tak strzeż również moją od wszelkich zagrożeń. Przez Chrystusa Pana naszego. Amen.

## Modlitwa ojca

Święty Józefie, mniemany Ojcze Zbawiciela, Ty wiernie wypełniałeś wolę Stwórcy i Miłośnika człowieka, „od którego bierze początek wszelkie ojcostwo na ziemi". Naucz mnie spoglądać Twoimi oczyma na dar rodzicielskiego powołania i mego miejsca w rodzinie, abym zawsze i z radością przyjmował poczęte życie jako szczególny dar Ojca Przedwiecznego. Dopomóż mi utrzymać i wychować moje dzieci według wzoru i przykładu Syna Bożego.

Naucz mnie umiejętności utrzymywania w domu rodzinnym klimatu pokoju, zaufania, jedności i miłości, którym Ty promieniowałeś, przy Niepokalanej Matce w domu nazaretańskim. Ozdobo życia rodzinnego, otocz moją rodzinę swą przemożną opieką, aby była odzwierciedleniem Najświętszej Rodziny i przyniosła chwałę Bogu przez Chrystusa Pana naszego. Amen.

# Modlitwa o dobrą żonę

Święty Józefie, przeczysty Oblubieńcze Bogarodzicy Maryi! Bóg uczynił Cię najszczęśliwszym małżonkiem, dając Ci za towarzyszkę życia Najświętszą i Niepokalaną Dziewicę, Matkę samego Boga. Przez piękno i świętość Twojego życia stałeś się Patronem wszystkich małżonków. Proszę Cię o szczęśliwy wybór i łaskę dobrej, wiernej, roztropnej i świętej żony, której mógłbym powierzyć moje serce i złączyć się z nią mocą łaski sakramentu małżeństwa. Uproś jej mądrość życia, szerokość serca, pobożność, aby promieniowała dobrocią i kształtowała życie rodziny według zamysłów Przedwiecznego. Amen.

# Modlitwa o dobrego męża

Święty Józefie, Oblubieńcze Bogarodzicy! Na progu dojrzałego i samodzielnego życia zwracam się do Ciebie o pomoc w podjęciu trudnej decyzji małżeństwa i wyboru odpowiedniego męża. Świadomość, że sama Najświętsza Maryja Panna – Matka Boża, znalazła w Tobie najlepszego towarzysza życia i wiernego Oblubieńca, sprowadza mnie dziś w tej sprawie do Ciebie. Proszę Cię o łaskę dobrego męża, wiernego towarzysza życia, z którym mogłabym związać się węzłami sakramentalnej łaski, założyć rodzinę

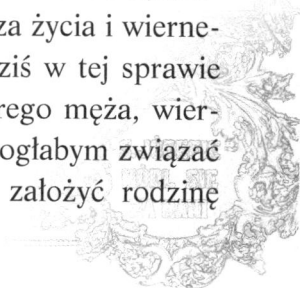

Bogiem silną, dzielić losy w powodzeniu i niedoli, we wzajemnym zrozumieniu, szacunku, miłości i poświęceniu się oraz budować szczęście życia rodzinnego na zasadach Ewangelii. Amen.

# Modlitwa o uświęcenie pracy
## (Papieża św. Piusa X)

Chwalebny święty Józefie, wzorze wszystkich pracujących, uproś mi łaskę, abym pracował w duchu pokuty, dla zadośćuczynienia za swoje liczne grzechy; bym pracował sumiennie, wyżej ceniąc poczucie obowiązku, niż swoje upodobania; abym pracował z weselem i wdzięcznością, poczytując sobie za chlubę używanie i rozwijanie przez pracę darów otrzymanych od Boga; abym w pracy zachował porządek, spokój, umiar i cierpliwość, nie poddając się znużeniu i trudnościom, abym pracował przede wszystkim z czystą intencją i z zapomnieniem o sobie, mając zawsze przed oczyma śmierć i rachunek, jaki muszę złożyć ze straconego czasu, ze zmarnowanych darów, z opuszczenia okazji do czynienia dobra i z próżnego upodobania w powodzeniu, tak szkodliwego w Bożej sprawie. Wszystko dla Jezusa, wszystko przez Maryję, wszystko na Twoje podobieństwo, Patriarcho Józefie! Niech to będzie moim hasłem w życiu i przy zgonie. Amen.

# Modlitwa za pracujących
### (Papieża Jana XXIII)

Święty Józefie, Stróżu Jezusa, Małżonku przeczysty Maryi, który przeszedłeś przez życie doskonale spełniając swój obowiązek, utrzymując pracą rąk Świętą Rodzinę z Nazaretu, wspieraj przychylnie tych, którzy ufnie do Ciebie się zwracają! Ty znasz ich dążenia, ich braki, ich nadzieje. Oni do Ciebie się uciekają, ponieważ wiedzą, że w Tobie znajdą tego, kto ich zrozumie i obroni. Także i Ty zaznawałeś przeciwności, trudu, zmęczenia, ale właśnie przez te starania o zapewnienie bytu materialnego Twój duch osiągnął najgłębszy pokój, cieszył się niewypowiedzianą radością z obcowania z Synem Bożym, Tobie powierzonym, i z Maryją, Jego Najmilszą Matką. Niech zrozumieją ci, których otaczasz swoją opieką, że nie są samotni w swej pracy, niech umieją odkrywać obok siebie Jezusa, przyjmować Go z wdzięcznością i strzec Go wiernie, tak jak Ty to czyniłeś. I wyjednaj, by w każdej rodzinie, w każdej fabryce, w każdym warsztacie, gdzie pracuje chrześcijanin, wszystko było uświęcone miłością, cierpliwością, sprawiedliwością, troską o dobro – ażeby łaski niebios spływały na nas obficie. Amen.

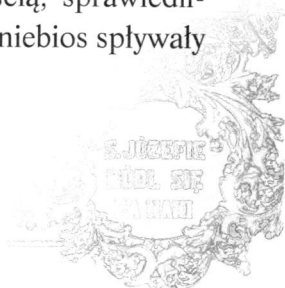

# Modlitwa o dobrą śmierć

Święty Józefie, mój dobry Ojcze, któryś miał niewymowną pociechę umierać w objęciach Jezusa i Maryi, ratuj mnie zawsze, a zwłaszcza w chwili śmierci. Wyjednaj dla mnie łaskę, abym podobnie jak Ty, oddał ducha mego przy Jezusie i Maryi.

O święty Józefie, przybrany ojcze Jezusa Chrystusa, przeczysty Oblubieńcze Maryi Panny, błagaj za nami Jezusa, Syna Bożego, abyśmy umocnieni Jego łaską, prowadzili życie zgodne z Ewangelią, a po śmierci mieli udział w Jego chwale. Amen.

# Ojcze ubogich

Ojcze ubogich, o Józefie święty, oto my ubodzy w święte skarby nieba, my ubodzy w cnoty i łaski, po Maryi błagamy Ciebie, Patronie przemożny u Boga! Wyjednaj nam odpuszczenie grzechów i wstręt do grzechów. Wyproś nam umiłowanie cnoty, pobożności, cierpliwości i bojaźni Bożej. Wyproś nam pomnożenie wiary mocnej i stałej, nadziei niezłomnej, miłości najgorętszej Boga i bliźniego!

Jak Józef egipski był wybawicielem swego ludu i kraju, tak i Ty, Patronie, bądź naszą ochroną, pomocą, wybawicielem we wszystkich potrzebach duszy i ciała. Osłaniaj święty, katolicki Kościół, chroń

naszą Ojczyznę, broń wszystkie chrześcijańskie sta-
ny, a szczególnie broń maluczkich oraz naszą młodzież. Daj nam chleba naszego, daj nam życie czyste,
daj świętą śmierć i zbawienie wieczne. Amen.

# Prośby do św. Józefa

Święty Józefie, złączony z Maryją czystą miłością
Oblubieńca, naucz nas czcić Ją i kochać jako Niepokalaną. Twoje zaślubiny z Nią były osłoną Jej dziewiczej godności przed ludzkimi sądami; niech Twoja
opieka strzeże nas od wszystkiego, co zagraża naszej
czystości.

Święty Józefie, Tobie Duch Święty objawił przez
anioła tajemnicę Wcielenia Syna Bożego; wstawiaj
się za nami, aby nas oświecał swoją łaską na drodze
zbawienia, a zarazem naucz nas wiernie współpracować z łaską Ducha Świętego.

Święty Józefie, Ty cierpiałeś nie mogąc znaleźć
miejsca w Betlejem dla mającego się narodzić Jezusa,
jednak przyjąłeś to ze spokojem, poddając się Bożej
Opatrzności; naucz nas przyjmować wszelkie przykrości z równowagą ducha.

Święty Józefie, Ty z wielką czcią uwielbiałeś Boże
Dziecię, leżące w ubogim żłobie na sianie; naucz nas
z podobną czcią i wiarą uwielbiać Jezusa ukrytego
w Najświętszym Sakramencie.

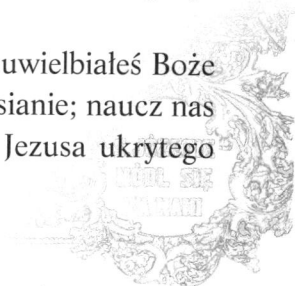

Święty Józefie, Ty cieszyłeś się z pokłonu, jaki prości pasterze złożyli Jezusowi i dziękowałeś im za uczczenie Bożej Dzieciny; pobudzaj nas do radości z dobrych uczynków naszych bliźnich i do wdzięczności za wyświadczone nam przysługi.

Święty Józefie, Ty podziwiałeś pokorną wiarę Mędrców, kiedy oddawali pokłon Bożej Dziecinie i składali królewskie dary; natchnij nasze serca podobnie żywą wiarą w tajemnice Jezusa, abyśmy je wyznawali całym swoim życiem.

Święty Józefie, na wezwanie anioła bez zwłoki wziąłeś Jezusa i Jego Matkę i uszedłeś z Nimi do Egiptu; uproś nam, abyśmy z ochotą przyjmowali natchnienia łaski Bożej.

Święty Józefie, Ty znosiłeś trudy i przykrości wygnania ze spokojem ducha i z ufnością w opiekę Bożą; naucz nas nie upadać na duchu wśród niepowodzeń, ale czyniąc wszystko, co w naszej mocy, niezłomnie ufać Panu Bogu, od którego wszystko zależy.

Święty Józefie, Ty przez wiele lat pracowałeś mozolnie przy prostym warsztacie w Nazarecie, aby zarobić na chleb dla Jezusa i Maryi; zapal nas podobną gorliwością w spełnianiu naszych codziennych obowiązków i naucz nas zadowolenia z wykonywanej pracy.

Święty Józefie, Ty z wielką boleścią duszy szukałeś zgubionego Jezusa; uproś nam łaskę, abyśmy nigdy nie oddalili się od Niego na drogach naszego życia.

Święty Józefie, cieszyłeś się bardzo, kiedy znalazłeś Jezusa w świątyni, gdzie rozprawiał z uczonymi w Piśmie o bliskim Królestwie Bożym; zapal nas apostolską gorliwością o rozszerzenie tego królestwa.

Święty Józefie, Ty w swoim życiu doskonale wypełniłeś zamiary Bożej Opatrzności; kieruj nami we wszystkim, abyśmy umieli poznać i wykonać to, co Bóg nam przeznaczył.

Święty Józefie, Ty święcie zakończyłeś swoje życie na rękach Jezusa i Maryi; uproś nam wytrwanie w łasce Bożej do końca i bądź przy naszej śmierci razem z Jezusem i Maryją, abyśmy mogli oddać duszę w Wasze ręce z nadzieją wiecznego zbawienia.

Święty Józefie, Ty jako Mąż sprawiedliwy, kochający Oblubieniec Maryi, Obrońca i Opiekun Jezusa, otrzymałeś w niebie szczególną chwałę; bądź zawsze naszym Orędownikiem przed obliczem Boga, abyśmy z Twoją pomocą święcie żyli i otrzymali życie wieczne. Amen.

# Pozdrowienia św. Józefa

Bądź pozdrowiony święty Józefie, obrazie Boga Ojca.

Bądź pozdrowiony święty Józefie, opiekunie Syna Bożego.

Bądź pozdrowiony święty Józefie, przybytku Ducha Świętego.

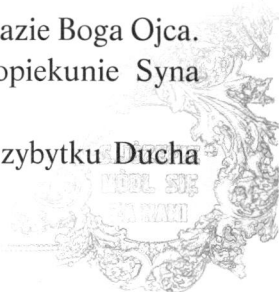

Bądź pozdrowiony święty Józefie, przez Najświętszą Trójcę ukochany.

Bądź pozdrowiony święty Józefie, najgodniejszy Oblubieńcze Matki Dziewicy.

Bądź pozdrowiony święty Józefie, ojcze wszystkich wiernych.

Bądź pozdrowiony święty Józefie, stróżu świętych dziewic.

Bądź pozdrowiony święty Józefie, miłośniku ubóstwa.

Bądź pozdrowiony święty Józefie, wzorze łagodności i mądrości.

Bądź pozdrowiony święty Józefie, zwierciadło pokory i posłuszeństwa.

Błogosławione niech będą Twoje oczy, które widziały cuda Boże.

Błogosławionyś Ty między wszystkimi ludźmi.

Błogosławione Twoje uszy, które słuchały Słowa Bożego.

Błogosławione Twoje ręce, które obejmowały Słowo Wcielone i nosiły Stwórcę wszechświata.

Błogosławione Twoje serce, płonące najgorętszą miłością.

Błogosławiony Ojciec Przedwieczny, który Cię wybrał.

Błogosławiony Syn Boży, który Cię ukochał.

Błogosławiony Duch Święty, który Cię uświęcił.

Błogosławiona Najświętsza Maryja Dziewica, która Cię miłowała jako Oblubieńca i Brata.

Błogosławiony anioł, który Cię strzegł.

Błogosławieni na wieki wszyscy, którzy Cię kochają i błogosławią.

## Modlitwa do św. Józefa Patrona Krakowa

Święty Józefie, Patronie Krakowa, przybrany Ojcze Boga Wcielonego i wierny Oblubieńcze Bogarodzicy Dziewicy Maryi! Mieszkańcy królewskiego miasta obrali Cię swym Patronem i przychodzili do Ciebie we wszystkich trudnych sytuacjach i potrzebach życiowych. Zawsze doznawali Twojego wsparcia i opieki. Tą nadzieją ożywieni przychodzimy do Ciebie, abyś w dzisiejszych czasach upadku moralności, zakłamania, zmaterializowania i pośpiechu, uwrażliwił nas na wartości wieczne i nadprzyrodzone. Dopomóż nam osiągnąć trwałe szczęście na drodze wiary, prawdy, sprawiedliwości, miłości Boga i bliźniego. Spraw, aby nasze rodziny zawsze żyły według Twego wzoru i przykładu w zjednoczeniu z Jezusem i Maryją. Amen.

## Koronka do św. Józefa
### (Odmawia się na różańcu)

*Na krzyżyku:* Pozdrawiam Cię, święty Józefie, łaski Bożej pełen, błogosławionyś Ty między mężami i błogo-

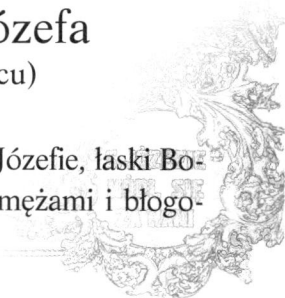

sławiony owoc żywota Najczystszej Oblubienicy Twojej, Jezus. Święty Józefie, Piastunie Dzieciątka Jezus i Oblubieńcze Niepokalanej Dziewicy, módl się za nami grzesznymi teraz i w godzinę śmierci naszej. Amen.

*Na dużych paciorkach*: Święty Józefie, Mężu sprawiedliwy, naucz nas świętego życia.

*Na małych paciorkach:* Święty Józefie, Przyjacielu Serca Jezusowego, módl się za nami.

*Na zakończenie*: Pod Twoją obronę uciekamy się, święty Józefie, Wcielonego Boga mniemany Ojcze, naszymi prośbami racz nie gardzić w potrzebach naszych, ale od wszelakich złych przygód racz nas zawsze wybawiać, Ojcze chwalebny i błogosławiony, Opiekunie nasz, Patronie nasz, Pocieszycielu nasz. Z Twoim mniemanym Synem Jezusem nas pojednaj. Twojemu Synowi nas polecaj. Twojemu najmilszemu Synowi nas oddawaj.

**W**. Niech będzie błogosławione imię świętego Józefa.
**O**. Teraz i na wieki.

# Akty strzeliste

Święty Józefie, Miłośniku Jezusa i Maryi, uproś nam gorącą miłość ku Nim.
Święty Józefie, wśród pracy zatopiony w Bogu, naucz mnie łączyć życie czynne z głębokim życiem modlitwy.

Święty Józefie, przeczysty Opiekunie Jezusa i Maryi Niepokalanej, strzeż mojej czystości.

Święty Józefie, Mężu sprawiedliwy, ratuj stojących nad przepaścią zła.

Święty Józefie, Patronie wahających się w wyborze, skieruj ich na właściwą drogę.

Święty Józefie, wiernie oddany Jezusowi i Maryi, oświecaj powołanych do służby Chrystusowi.

Święty Józefie, królujący w niebie, przyczyń się w naszej potrzebie.

Święty Józefie, daj nam prowadzić niewinne życie i niech pod Twoją opieką będziemy zawsze bezpieczni.

Święty Józefie, Żywicielu Syna Bożego, wspomagaj nas w naszych potrzebach.

Święty Józefie, ratuj nas w życiu, w śmierci, w każdy czas.

Święty Józefie, któryś zakończył życie w obecności Jezusa i Maryi, uproś mi łaskę szczęśliwej śmierci.

Jezu, Maryjo, Józefie święty, Wam oddaję serce, duszę i ciało moje.

Jezu, Maryjo, Józefie święty, bądźcie ze mną przy skonaniu.

Jezu, Maryjo, Józefie święty, niech przy Was w pokoju oddam ducha Bogu.

Jezu, Maryjo, Józefie święty, błogosławcie nam teraz i w godzinę śmierci.

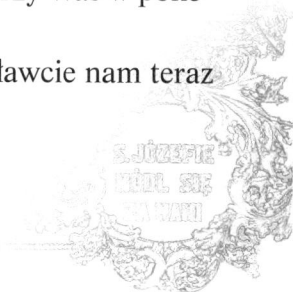

# Trzydniowe modlitwy do św. Józefa

### (w pilnej potrzebie)

1. Święty Józefie, Oblubieńcze Bogarodzicy, uciekam się do Ciebie w tej tak trudnej sprawie ... (*podać intencję*). Przypominam Ci siedem boleści, którymi przejęte było Twoje serce na ziemi i błagam Cię, wyjednaj mi upragnioną łaskę. Pociesz mnie przez pamięć na szczęście Twego wieloletniego obcowania z Maryją oraz przez rozradowanie się Twego ducha w chwili śmierci, gdy byłeś otoczony Jej troskliwością. Wstaw się za mną do Twojej umiłowanej Oblubienicy, aby przez miłość, jaką masz dla Niej, raczyła ulitować się i pocieszyć mnie w tym utrapieniu.

*Ojcze nasz..., Zdrowaś Maryjo...*

Bądź pozdrowiony święty Józefie, łaski Bożej pełen, Jezus i Maryja z Tobą. Błogosławionyś Ty między mężami i błogosławiony owoc Oblubienicy Twojej Maryi, Jezus. Święty Józefie, Opiekunie Jezusa, Oblubieńcze Maryi, módl się za nami grzesznymi teraz i w godzinę śmierci naszej. Amen.

2. Święty Józefie, Opiekunie Jezusa, Odkupiciela naszego, uciekam się do Ciebie i przedstawiam Ci tę moją prośbę. Błagam Cię przez pociechy, których doznawało Twoje serce na ziemi, kiedy Jezus przez

wiele lat otaczał Cię synowską miłością, a zwłaszcza w chwili Twego zgonu. O mój święty Patronie, wyjednaj mi pożądaną łaskę. Wstaw się za mną do Jezusa, aby przez Twoją miłość dla Niego ulitował się nade mną i pocieszył mnie w tym utrapieniu.

*Ojcze nasz..., Zdrowaś Maryjo..., Bądź pozdrowiony św. Józefie...*

3. Święty Józefie, Ty zostałeś wybrany przez Trójcę Świętą i obdarzony szczególnymi łaskami! Polecam Ci tę ważną sprawę i proszę przez wielką chwałę, jaką Cię otoczyła Trójca Przenajświętsza w niebie, racz Jej przedstawić tę moją sprawę i błagaj, aby przez wzgląd na wielką cześć, którą Ty Jej oddawałeś na ziemi, raczyła ulitować się nade mną w tym moim utrapieniu.

*Ojcze nasz..., Zdrowaś Maryjo..., Bądź pozdrowiony św. Józefie...*

# Nowenna do św. Józefa (1)

### DZIEŃ 1

Święty Józefie, Tobie Bóg objawił przez anioła tajemnicę Wcielenia Syna Bożego. Wstawiaj się za nami, by Duch Święty oświecał nas swoją łaską i naucz nas wiernie z Nim współpracować na drodze do zbawienia.

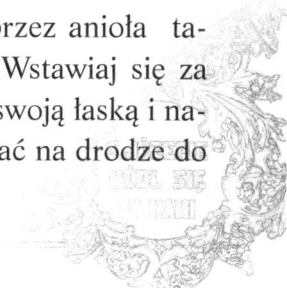

**W**. Módl się za nami święty Józefie,

**O**. Abyśmy się stali godnymi obietnic Chrystusowych.

***Módlmy się***: Prosimy Cię, Panie, przez zasługi Oblubieńca Najświętszej Rodzicielki Twojego Syna, racz nam dopomóc, abyśmy za jego przyczyną mogli otrzymać wszystko, czego sami nie możemy uzyskać. Przez Chrystusa Pana naszego. Amen.

(Wezwanie z modlitwą odmawia się w każdy dzień nowenny).

## DZIEŃ 2

Święty Józefie, który cierpiałeś, nie mogąc w Betlejem znaleźć miejsca w gospodzie dla narodzenia się oczekiwanego Zbawiciela. Ból ten jednak zniosłeś w milczeniu, z poddaniem się Bożej Opatrzności. Naucz nas cicho i spokojnie znosić wszelkie przykrości i cierpienia.

## DZIEŃ 3

Święty Józefie, który z wielką radością adorowałeś Boże Dziecię, złożone w ubogim żłobie na sianie, naucz nas z głęboką wiarą i czcią uwielbiać Jezusa, ukrytego w Najświętszym Sakramencie Eucharystii.

## DZIEŃ 4

Święty Józefie, który cieszyłeś się z pokłonu, jaki prości pasterze złożyli Jezusowi, oraz pokorną wiarą

Mędrców, składających królewskie dary obiecanemu
Mesjaszowi, umocnij i nasze serca żywą wiarą w tajemnice Zbawiciela, abyśmy je wyznawali nie tylko
ustami, ale także i całym swoim życiem.

## DZIEŃ 5

Święty Józefie, który ze spokojem ducha i ufnością
w opiekę Bożą znosiłeś trudy i przykrości wygnania,
naucz nas za Twoim przykładem nie upadać na duchu wśród przeciwności i niepowodzeń, lecz czyniąc
wszystko, co będzie w naszej mocy, pokładać ufność
w Bożej Opatrzności, od której wszystko zależy.

## DZIEŃ 6

Święty Józefie, który przez wiele lat pracowałeś mozolnie i uczciwie przy rzemieślniczym warsztacie
w Nazarecie, aby zapracować na utrzymanie Świętej
Rodziny, zapal nas podobną gorliwością w spełnianiu naszych codziennych obowiązków i naucz nas
uczciwości i rzetelności w pracy.

## DZIEŃ 7

Święty Józefie, który z wiarą i miłością wpatrywałeś
się w Jezusa i przyswajałeś sobie Jego cnoty, upodob-
nij nasze serce do Jego Boskiego Serca, abyśmy mogli powiedzieć o sobie z Apostołem: „Żyję już nie ja,
ale żyje we mnie Chrystus".

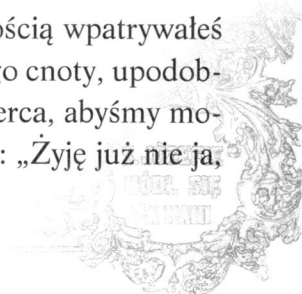

## DZIEŃ 8

Święty Józefie, który swoje życie święcie zakończyłeś na rękach Jezusa i Maryi, uproś nam wytrwanie w łasce Bożej do końca i razem z Jezusem i Maryją przyjdź do nas w ostatnią chwilę doczesnego życia, abyśmy szczęśliwie mogli przejść do Królestwa Światłości.

## DZIEŃ 9

Święty Józefie, który jako mąż sprawiedliwy, kochający Oblubieniec Maryi, jako Obrońca i Opiekun Jezusa otrzymałeś w niebie szczególniejszą chwałę, bądź zawsze naszym Orędownikiem przed obliczem Boga, abyśmy z Twoją pomocą święcie żyli i otrzymali szczęście wieczne.

# Nowenna do św. Józefa (2)

## MODLITWA NA KAŻDY DZIEŃ

Wszechmogący Boże, który powołałeś św. Józefa do godności Oblubieńca Dziewicy Maryi i Opiekuna Słowa Wcielonego, przyjmij tę nowennę na większą cześć i chwałę Twoją oraz na podziękowanie za wszystkie dary i łaski otrzymane za przyczyną św. Józefa, naszego Patrona.

Proszę pokornie, abym i teraz otrzymał upragnioną łaskę ..., jeżeli to jest zgodne z Twoją wolą i pożyteczne dla dobra mej duszy.

## 1. POKORA ŚW. JÓZEFA

Święty Józef pochodził z królewskiego rodu Dawida, więc według powszechnej opinii powinien być bogaty i sławny. Jednak z woli Bożej spędził życie w ubóstwie, miłował je i nie pragnął odmiany.

Nie przewidując godności, jaka miała go spotkać, poślubił pokorną Dziewicę Maryję. Gdy dowiedział się, że za wolą Bożą została Ona Matką Zbawiciela, przejął się w stosunku do Niej głęboką pokorą. Kiedy Syn Boży nazywał go ojcem, jeszcze bardziej wzrastała w nim ta cnota, także pod wpływem przykładu uniżenia się Boga-Zbawiciela.

Święty Józefie, dobry mój Patronie, wyjednaj też dla mnie swoimi modlitwami tę wspaniałą cnotę. Tyle jest we mnie zła: moje myśli są wyniosłe, moje słowa – pełne pychy, a czyny powodowane przesadną ambicją. Siebie cenię wysoko i stawiam na pierwszym miejscu, a w bliźnim tak rzadko widzę dobro. Gdy ktoś wyrządzi mi przykrość, albo mnie upokorzy, gniewam się, pragnę zemsty i przebaczam z trudnością.

Wyjednaj mi św. Józefie skromne mniemanie o sobie, abym się nigdy nie wynosił nad innych. Uproś mi także poznanie siebie i niech pamiętam, że co mam dobrego, Bogu zawdzięczam jedynie, nie sobie.

## 2. CZYSTOŚĆ ŚW. JÓZEFA

Święty Józef odznaczał się wyjątkową czystością. Bóg wyróżnił go, uwalniając od złych skłonności,

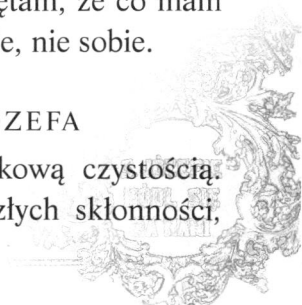

a on okazał się godny Bożego zaufania. Nie zawiódł Maryi Dziewicy, która mu się powierzyła; ich małżeństwo było wspólnotą czystych serc. Żyjąc w kręgu zwykłych, codziennych spraw, obcując z różnymi ludźmi, św. Józef rozwijał daną mu łaskę niewinności. Tak jak każdy człowiek mając wolną wolę, mógł wybierać dobro albo zło. Jednak nigdy w życiu nie popełnił żadnej niedoskonałości.

Święty Józefie, dobry mój Patronie, wyjednaj mi ten dar, żeby ani złe słowa, ani złe przykłady nie wywarły wpływu na moją duszę. Pomóż mi unikać okazji do grzechu, bo tak trudno mi walczyć z pokusami. Łatwo natomiast się uniewinniam, kiedy popełnię grzech. Znajduję wiele wykrętów, żeby zejść z prostej drogi przykazań. Moje intencje nie zawsze są czyste, w słowach czasem kryje się podstęp, a czyny nieraz godzą w bliźniego.

Więc naucz mnie, św. Józefie, pilnej czujności nad mymi uczuciami i nad moją wyobraźnią, abym stał się człowiekiem prawym i szlachetnym, człowiekiem czystych rąk.

### 3. CIERPLIWOŚĆ ŚW. JÓZEFA

Święty Józef w całym życiu odznaczał się cierpliwością. W Betlejem szukał wytrwale schronienia dla Maryi oczekującej Dziecka. Podczas dalekiej drogi do Egiptu wycierpiał wiele trudów i niewygód. Będąc w obcym kraju, musiał zdobywać środki utrzymania.

Po powrocie do Nazaretu codzienną ciężką pracą fizyczną zapewniał byt materialny Świętej Rodzinie.

Święty Józefie, dobry mój Patronie, przeżyłeś tyle zmartwień i goryczy, zaznałeś wiele przykrości od ludzi, Bóg Cię doświadczał w sposób niezrozumiały. Wyjednaj dla mnie łaskę wytrwałości w codziennych, zwykłych sprawach i w tych bolesnych, nieoczekiwanych. Tak bardzo mi brakuje cnoty cierpliwości. Nie umiem czekać, ogarnął mnie pośpiech. Cofam się przed każdą niewygodą i bólem fizycznym, drobną dolegliwość uważam za krzywdę, zniechęcam się łatwo do ludzi.

Więc proszę Cię, św. Józefie, wyproś mi tę łaskę, bym umiał naśladować Ciebie i ze spokojem, nie tracąc nigdy równowagi ducha, z mądrą cierpliwością przyjmował wszystko, co Bóg raczy zesłać.

## 4. POSŁUSZEŃSTWO ŚW. JÓZEFA

W ciągu całego życia św. Józef był doskonale posłuszny. Ewangelia nadaje mu zaszczytne miano sprawiedliwego, ponieważ żył w bojaźni Bożej i wykonywał wiernie przepisy prawa Bożego i ludzkiego. Chętnie wypełniał polecenia aniołów i ludzi, nawet wtedy, gdy były trudne i zmieniały jego plany życiowe. Choć nie zawsze je rozumiał, czynił to, co mu nakazano bez ociągania się i bez względu na trudności.

Święty Józefie, dobry mój Patronie, wyjednaj mi tę łaskę, abym znajdował upodobanie w posłuszeń-

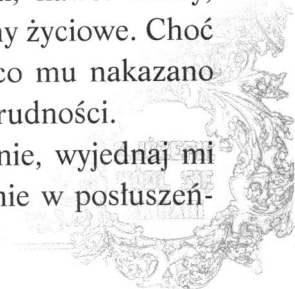

stwie ze względu na Boga, który zawsze i we wszystkim pragnie mego dobra. Bóg mi objawia swoją wolę przez przykazania, a ja tak często je łamię, kieruję się własnym upodobaniem, wygodą, egoizmem. Lekkomyślnie popełniam drobne niewierności i łatwo ulegam pokusom, natomiast z łaski spowiedzi korzystam opieszale. Lekceważę sobie drobne natchnienia i rady światłych ludzi, których mi Bóg pozwala spotykać. Nawet pomijam głos mego sumienia, gdy mi tak wygodnie.

Pomóż mi więc, św. Józefie, abym umiał mądrze korzystać z pomocy w życiu duchowym i wyjednaj mi cnotę posłuszeństwa.

## 5. POBOŻNOŚĆ ŚW. JÓZEFA

Święty Józef był człowiekiem bogobojnym. Kochał Boga całym sercem i służył Mu w pokorze. Wszystko, czego Bóg od niego zażądał, wypełniał z wierną miłością i poświęceniem. Starał się o to, by swoim życiem i pracą podobać się Bogu. Ośrodkiem jego myśli, celem wszystkich starań był Bóg, później – Jezus; żył z Nim i dla Niego. W tym zjednoczeniu z Bogiem wyraża się najpełniej pobożność św. Józefa.

Święty Józefie, dobry mój Patronie, naucz mnie swoim przykładem, abym w każdej sytuacji szukał Boga i żył w Jego obecności. Ty wiesz, jak rzadko dostrzegam znaki Bożej Opatrzności w moim życiu.

Tak mało myślę o Bogu. Moja modlitwa często jest jałowym obowiązkiem.

Naucz mnie, św. Józefie, częściej zwracać swe serce ku Bogu. Naucz łączyć myśli i uczucia z Matką mego Pana, z aniołami i świętymi. I módl się razem ze mną tak, jak modliłeś się z Jezusem, Twoim przybranym Synem.

## 6. ŻYCIE WEWNĘTRZNE ŚW. JÓZEFA

Święty Józef żył zwyczajnie w małym miasteczku jako przykładny małżonek i ojciec. Lecz było to życie zjednoczone z Bogiem, dlatego osiągnął wyżyny świętości. Będąc zasłuchany i wpatrzony w Boga, umiał doskonale łączyć codzienne obowiązki z bogatym życiem duchowym. Przez modlitwę uświęcał swoją pracę, umacniał ufność, pomnażał miłość ku Bogu. Jego wrażliwość na Boże natchnienia miała także swe źródło w modlitwie.

Święty Józefie, dobry mój Patronie, módl się za mną, gdyż bardzo mi jest potrzebna pomoc w drodze do Boga. Tak łatwo jest rozproszyć dary łaski, zwłaszcza że mnie zanadto pochłaniają sprawy materialne. Mam czas na wszystko, dla Boga przeznaczam zaledwie krótkie chwile. Modlitwę traktuję jak obowiązek, zapominając, że jest to spotkanie z najlepszym Ojcem. Unikam ciszy i samotności, choć wiem, że Bóg przemawia tylko do serc skupionych. Wykonywane obowiązki, ludzie z mego otoczenia,

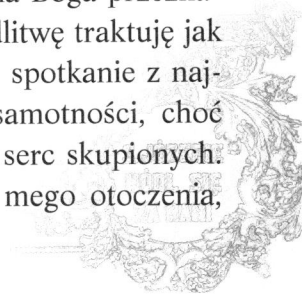

różne ważne dla mnie sprawy, oddalają mnie od Boga. Załamuję się pod wpływem niepowodzeń, bo bardzo wątła jest moja ufność w Panu.

Święty Józefie, proszę Cię, wybłagaj mi to wszystko, co jest konieczne i pożyteczne dla życia świętego, takiego jakie pragnę prowadzić i które się Bogu podoba.

## 7. UFNOŚĆ ŚW. JÓZEFA

Święty Józef odznaczał się głęboką wiarą. Chociaż był doświadczany trudnymi próbami, nigdy się nie zachwiała jego ufność do Boga. Nie wątpił w słowa posłańca Bożego, nie wysuwał trudności, nie zwlekał, lecz spokojnie i zdecydowanie wypełniał polecenia, np. przyjmując Maryję do swego domu, lub uciekając z Jezusem i Jego Matką do Egiptu.

Święty Józefie, dobry mój Patronie, wyjednaj mi cnotę ufności, której mi tak bardzo brakuje. Jakże często tracę nadzieję, gdy spotka mnie doświadczenie Boże, choroba lub inne cierpienie. Wówczas budzi się we mnie żal do Boga. Na widok panoszącego się zła, krzywdy ludzkiej, niesprawiedliwości, zaczynam wątpić, czy Bóg w ogóle istnieje, skoro na takie rzeczy pozwala.

Nie dopuść więc, św. Józefie, abym kiedykolwiek wątpił w Opatrzność Bożą, załamywał się lub był smutny. Niech moja twarz zawsze będzie pogodna, moje serce spokojne, a słowa życzliwe. Wyjednaj mi swymi modlitwami ufność w dobroć Boga, który mnie kocha. Naucz mnie, św. Józefie, żyć w całkowitym zawierzeniu Bogu, abym w każdych warunkach z dziecięcą prostotą pozwolił się prowadzić Bożej Opatrzności, jak przystało temu, kto otrzymał obietnicę wiecznego szczęścia.

## 8. MIŁOŚĆ DO PANA JEZUSA

Święty Józef kochał Jezusa gorącą miłością. Z woli Opatrzności był dla Syna Bożego ojcem na ziemi. Mógł dbać o Jego potrzeby, wychowywać Go i cieszyć się Jego stałą bliskością. Była to miłość ofiarna, zdolna do poświęceń i wyrzeczeń. Wszystkie niedostatki, przykrości i cierpienia hojnie wynagradzał mu Jezus swoją synowską miłością, szacunkiem i posłuszeństwem.

Święty Józefie, dobry mój Patronie, Ty wiesz, jak wątła i krucha jest moja miłość do Boga. On pierwszy mnie umiłował i oddał za mnie swoje życie, a ja odpowiadam Mu niewdzięcznością. Więcej kocham świat i siebie i dbam raczej o sprawy doczesne.

Racz więc wyjednać mi czystą miłość, mocną i skuteczną, abym kochając szczerze Boga tu na ziemi, mógł potem w niebie cieszyć się Jego widokiem razem z Tobą i wszystkimi świętymi.

## 9. ŚMIERĆ ŚW. JÓZEFA

Święty Józef, po wypełnieniu swojej misji życiowej, został wezwany do wieczności. Odchodził z tego świata w pokoju, choć było mu ciężko rozstać się

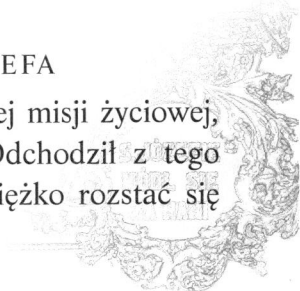

z Małżonką i Synem, których miłował i służył Im ofiarnie przez wszystkie swoje dni. Całe jego życie, święte, bez skazy grzechu, było przygotowaniem do tej ostatniej chwili. Można więc powiedzieć, że „mąż sprawiedliwy nie lękał się śmierci". Dlatego stał się Patronem umierających.

Święty Józef przychodzi z pomocą umierającym, dodaje im potrzebnych sił, rozprasza grozę rozstania się z tym światem i z bliskimi sercu osobami. Łagodzi ból, niepewność i obawę. Niekiedy nawet daje poznać dzień zgonu, aby człowiek mógł się lepiej przygotować na spotkanie z Bogiem.

Święty Józefie, dobry mój Patronie, Ty umierałeś wpatrzony w oblicze Jezusa i Maryi, naucz mnie tak żyć, abym zasłużył na szczęśliwą wieczność. Niech nie marnuję żadnej okazji do czynienia dobra i nie tracę cennego czasu, jaki mi jest dany. Nie pozwól mi zapomnieć, że w chwili Bogu wiadomej, będę musiał zdać rachunek ze wszystkich swoich spraw. Wyjednaj mi taką śmierć, po której będę mógł, radosny i szczęśliwy, zamieszkać w domu Ojca, oczekującego mego powrotu.

# Septenna (1)
## ku czci siedmiu radości i siedmiu boleści św. Józefa

(Septennę odprawia się przez siedem dni
lub siedem śród)

---

1. Święty Józefie, użalam się nad Tobą dla tego smutku, który ogarnął Twe serce dręczone niepewnością, gdy zamierzałeś opuścić Twoją Przeczystą Oblubienicę, Maryję – oraz odnawiam w Twym sercu radość, której doznałeś, gdy anioł Pański objawił Ci Tajemnicę Wcielenia. Przez Twą boleść i radość proszę Cię, bądź moim pocieszycielem w życiu i przy śmierci. Amen.

*Ojcze nasz..., Zdrowaś Maryjo..., Chwała Ojcu...*

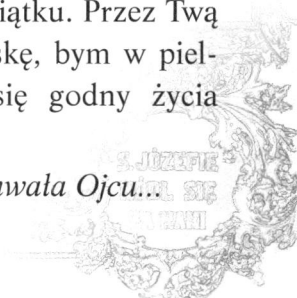

2. Święty Józefie, użalam się nad Tobą dla tej przykrości, którą odczuło Twoje serce, gdy widziałeś, w jakim ubóstwie narodziło się Dzieciątko Jezus – oraz odnawiam w Twym sercu radość, której doznałeś, słysząc śpiew aniołów i widząc pasterzy i Mędrców, oddających hołd Dzieciątku. Przez Twą boleść i radość wyjednaj mi tę łaskę, bym w pielgrzymce życia ziemskiego stał się godny życia wiecznego. Amen.

*Ojcze nasz..., Zdrowaś Maryjo..., Chwała Ojcu...*

3. Święty Józefie, użalam się nad Tobą dla tej boleści, która zraniła Twoje serce przy obrzezaniu Dzieciątka – oraz odnawiam w Twym sercu radość, której
doznałeś, nadając Mu najświętsze imię Jezus. Przez
Twą boleść i radość wyjednaj mi łaskę, bym był wiernym czcicielem Jezusa i doszedł do wiecznej chwały.
Amen.

*Ojcze nasz..., Zdrowaś Maryjo..., Chwała Ojcu...*

4. Święty Józefie, użalam się nad Tobą dla tego bólu,
który przeszył Twe serce, gdy usłyszałeś proroctwo
Symeona o przyszłych cierpieniach Jezusa i Maryi –
oraz odnawiam w Twym sercu radość, której doznałeś, rozważając to proroctwo przepowiadające zbawienie dusz za cenę tych cierpień. Błagam Cię przez
tę boleść i radość o łaskę, bym należał do liczby tych,
którzy chwalebnie zmartwychwstaną. Amen.

*Ojcze nasz..., Zdrowaś Maryjo..., Chwała Ojcu...*

5. Święty Józefie, użalam się nad Tobą dla tego
smutku, który ogarnął Twe serce, gdy patrzyłeś na trudy i niewygody, na jakie byli narażeni Jezus i Maryja
w czasie ucieczki do Egiptu – oraz odnawiam w Twym
sercu radość, której doznałeś z faktu uratowania życia Dzieciątku przed okrutnym Herodem. Proszę Cię
przez tę boleść i radość o łaskę zwycięstwa nad nie-
przyjaciółmi duszy i życia w obecności Bożej. Amen.

*Ojcze nasz..., Zdrowaś Maryjo..., Chwała Ojcu...*

6. Święty Józefie, użalam się nad Tobą dla tej rozterki, jaką przeżyłeś, gdy chciałeś osiąść w Judei, lecz
obawiałeś się Archelausa – oraz odnawiam radość,
której doznałeś, gdy anioł Cię uspokoił, polecając
udać się do Nazaretu. Przez tę boleść i radość wyjednaj mi sumienie czyste, wolne od niepokoju i prze-
sadnej skrupulatności. Amen.

*Ojcze nasz..., Zdrowaś Maryjo..., Chwała Ojcu...*

7. Święty Józefie, użalam się nad Tobą dla tej boleści, która zraniła Twe serce, gdy bez Twej winy zaginął Jezus w Jerozolimie – oraz odnawiam radość,
której doznałeś, gdy znalazłeś Go w świątyni między
uczonymi w Piśmie. Błagam Cię przez tę boleść i radość, bym nigdy w życiu nie utracił Jezusa. Amen.

*Ojcze nasz..., Zdrowaś Maryjo..., Chwała Ojcu...*

# Septenna (2)
## ku czci siedmiu boleści i siedmiu radości
## św. Józefa
(Septennę odmawia się przez siedem dni
lub siedem śród)

1. Święty Józefie, Oblubieńcze Najświętszej Dziewicy Maryi, niezmierna była Twoja boleść, gdyś spo-
strzegł, że Twa Oblubienica jest brzemienna, a nie
wiedziałeś, że stało się to za sprawą Boga samego.

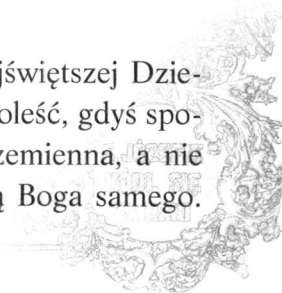

Nie mniejszą radością zostałeś napełniony, gdy Ci anioł objawił, że Maryja poczęła z Ducha Świętego.

Przez tę boleść i radość uproś mi światło z nieba we wszystkich moich trudnościach. Uproś miłość Boga, abym zachował czyste serce, miłość bliźniego, abym go nigdy nie uraził słowem ani uczynkiem, oraz czystość sumienia, aby moja dusza była godnym mieszkaniem Ducha Świętego.

2. Święty Józefie, mniemany Ojcze Syna Bożego, wielka była Twoja boleść, gdyś widział Wcielone Słowo Przedwieczne narodzone w wielkim ubóstwie w betlejemskiej szopie. Nie mniejszą radość czuło Twoje serce, gdyś usłyszał śpiewających aniołów, ujrzał pasterzy i Mędrców oddających pokłon Nowo Narodzonemu Królowi.

Przez tę boleść i radość uproś mi świętą cierpliwość w przeciwnościach i doświadczeniach życia. Uproś właściwy stosunek do dóbr doczesnych i umiłowanie życia prawdziwie chrześcijańskiego.

3. Święty Józefie, Piastunie Chrystusa, jakże wielki ból odczuło Twoje serce, gdy widziałeś niewinną Krew Dzieciątka wylaną przy obrzezaniu. Nie mniejsza była Twoja radość, gdy zastępując Ojca Niebieskiego, nadałeś Jego Synowi imię Jezus.

Przez tę boleść i radość uproś mi, aby Krew Zbawiciela, przelana na odkupienie ludzi, oczyściła moją duszę. Uproś chrześcijańskie cnoty, abym godnie nosił imię dziecka Bożego.

4. Święty Józefie, Mężu sprawiedliwy, jak wielkie cierpienie przejęło Twoją istotę, gdy przy ofiarowaniu Dzieciątka Jezus w świątyni usłyszałeś słowa Symeona skierowane do Twej Najświętszej Oblubienicy: „Duszę Twoją przeniknie miecz boleści". Nie mniejsza była Twa radość, gdy zrozumiałeś, że Syn Boży został dany na zbawienie świata.

Przez tę boleść i radość uproś mi, aby moje serce zostało skruszone rozpamiętywaniem Męki Zbawiciela. Uproś serdeczny żal za grzechy oraz powstanie z upadków i złych nałogów.

5. Święty Józefie, jak bardzo cierpiało Twoje serce, gdy musiałeś uchodzić z Dzieciątkiem i Jego Matką przed okrucieństwem Heroda. Lecz równie wielka była Twoja radość, gdy Syn Boży był już bezpieczny i wolny od prześladowań.

Przez tę boleść i radość uproś mi poznanie mych błędów, zwłaszcza tych, które godzą w bliźniego i wyrządzają mu krzywdę lub cierpienie. Niech moje serce będzie ciche, łagodne, rozsiewające wokół siebie pokój i radość.

6. Święty Józefie, Mężu według Serca Bożego, bardzo bolałeś, gdy wracając z Egiptu dowiedziałeś się,

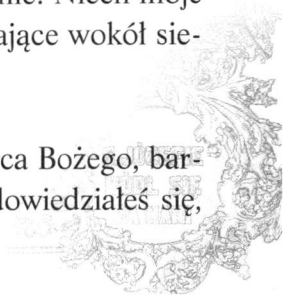

że w Judei panuje syn Heroda – Archelaus; znając jego okrucieństwo, bałeś się tam iść. Lecz zostałeś napełniony weselem, gdy za radą anioła zamieszkałeś w Galilei, w domku nazaretańskim wraz ze swą Oblubienicą Maryją i Jezusem, przybranym Twym Synem.

Przez tę boleść i radość uproś mi bojaźń Bożą, pomoc w doświadczeniach życiowych, broń od nieprzyjaciół duszy i ciała oraz od wszelkich niebezpieczeństw teraz i w godzinę śmierci.

7. Święty Józefie, Opiekunie Boga Wcielonego, odczuwałeś wielki żal i smutek, gdy szukałeś wraz z zatroskaną swą Oblubienicą zgubionego dwunastoletniego Jezusa. Lecz największą była Twoja boleść, gdy odchodziłeś z tego świata, opuszczając Jezusa i Maryję.

Za te boleści otrzymałeś pociechę i radość, gdy znalazłeś Jezusa w świątyni jerozolimskiej, siedzącego między doktorami i uczonymi w Piśmie. Zaś przy Twym szczęśliwym zgonie pocieszali Cię Jezus i Maryja, przez co stałeś się Patronem konających.

Święty Józefie, mój Patronie, jakże wielkimi darami ubogaciła Cię Trójca Przenajświętsza, jak wielka miłość łączyła Cię z Jezusem i Maryją! Jak wielką miłością i zaufaniem darzą Cię święci w niebie i wierni na ziemi i jak wiele łask zlewa dobroć Boża na wszystkich uciekających się do Ciebie! Zachęcony tym Twoim szczególnym wyniesieniem i ośmielony

Twoją dobrocią proszę Cię, święty Józefie, wyjednaj mi łaskę dobrego życia na ziemi oraz łaskę szczęśliwej śmierci – w miłości Jezusa, Maryi i Twojej. A gdy moja dusza opuści to śmiertelne ciało, uproś, abym mógł być dopuszczony do oglądania Trójcy Przenajświętszej. Amen.

# Godzinki ku czci św. Józefa

*W*. Panie, otwórz wargi moje,
*O*. A usta moje będą głosić Twoją chwałę.

**Na Jutrznię**

*W*. Boże, wejrzyj ku wspomożeniu memu,
*O*. Panie, pośpiesz ku ratunkowi memu.
*W*. Chwała Ojcu i Synowi, i Duchowi Świętemu,
*O*. Jak była na początku, teraz i zawsze, i na wieki wieków. Amen.

### Antyfona

Dziewiczy Opiekunie Boga Wcielonego
I przemożny Patronie Kościoła świętego.
Tyś żywił chleb żywota i pokarm wybranych,
proś, aby nam Chrystus był na wieki dany.

### Hymn

Józefie z pokolenia Dawida wybrany,
Tyś Słowa Wcielonego ojcem jest nazwany.

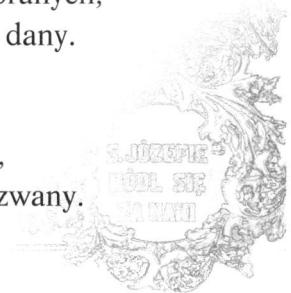

Poślubiony Najświętszej Najczystszej Dziewicy,
Po Maryi najbliższy zbawczej tajemnicy.
Spośród wszystkich młodzieńców najbardziej
uczczony,
Opiekunem Kościoła jesteś ogłoszony.
Gdy laska w Twoim ręku zakwitła cudownie,
To Duch Święty swym tchnieniem żar rozpalił w Tobie.

*W.* Ustanowił go panem domu swego
*O.* I zarządcą wszystkich posiadłości swoich.
*W.* Módl się za nami, święty Józefie,
*O.* Abyśmy się stali godnymi obietnic Chrystusowych.

*Módlmy się*: Prosimy Cię, Panie, abyśmy wsparci zasługami św. Józefa, Oblubieńca Najświętszej Rodzicielki Twojej, za jego przyczyną otrzymali to, czego prośbami własnymi uzyskać nie możemy. Który żyjesz i królujesz na wieki wieków. Amen.

*W.* Panie, wysłuchaj modlitwy nasze,
*O.* A wołanie nasze niech do Ciebie przyjdzie.
*W.* Błogosławmy Panu.
*O.* Bogu niech będą dzięki.
*W.* A dusze wiernych zmarłych, przez miłosierdzie Boże, za przyczyną Matki Bożej i św. Józefa, niech odpoczywają w pokoju.
*O.* Amen.
*W.* Boże wejrzyj... itd. (*jak na Jutrznię*)
ANT. Dziewiczy Opiekunie Boga...

Hymn

Nie pojmując Wcielenia, nieba Tajemnicy,
Myślisz o opuszczeniu swej Oblubienicy.
Anioł Ci się pokazał, we śnie prawdę głosi:
„Wesel się i nie lękaj, Panna Boga nosi".
Obudziwszy się ze snu, uwierzyłeś słowom,
Bo posłańca Bożego trzeba ufać mowom.
Spraw więc, abyśmy wiary znając Tajemnice,
Mogli w niebie oglądać Najświętsze Oblicze.

**W**. Sprawiedliwy rozrośnie się jak lilia

**O**. I kwitnąć będzie na wieki przed Panem.

**W**. Módl się za nami... itd.

**W**. Boże, wejrzyj... itd. (*jak na Jutrznię*)

ANT. Dziewiczy Opiekunie Boga...


Hymn

Cezar August zarządził spis całej ludności;
Maryję i Józefa Betlejem więc gości.
Tam też Święta Małżonka Jezusa powiła
I Dzieciątko na sianku w żłobie położyła.
Na to czekał Symeon przez lat bardzo wiele,
Józef pierwszy powitał Boga w ludzkim ciele.
Potem także pasterze Dziecku hołd oddali,
A Królowie ze Wschodu dary Mu składali.

**W**. Zamieszkał w domu Pańskim,

**O**. W przedsionkach domu Boga naszego.

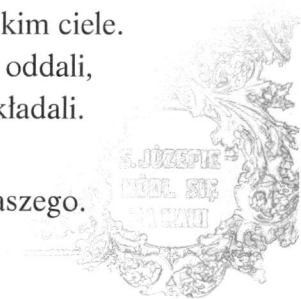

**W**. Módl się za nami... itd.

**W**. Boże, wejrzyj... itd. (*jak na Jutrznię*)

ANT. Dziewiczy Opiekunie Boga...

### Hymn

Władczy Herod rzeź chłopcom żydowskim gotuje,
Krew niewinna się leje, dzieci on morduje.
Zbrodnicza ręka króla w Boże Dziecię godzi,
Lecz Józef do Egiptu z Jezusem uchodzi.
Chociaż rozkaz od Boga we śnie był mu dany,
Natychmiast został w nocy, w trudzie wykonany.
Tak od śmierci ocalił Syna Dziewiczego
I w Egipcie doczekał czasu spokojnego.

**W**. Wierny sługa i roztropny,

**O**. Którego Pan uczynił stróżem swej Matki.

**W**. Módl się za nami... itd.

**W**. Boże, wejrzyj... itd. (*jak na Jutrznię*).

ANT. Dziewiczy Opiekunie Boga...

### Hymn

Kiedy Herod zły umarł, anioł znów przychodzi:
„Wróć, Józefie, do kraju, nic wam już nie grozi".
Zamieszkał więc z Rodziną w galilejskiej ziemi,
Zacisze Nazaretu dzieląc z najdroższymi.
W szarym trudzie, w radości czas szybko upływa,
Dziecię rośnie, mężnieje, z ojcem świat odkrywa.
O Zbawcy Żywicielu, Matki Nieskalanej,
Ciężar pracy Twej wielki i święty przed Panem.

*W.* Umiłował go Pan i przyozdobił.
*O.* Szatą chwały go przyodział.
*W.* Módl się za nami... itd.
*W.* Boże, wejrzyj... itd. (*jak na Jutrznię*).
ANT. Dziewiczy Opiekunie Boga...

### Hymn

Lat dwanaście miał Jezus, kiedy wraz z Maryją
Zagubiliście Dziecię, bólu łzy nie skryją.
Trzy dni Skarbu szukacie, radości jedynej;
Wśród doktorów się Jezus odnalazł w świątyni.
W posłuszeństwie synowskim, Tobie – ojcu swemu
Bóg-Człowiek się poddaje. Któż to zgłębi, czemu?
Ojcem ciebie nazywa, a Matką Maryję,
Ten, przed którym anielski chór pokłony bije.

*W.* Ten, który strzeże Pana swego,
*O.* Na wieki uczczony będzie.
*W.* Módl się za nami... itd.

### Na Kompletę

*W.* Nawróć nas, Panie Boże, nasz Zbawicielu
*O.* I Twój gniew od nas odwróć.
*W.* Boże wejrzyj... itd. (*jak na Jutrznię*).
ANT. Dziewiczy Opiekunie Boga...

### Hymn

Śmierć Twa, święty Józefie, szczęścia była chwilą,
Zbawca sam był przy Tobie z Najświętszą Maryją

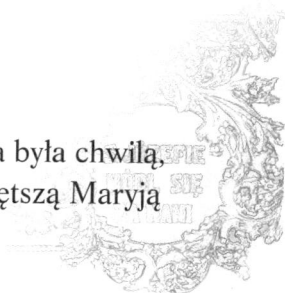

Za Twych zasług skarb wielki wiary i miłości,
Oni Ciebie żegnają na progu wieczności.
Na spotkanie się niebo całe już gotuje,
Bóg Ojciec w swe ramiona Józefa przyjmuje.
Tak szczęśliwie zakończył swego życia trudy,
Świętość jego przez wieki wysławiają ludy.

*W.* Ukoronowałeś go, Panie, wieczną chwałą
*O.* I postawiłeś go nad dziełem rąk Twoich.
*W.* Módl się za nami... itd.

### Ofiarowanie

Te godzinki pokornie z głębi serca mego,
Ty, Patronie, ofiaruj dla Pana mojego.
Zanieś na tron wysoki, w modlitwie gorącej,
Abyśmy byli w chwale końca nie mającej.

### Antyfona

Józef – Mąż sprawiedliwy, sługa wierny Boga Wcielonego,
Szedł przez życie święty, bez najmniejszej winy,
Niech się wstawia u Boga za grzesznymi ludźmi.

*W.* Ten jest Józef, który przed Bogiem wszystkimi cnotami zajaśniał
*O.* I z całego serca Jezusowi i Maryi służył.
*W.* Módl się za nami, święty Józefie,
*O.* Abyśmy się stali godnymi obietnic Chrystusowych.

*Módlmy się*: Hołd najgłębszy oddajemy Tobie, Boże Wszechmogący, prosząc pokornie, abyś za przyczy-

ną św. Józefa, Oblubieńca Rodzicielki Twojego Syna,
Pana naszego Jezusa Chrystusa, pomnażał w nas Twe
łaski i dobrodziejstwa. Te modlitwy i nabożeństwo
składamy Twojemu Majestatowi przez ręce świętego
Józefa. Przez Chrystusa Pana naszego. Amen.

# Hymn o św. Józefie

Ktokolwiek pragnie zdrowia dla siebie,
Zbawienia swojej duszy na wieki:
Niech u Józefa w każdej potrzebie
Z ufnością szuka pewnej opieki.
Małżonek Świętej Panny prawdziwy,
Zbawcę jak ojciec na rękach nosi,
Wierny, bez skazy i sprawiedliwy,
Wszystko otrzyma, o co poprosi.
Wielbi leżące na sianie Dziecię,
Na obcej ziemi tkliwie Je cieszy,
A gdy zginęło, szuka po świecie,
Aż Je w świątyni znalazł wśród rzeszy.
Najwyższy Stwórca, co światem włada,
Codziennie pokarm z jego rąk bierze.
Syn, który Ojca w niebie posiada,
Słucha go zawsze, wiernie i szczerze.
Gdy zgon się zbliża po latach znoju,
Przy nim Maryja i Jezus stoją:
Na Nich się patrząc, pełen pokoju,

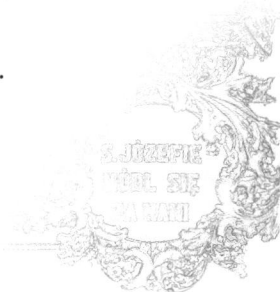

Duszę bez skazy oddaje swoją.
Niech Bóg Ojciec oraz Zbawiciel,
Syn Jego miły Jednorodzony,
A z Nimi społem Duch Pocieszyciel
Na wieki wieków będzie chwalony. Amen.

# Psalmy ku czci św. Józefa

## 1. MĄŻ SPRAWIEDLIWY

Wysławiać cię pragniemy, Mężu sprawiedliwy,
bo na ziemi i w niebie imię Twe chwalebne.
Pan, co mieszka w światłości obrał Cię przed wieki,
wiódł Cię cnoty ścieżkami, przyodział światłością.
Jako Mąż sprawiedliwy przed obliczem Pana
proś Go, by nas oczyścił z wszelkiej nieprawości.
Odpędź od nas szatana, chroń od sideł jego,
wszak Ty zawsze wspomagasz wzywających Ciebie.
Pokrzepiaj nasze siły na drodze świętości,
aby się nogi nasze nigdy nie zachwiały.
O wierny sługo Boga, pośpiesz nam z pomocą,
swą prawicę z wysoka wyciągnij nad nami.
Kogóż możem się lękać, gdyś Ty nam Obrońcą,
pod skrzydłami Twoimi któż nam szkodzić może?
Chwalmy przeto Józefa, Piastuna Jezusa,
jego imię chwalebne wszyscy wysławiajmy.

## 2. OBLUBIENIEC MARYI

Ciebie, święty Józefie, sławią pokolenia,
bo Twe imię chwalebne na ziemi i w niebie.
Tyś jest Mężem, którego wybrał Bóg przed wieki,
byś poślubił Dziewicę, Rodzicielkę Bożą.
Duch Cię Święty z Nią złączył przeczystą miłością,
upodobnił Cię do Niej bogactwem świętości.
Twą niewinność bez skazy niechaj wszyscy sławią,
boś się dla niej stał godny stróżem być Dziewicy.
Przeto w Twoją opiekę siebie oddajemy,
byś strzegł naszej czystości przez Boga wskazanej.
W jednąś duszę się złączył z Dziewicą bez skazy,
Z Niąś się cieszył Jej Synem i trwożył o Niego.
Jak miłością na ziemi byłeś z Nią związany,
tak i przy Niej masz chwałę w królestwie Jezusa.
Po Jezusie, Maryi, imię Twe najdroższe,
które w niebie, na ziemi wszyscy błogosławią.

## 3. PRZYBRANY OJCIEC JEZUSA

Niech przed Tobą, Józefie, wszyscy głowy chylą,
wysławiając z podziwem Twoją godność wielką.
Bóg Ci władzę ojcowską dał nad swoim Synem,
który czcił Cię jak ojca, jak ojca miłował.
Kierowałeś na ziemi Tym, co w niebie włada,
pokarm Temu dawałeś, który wszystkich żywi.
Przeto sławić Cię będą ludzkie pokolenia,
w Twoje imię do Boga wzniosą ręce swoje.

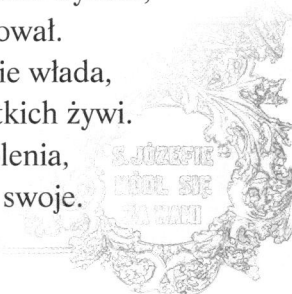

Tyś się w życie Jezusa z zachwytem wpatrywał,
swoje serce do Jego Serca upodobnił.

Bądź za Jego przykładem dla nas miłosierny,
trzymaj nas swą prawicą, byśmy nie upadli.

Spraw to, byśmy wzrastali, jak Jezus przy Tobie,
w latach, w łasce, w mądrości przed Bogiem i ludźmi.

Chwalmy przeto Józefa, Piastuna Jezusa,
Jego imię chwalebne pieśnią wysławiajmy.

## 4. GŁOWA ŚWIĘTEJ RODZINY

Czcią i chwałą Józefa Bóg ukoronował,
w jego ręce z ufnością oddał swą Rodzinę.

On jak źrenicy oka strzegł Jej w Nazarecie,
o Jej dobro zabiegał z ojca troskliwością.

Weź, Józefie, w opiekę i naszą rodzinę,
niech i na nas łaskawie patrzą Twoje oczy.

Gdy się wszyscy do Ciebie garniemy jak dzieci,
chroń nas w cieniu swych skrzydeł, broń potęgą swoją.

Tyś jest naszą ucieczką w każdym utrapieniu.
Nikt z nas wstydu nie dozna, że zaufał Tobie.

Błogosławić będziemy imię Twe chwalebne,
żeś nam swojej pomocy nigdy nie odmówił.

O Twoich dobrodziejstwach pamięć nie zaginie.
Z wdzięcznością pokolenia wspominać je będą.

Imię przeto Józefa, Obrońcy naszego,
radośnie wysławiajmy, czcijmy je nabożnie.

## 5. OJCIEC WIERNYCH

Błogosławmy Józefa sercem i ustami;
on nas wszystkich w Jezusie miłuje jak ojciec.
Ponad synów Adama został wywyższony,
na swych rękach piastował Zbawiciela ludzi.
Z Jego Serca Boskiego, które czuł przy sobie,
przejął dobroć ojcowską, miłosierdzie wielkie.
Oczy jego łaskawie na nas spoglądają,
bo w Jezusie nas wszystkich ma za dzieci swoje.
Wszystkich pragnie gromadzić pod skrzydłami swymi,
bo ma dla nas od Boga nieprzebrane dary.
Nie odmówi nikomu, kto go szczerze prosi,
gdyż go Bóg sam uczynił opiekunem naszym.
W ręce Twoje, Józefie, jakby ojcu swemu,
powierzamy swe życie i godzinę zgonu.
A gdy Ci Pan polecił, byś nas miał w opiece,
więc prowadź nas bezpiecznie do wiecznej światłości.

# Pieśń do św. Józefa

1.  Szczęśliwy, kto sobie Patrona,
Józefa ma za Opiekuna,
Niechaj się niczego nie boi,
Bo święty Józef przy nim stoi. – Nie zginie.
2.  Idźcie precz marności światowe,
Boście mnie zagubić gotowe,
Już ja mam nad wszystko słodszego

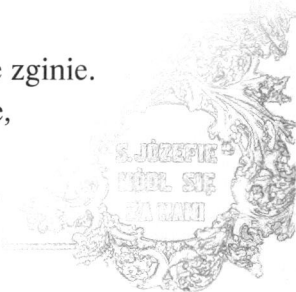

Józefa, Opiekuna mego – przy sobie.

3. Wszak sam Bóg i Ojciec nasz w niebie,
Józefie święty, wybrał Ciebie
Na ojca Słowa Wcielonego,
Stróża i Opiekuna Jego – na ziemi.

4. Stąd też i my się uciekamy
Do Ciebie i kornie błagamy,
Abyś nas ze swojej opieki
Nie puścił i zginąć na wieki – nam nie dał.

5. Małżonkiem Tyś Bogarodzicy
I głową Najświętszej Rodziny.
Dla naszych rodzin bądź przykładem,
Wzmacniaj je, by szły Twoim śladem – świętości.

6. Młodzieży Tyś wzorem wspaniałym,
Wskazuj jej wzniosłe ideały:
Miłości Boga i bliźniego,
Czystości i dobra wszelkiego – nad wszystko.

7. Gdy śmierci zbliży się godzina
Z Maryją u Boskiego Syna
Dobrą śmierć i lekkie skonanie
I grzechów moich skasowanie – wyjednaj.

(Źródło: *Święty Józef Oblubieniec Bogarodzicy. Modlitewnik*, staraniem i nakładem Sióstr Bernardynek przy kościele św. Józefa w Krakowie, Częstochowa 1990.)

# ANEKS

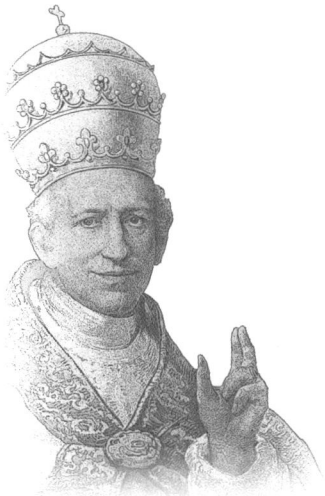

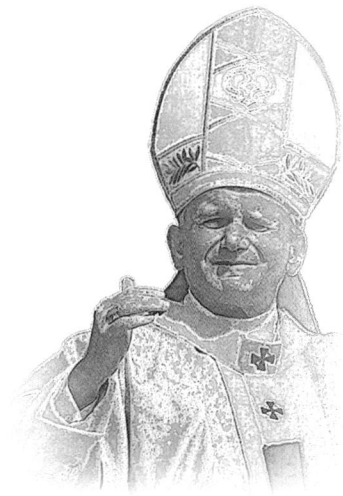

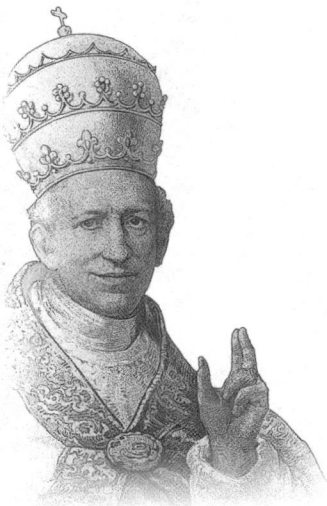

# QUAMQUAM PLURIES

## ENCYKLIKA PAPIEŻA LEONA XIII
## O NABOŻEŃSTWIE DO ŚW. JÓZEFA

Do Naszych Czcigodnych
Braci Patriarchów, Prymasów,
Arcybiskupów i Ordynariuszy
w pokoju i jedności ze Stolicą Apostolską

Chociaż wiele już razy nakazywaliśmy odmawianie na całym świecie specjalnych modlitw, aby intencje wiary katolickiej były usilnie polecane Bogu, nie będzie dla nikogo zaskoczeniem, że uważamy chwilę obecną za odpowiednią, by ponownie wpajać tę samą powinność. W czasach próby i ucisku – zwłaszcza wtedy, gdy wydaje się, że mocom ciemności zezwolono na czynienie wszelkiego bezprawia – zwyczajem Kościoła było błaganie szczególnie gorąco i wytrwale Boga, jego Stwórcę i obrońcę, za wstawiennictwem świętych – a zwłaszcza Najświętszej Panny, Matki Bożej – których opieka była zawsze niezwykle skuteczna. Owoce tych pobożnych modlitw i ufności pokładanej w dobroci Bożej zawsze, prędzej czy później, stawały się widoczne. Czcigodni Bracia, wiecie, w jakich czasach żyjemy; są one dla religii chrześcijańskiej prawie tak samo godne ubolewania jak ten najgorszy okres w przeszłości, kiedy Kościół doznawał wielkiej udręki. Widzimy, że wiara, źródło wszystkich cnót chrześcijańskich, zanika w wielu duszach; widzimy, że oziębia się miłość bliźniego; młodzież coraz bardziej pogrąża się w niemoralnych czynach i poglądach; Kościół Jezusa Chrystusa jest zewsząd atakowany, czy to przemocą, czy podstępem; toczy się nieustępliwa wojna przeciwko Najwyższemu Kapłanowi, a podstawy religii są podważane z coraz większą zuchwałością. Zaiste, wszystko to jest na tyle dobrze znane, że nie musimy się więcej rozwodzić nad tym, jak nisko upadło obecne społeczeństwo i jakie zamysły poruszają teraz umysły ludzkie. W tak nieszczęsnym i trudnym położeniu ludzkość nie jest w stanie sama temu zaradzić i jedynie u Boga trzeba szukać pomocy.

2. Dlatego też uznaliśmy za konieczne zwrócić się do chrześcijańskiego ludu z przynagleniem, by ze wzmożoną gorliwością i wytrwałością błagał o pomoc Wszechmogącego Boga. Zbliża się miesiąc październik, który już poświęciliśmy Najświętszej Maryi Pannie jako Matce Bożej Różańcowej, gorąco nakłaniamy więc wiernych, aby z jeszcze większą, o ile to możliwe, pobożnością i wytrwałością obchodzili uroczystości tego miesiąca. Wiemy, że w macierzyńskiej dobroci Najświętszej Panny znajdziemy niezawodną pomoc i pewni jesteśmy, że nigdy nie będziemy

pokładać w Niej na próżno Naszego zaufania. Jeśli, przy niezliczonych okazjach, okazała swą potęgę, wspierając chrześcijański świat, czemuż mielibyśmy wątpić, że i teraz na nowo wspomoże go swą mocą i przychylnością, jeśli zewsząd wznoszą się do Niej pokorne i nieustanne modlitwy? Nie, sądzimy raczej, że skoro pozwoliła Nam przez tak długi czas zanosić do siebie na modlitwie specjalne prośby, Jej interwencja będzie tym bardziej cudowna. My jednakże nosimy się z innym zamiarem, który, jak to jest w Waszym zwyczaju, Czcigodni Bracia, z zapałem wesprzecie. Żeby Bóg był bardziej przychylny Naszym modlitwom i przyszedł szczodrze i bezzwłocznie z pomocą swemu Kościołowi, za wielce użyteczne dla chrześcijańskiego ludu uznajemy nieustanne wzywanie, z wielką pobożnością i zaufaniem, razem z dziewiczą Matką Bożą, Jej czystego Oblubieńca, św. Józefa; i uważamy za jak najbardziej pewne, że będzie to bardzo miłe dla samej Najświętszej Panny. Jeśli chodzi o to nabożeństwo, o którym dzisiaj po raz pierwszy mówimy publicznie, wiemy bez wątpliwości, że nie tylko lud się ku niemu skłania, ale że ono już istnieje i zmierza ku pełnemu rozkwitowi. Zauważamy, że nabożeństwo do św. Józefa, które w przeszłości Biskupi Rzymu rozwinęli i stopniowo umacniali, w Naszych czasach osiągnęło większe rozmiary, szczególnie po tym, jak Pius IX, Nasz świętej pamięci poprzednik, ogłosił, ulegając prośbie wielu biskupów, tego świętego Patriarchę patronem Kościoła katolickiego. Ponadto, jako że sprawą wielkiej wagi jest to, by nabożeństwo do św. Józefa zakorzeniło się w codziennych pobożnych praktykach katolików, pragniemy, by lud chrześcijański był do niego zachęcany przede wszystkim przez Nasze słowa i autorytet.

3. Szczególna przyczyna tego, że św. Józef jest opiekunem Kościoła i że Kościół tak wiele się spodziewa po jego opiece i troskliwości, tkwi w tym, że był małżonkiem Maryi i domniemanym ojcem Jezusa Chrystusa. Stąd wypływała jego godność, jego świętość, jego chwała. Bez wątpienia godność Matki Bożej jest tak wysoka, że nic większego stworzyć niepodobna. Ponieważ jednak św. Józef połączony był z Najświętszą Dziewicą węzłem małżeńskim, przeto niezawodnie najbardziej zbliżył się do owej wzniosłej godności, którą Bogarodzica wszystkie stworzenia o wiele przewyższyła. Małżeństwo bowiem jest najbardziej istotną społecznością i związkiem, i dlatego z natury swej domaga się wzajemnej wspólnoty wszystkich dóbr małżonków. Jeżeli zatem Bóg przeznaczył św. Józefa na małżonka Najświętszej Dziewicy, to uczynił go z pewnością nie tylko towarzyszem Jej życia, świadkiem Jej dziewictwa, obrońcą Jej cnoty, ale przez związek małżeński także uczestnikiem w Jej wzniosłej godności. Józef przewyższa wszystkich lu-

dzi swoją pozycją, gdyż z rozporządzenia Bożego był opiekunem Syna Bożego i w przekonaniu otoczenia Jego ojcem. Naturalnym następstwem tego było, że Słowo Odwieczne z pokorą było św. Józefowi poddane i okazywało mu cześć, jaką dzieci rodzicom okazywać winny. Z tej podwójnej godności wypływało zobowiązanie, jakie natura nakłada na głowę rodziny, tak że Józef był prawnym i naturalnym stróżem, opiekunem i obrońcą Rodziny świętej. I przez całe swe życie tę opiekę sprawował i obowiązki spełniał. Z wielką miłością i codzienną troską starał się chronić swą małżonkę i Boskie Dziecię; dzięki swej pracy niezawodnie zapewniał obydwojgu konieczne pożywienie i ubranie; kiedy Dzieciątku wskutek zazdrości króla groziła utrata życia, ochronił Je i znalazł Mu bezpieczne schronienie; pośród trudów podróży i goryczy wygnania był nieodłącznym towarzyszem, pomocnikiem i obrońcą Najświętszej Panny i Jezusa. Święta Rodzina, którą św. Józef kierował swą ojcowską władzą, była początkiem powstającego Kościoła. Tak jak Najświętsza Panna jest Matką Jezusa Chrystusa, tak jest też i Matką wszystkich chrześcijan, gdyż powiła ich na górze Kalwarii wśród najstraszliwszych mąk Odkupienia; Jezus Chrystus jest w pewnym sensie pierworodnym wszystkich chrześcijan, którzy są Mu braćmi wskutek przybrania i odkupienia. Z tej właśnie przyczyny święty Patriarcha uznaje, że w szczególny sposób powierzono mu te rzesze chrześcijan, które stanowią Kościół, tę wielką, aż po krańce ziemi rozprzestrzenioną rodzinę, wobec której jako małżonek Maryi i ojciec Jezusa Chrystusa sprawuje jakby ojcowską władzę. Dlatego jest rzeczą słuszną i należy się św. Józefowi przed wszystkimi innymi, aby teraz swą niebieską potęgą strzegł i bronił Kościoła Chrystusowego tak, jak ongiś najsumienniej strzegł Rodziny z Nazaretu, gdzie było tego potrzeba.

4. Dobrze wiecie, Czcigodni Bracia, że rozważania te znajdują potwierdzenie w przekonaniach wielu Ojców Kościoła i w świętej liturgii, iż Józef z czasów starożytnych, syn patriarchy Jakuba, był figurą św. Józefa i jego chwała była zapowiedzią wielkości przyszłego opiekuna Świętej Rodziny. W istocie rzeczy, pominąwszy fakt, że nadano im to samo imię – czego znaczenia nigdy nie negowano – dobrze znacie istniejące między nimi podobieństwa, a mianowicie to, że pierwszy Józef zdobył przychylność i wyjątkową życzliwość swego pana i że dzięki Józefowemu zarządzaniu jego dom osiągnął bogactwo i dobrobyt; że, co ważniejsze, nadzorował królestwo z wielką mocą, a kiedy pola nie obrodziły, zaspokajał wszystkie potrzeby Egipcjan z taką mądrością, iż król nadał mu tytuł „zbawca świata". W ten oto sposób w starym patriarsze możemy dostrzec zapowiedź nowego. Tak jak pierwszy przysporzył pomyślności domostwu

swego pana, a jednocześnie oddał wielkie zasługi całemu królestwu, tak drugi, przeznaczony na strażnika chrześcijańskiej religii, powinien być uważany za opiekuna i obrońcę Kościoła, który prawdziwie jest domem Pana i królestwem Bożym na ziemi. Z tego powodu wszyscy, bez względu na to, jakiego są stanu i gdzie żyją, powinni uciekać się do św. Józefa i powierzać jego opiece. Ojcowie rodzin mają w nim doskonały wzór ojcowskiej troskliwości i czujności; małżonkowie mają wspaniały przykład miłości, zgody i małżeńskiej wierności; dziewice mają w nim zarówno wzór dziewiczej nienaruszalności, jak i jej opiekuna. Szlachetnie urodzeni nauczą się od Józefa, jak strzec swej godności nawet w obliczu nieszczęścia; bogaci dzięki jego naukom zrozumieją, jakich dóbr należy najbardziej pragnąć i zdobywać za cenę swej pracy. Jeśli chodzi o robotników, rzemieślników i osoby niższego stanu, mają oni szczególne prawo, by uciekać się do Józefa, a jego przykład im zwłaszcza dany jest do naśladowania. Albowiem Józef, z królewskiego rodu, połączony węzłem małżeńskim z najwspanialszą i najświętszą z kobiet, domniemany ojciec Syna Bożego, całe swe życie pracował i w rzemieślniczym trudzie zdobywał środki na utrzymanie rodziny. Prawdą jest zatem to, że kondycja osób niskiego stanu nie ma w sobie nic wstydliwego, a praca robotnika nie tylko nie jest hańbiąca, ale może być, jeśli połączona z cnotą, szczególnie uszlachetniająca. Święty Józef, zadowalając się niewielkim dobytkiem, z wielkodusznością znosił trudy wynikłe z tak skromnej fortuny, na podobieństwo swego Syna, który przybrawszy postać sługi – będąc Panem życia – z własnej nieprzymuszonej woli poddał się ogołoceniu i utracie wszystkiego.

5. Z tego względu ludzie biedni i ci, którzy żyją z pracy swych rąk, powinni nie tracić ducha i dążyć do bycia sprawiedliwymi. O ile mają prawo do podźwignięcia się z ubóstwa i zdobycia lepszej pozycji społecznej w uprawniony sposób, to jednak ani rozum, ani sprawiedliwość nie zezwalają im na zmianę porządku określonego przez Bożą Opatrzność. Co więcej, uciekanie się – by to osiągnąć – do przemocy i walk na drodze wywrotowej jest szaleństwem tylko pogłębiającym zło, które miało zwalczać. Niech zatem ubodzy, jeśli zechcą być mądrzy, nie ufają obietnicom wywrotowców, ale przykładowi i opiece św. Józefa oraz matczynej miłości Kościoła, który każdego dnia coraz bardziej lituje się nad ich losem.

6. Z tego też powodu – ufając wielce Waszej, Czcigodni Bracia, gorliwości i władzy biskupiej oraz nie wątpiąc, że dobrzy i pobożni wierni z własnej woli więcej uczynią, niż nakazano – rozporządzamy, aby przez cały miesiąc październik przy odmawianiu różańca, co już ustanowiliśmy, dodawano modlitwę do

św. Józefa, której formularz zostanie wysłany z tym listem; zwyczaj ten ma się powtarzać każdego roku. Tym, którzy odmawiają tę modlitwę, udzielamy za każdym razem odpustu siedmiu lat i siedmiu kwadragen. Jest rzeczą zbawienną i bardzo chwalebną także miesiąc marzec, jak to się już w niektórych krajach dzieje, poświęcić czci świętego Patriarchy przez codzienne nabożeństwa. Jeżeli jest to niemożliwe, to przynajmniej życzyć by sobie trzeba, aby przed uroczystością tego Świętego odprawiono w głównym kościele każdej parafii trzydniowe nabożeństwo. Tam, gdzie dzień 19 marca – Uroczystość św. Józefa – nie jest świętem obowiązkowym, zachęcamy wszystkich wiernych, by w miarę możliwości przez własne pobożne praktyki dzień ten obchodzili jak święto obowiązkowe ku czci świętego niebiańskiego Patrona.

7. Tymczasem jako zapowiedź niebiańskich darów i na znak Naszej życzliwości udzielamy Wam, Czcigodni Bracia, Waszemu duchowieństwu i ludowi płynącego z serca Apostolskiego błogosławieństwa.

*W Rzymie u św. Piotra, dnia 15 sierpnia 1889 roku, w dwunastym roku Naszego Pontyfikatu.*

Leon XIII

Przełożyła Barbara Żak

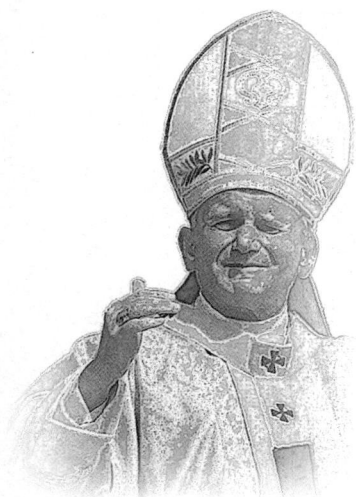

ADHORTACJA APOSTOLSKA
OJCA ŚWIĘTEGO JANA PAWŁA II

# REDEMPTORIS CUSTOS

## O ŚWIĘTYM JÓZEFIE
## I JEGO POSŁANNICTWIE
## W ŻYCIU CHRYSTUSA I KOŚCIOŁA

Do Biskupów
do Kapłanów i Diakonów
do Zakonników i Zakonnic
oraz wszystkich Wiernych

## WPROWADZENIE

1. POWOŁANY NA OPIEKUNA ZBAWICIELA, *„Józef uczynił tak, jak mu polecił anioł Pański: wziął swoją Małżonkę do siebie"* (Mt 1, 24).

Czerpiąc inspirację z Ewangelii, Ojcowie Kościoła już od pierwszych wieków podkreślali, że św. Józef, który z miłością opiekował się Maryją i z radością poświęcił się wychowaniu Jezusa Chrystusa[1], także dziś strzeże i osłania mistyczne Ciało Odkupiciela, Kościół, którego figurą i wzorem jest Najświętsza Dziewica.

W setną rocznicę ogłoszenia Encykliki *Quamquam pluries* papieża Leona XIII[2] i w duchu wielowiekowego kultu św. Józefa pragnę poddać Wam pod rozwagę, drodzy Bracia i Siostry, kilka refleksji o człowieku, któremu Bóg „powierzył straż nad swymi najcenniejszymi skarbami"[3]. Z radością spełniam ten pasterski obowiązek pragnąc, aby wszyscy żywili coraz większe nabożeństwo do Patrona Kościoła powszechnego i miłość do Odkupiciela, któremu on tak przykładnie służył.

Dzięki temu cały lud chrześcijański nie tylko jeszcze gorliwiej będzie się uciekał do św. Józefa i ufnie wzywał jego opieki, ale także będzie miał zawsze przed oczyma jego pokorną, dojrzałą służbę i udział w ekonomii zbawienia[4].

Sądzę bowiem, że ponowne rozważenie uczestnictwa Małżonka Maryi w Boskiej tajemnicy pozwoli Kościołowi, podążającemu ku przyszłości wraz z całą rodziną ludzką, odnajdywać wciąż na nowo swą tożsamość na gruncie tej odkupieńczej ekonomii, *która wiąże się u podstaw z tajemnicą Wcielenia.*

Józef z Nazaretu w tej właśnie tajemnicy uczestniczył jak nikt inny z ludzi poza Maryją, Matką Słowa Wcielonego. Uczestniczył wspólnie z Nią, objęty rzeczywistością tego samego wydarzenia zbawczego. Był powiernikiem tej samej miłości, mocą której Ojciec Przedwieczny „przeznaczył nas dla siebie jako przybranych synów przez Jezusa Chrystusa" (*Ef* 1, 5).

# I – ZAPISY EWANGELII

## Małżeństwo z Maryją

2. „Józefie, synu Dawida, *nie bój się wziąć do siebie Maryi*, twej Małżonki; albowiem z Ducha Świętego jest to, co się w Niej poczęło. Porodzi Syna, któremu nadasz imię Jezus, On bowiem zbawi swój lud od jego grzechów" (*Mt* 1, 20–21).

W tych słowach zawiera się moment centralny biblijnej prawdy o św. Józefie – moment, do którego przede wszystkim nawiązują Ojcowie Kościoła.

Ewangelista Mateusz wyjaśnia znaczenie tego momentu od strony Józefa. Trzeba jednak równocześnie mieć przed oczyma odnośne teksty *z Ewangelii Łukaszowej*, ażeby pełniej zrozumieć kontekst. I tak, w związku ze słowami wersetu: „Z narodzeniem Jezusa Chrystusa było tak. *Po zaślubinach* Matki Jego, Maryi, *z Józefem*, wpierw nim zamieszkali razem, *znalazła się brzemienną* za sprawą Ducha Świętego" (*Mt 1*, 18), brzemienność Maryi „za sprawą Ducha Świętego" znajduje szersze i jednoznaczne wyjaśnienie *w Łukaszowym opisie zwiastowania narodzin Jezusa:* „Posłał Bóg anioła Gabriela do miasta w Galilei, zwanego Nazaret, do Dziewicy poślubionej mężowi, imieniem Józef, z rodu Dawida; a Dziewicy było na imię Maryja" (*Łk* 1, 26–27). Słowa pozdrowienia anielskiego: „Bądź pozdrowiona, pełna łaski, Pan z Tobą" (*Łk* 1, 28) wywołały wewnętrzne poru-

270

ADH. REDEMPTORIS CUSTOS

szenie Maryi, a zarazem pobudziły Ją do zastanowienia. Wówczas Zwiastun uspokaja Dziewicę i objawia Jej szczególne zamierzenie Boże w stosunku do Niej: *„Nie bój się, Maryjo, znalazłaś bowiem łaskę u Boga. Oto poczniesz i porodzisz Syna*, któremu nadasz imię Jezus. Będzie On wielki i będzie nazwany Synem Najwyższego, a Pan Bóg da Mu tron Jego praojca, Dawida"* (Łk 1, 30–32).

Ewangelista stwierdził uprzednio, iż w chwili zwiastowania Maryja była „poślubiona mężowi, imieniem Józef, z rodu Dawida". Sprawa owych „zaślubin" wyjaśnia się pośrednio, gdy usłyszawszy to, co mówił Zwiastun o narodzeniu Syna, Maryja pyta: „Jakże się to stanie, skoro *nie znam męża?"* (Łk 1, 34). Wówczas słyszy taką odpowiedź: „Duch Święty zstąpi na Ciebie i moc Najwyższego osłoni Cię. Dlatego też Święte, które się narodzi, będzie nazwane Synem Bożym" (Łk 1, 35). Maryja, chociaż była już „zaślubiona" Józefowi, pozostanie dziewicą, ponieważ Dziecię, które poczęło się w Niej od chwili zwiastowania, zostało poczęte za sprawą Ducha Świętego.

W tym punkcie zapis Łukaszowy spotyka się z *Mt* 1, 18, i tłumaczy to, co tam czytamy. Jeśli po zaślubinach z Józefem Maryja „znalazła się brzemienną za sprawą Ducha Świętego", to fakt ten odpowiada całej treści zwiastowania, a w szczególności ostatnim słowom wypowiedzianym przez Maryję: *„Niech mi się* stanie *według twego słowa!"* (Łk 1, 38). Odpowiadając na wyraźny zamiar Boga, Maryja z biegiem dni i tygodni ujawnia się wobec ludzi i wobec Józefa jako „brzemienna", jako Ta, która ma urodzić, która nosi w sobie tajemnicę macierzyństwa.

3. W tych okolicznościach „Mąż Jej, Józef, który był człowiekiem sprawiedliwym i nie chciał narazić Jej na zniesławienie, *zamierzał oddalić Ją potajemnie*" (*Mt 1*, 19). Józef nie wiedział, jak ma się zachować wobec „cudownego" macierzyństwa Maryi. Szukał zapewne odpowiedzi na to dręczące go pytanie, ale nade wszystko szukał wyjścia z tej trudnej dla siebie sytuacji. Gdy więc „*powziął tę myśl*, oto anioł Pański ukazał mu się we śnie i rzekł: «*Józefie*, synu Dawida, *nie bój się wziąć do siebie Maryi, twej Małżonki;* albowiem z Ducha Świętego jest to, co się w Niej poczęło. Porodzi Syna, któremu nadasz imię Jezus, On bowiem zbawi swój lud od jego grzechów»" (*Mt 1*, 20–21).

Zachodzi bliska analogia pomiędzy tym „zwiastowaniem" w zapisie Mateuszowym a tamtym Łukaszowym. *Zwiastun Boży wtajemnicza Józefa w sprawę macierzyństwa Maryi*. Ta, która zgodnie z prawem była mu „poślubiona", pozostając dziewicą, stała się w mocy Ducha Świętego – Matką. Gdy przyjdzie na świat Syn, którego Maryja nosi w swym łonie, winien otrzymać imię Jezus. Było to imię znane wśród Izraelitów, czasami nadawane synom. W tym wypadku jednak *chodzi o Syna, który* – zgodnie z Bożą Obietnicą – wypełni całe *znaczenie tego imienia: Jezus* – Jehosua znaczy: *„Bóg, który zbawia"*.

*Zwiastun* zwraca się do Józefa jako do „męża Maryi", do tego, który w swoim czasie ma nadać takie właśnie imię Synowi, który narodzi się z poślubionej Józefowi Dziewicy nazaretańskiej. *Zwraca się więc do Józefa, powierzając mu zadania ziemskiego ojca w stosunku do Syna Maryi.*

„Zbudziwszy się ze snu, Józef uczynił tak, jak mu polecił anioł Pański: *wziął* swoją Małżonkę do siebie" (*Mt* 1, 24). Wziął Ją razem z całą tajemnicą Jej macierzyństwa, razem z Synem, który miał przyjść na świat za sprawą Ducha Świętego. *Okazał w ten sposób podobną jak Maryja gotowość woli* wobec tego, czego odeń żądał Bóg przez swego Zwiastuna.

## II – POWIERNIK TAJEMNICY
## BOGA SAMEGO

4. Kiedy Maryja, krótko po zwiastowaniu, udała się do domu Zachariasza, aby odwiedzić swą krewną Elżbietę, usłyszała przy powitaniu słowa, które Elżbieta wypowiedziała „napełniona Duchem Świętym" (por. *Łk* 1, 41). Oprócz słów, które nawiązywały do pozdrowienia anielskiego przy zwiastowaniu, Elżbieta powiedziała: *„Błogosławiona jesteś, któraś uwierzyła, że spełnią się słowa powiedziane Ci od Pana"* (*Łk* 1, 45). Właśnie te słowa stały się myślą prze-

wodnią Encykliki *Redemptoris Mater*, przez którą pragnąłem pogłębić nauczanie Soboru Watykańskiego II. Stwierdza on, iż *„Błogosławiona Dziewica szła naprzód w pielgrzymce wiary* i utrzymała wiernie swe zjednoczenie z Synem aż do krzyża"[5], „przodując najdoskonalej"[6] wszystkim, którzy przez wiarę pielgrzymują za Chrystusem.

U początku tego pielgrzymowania *wiara Maryi spotyka się z wiarą Józefa.* Jeśli po zwiastowaniu Elżbieta powiedziała o Niej: „błogosławiona, która uwierzyła" (por. *Łk* 1, 45) – to w pewien sposób można by błogosławieństwo to odnieść również do Józefa, ponieważ odpowiedział on twierdząco na słowo Boga, przekazane mu w rozstrzygającym momencie. Józef wprawdzie nie odpowiedział na słowa zwiastowania słowami, tak jak Maryja, natomiast „uczynił tak, jak mu polecił anioł Pański: wziął swoją Małżonkę do siebie" (*Mt* 1, 24). *To, co uczynił, było najczystszym „posłuszeństwem wiary"* (por. *Rz* 1, 5; 16, 26; *2 Kor* 10, 5–6).

Można powiedzieć, *iż to, co uczynił Józef*, zjednoczyło go w sposób szczególny z wiarą Maryi: *przyjął* on jako prawdę od Boga pochodzącą *to, co Ona naprzód przyjęła przy zwiastowaniu.* Uczy Sobór: „Bogu objawiającemu należy okazać «posłuszeństwo wiary» ... przez które człowiek z wolnej woli powierza się Bogu, okazując «pełną uległość rozumu i woli wobec Boga objawiającego»"[7]. *Powyższe słowa*, które mówią o najgłębszej istocie wiary, *odnoszą się w całej pełni do Józefa z Nazaretu.*

5. Stał się on *szczególnym powiernikiem tajemnicy* „od wieków ukrytej w Bogu" (por. *Ef* 3, 9) – i to, podobnie jak Maryja, *w tym momencie przełomowym*, który Apostoł nazywa *„pełnią czasu"*, gdy „zesłał Bóg Syna swego, zrodzonego z niewiasty ... aby wykupił tych, którzy podlegali Prawu", by „mogli otrzymać przybrane synostwo" (por. *Ga* 4, 4–5). „Spodobało się Bogu – jak uczy Sobór – w swej dobroci i mądrości objawić siebie samego i ujawnić nam tajemnicę woli swojej (*Ef* 1, 9), dzięki której przez Chrystusa, Słowo Wcielone, ludzie mają dostęp do Ojca w Duchu Świętym i stają się uczestnikami Boskiej natury (por. *Ef* 2, 18; *2 P* 1, 4)"[8].

*Józef – wraz z Maryją – jest pierwszym powiernikiem tej tajemnicy Boga żywego.* Wraz z Maryją – a także ze względu na Maryję – *uczestniczy on w tym szczytowym etapie samoobjawiania się Boga w Chrystusie*, uczestniczy od samego początku. Mając przed oczyma zapis obu ewangelistów: Mateusza i Łukasza, można też powiedzieć, że Józef jest pierwszym, który *uczestniczy w wierze Bogarodzicy*. Uczestnicząc, wspiera swą Oblubienicę w wierze Bożego zwiastowania. Józef jest też pierwszym, którego Bóg postawił na drodze tego „pielgrzymowania przez wiarę", w którym Maryja – zwłaszcza od czasu Kalwarii i Pięćdziesiątnicy – będzie „najdoskonalej przodować"[9].

6. Droga własna Józefa – *Jego pielgrzymowanie przez wiarę – zakończy się wcześniej;* zanim Maryja stanie u stóp krzyża na Golgocie, a po odejściu Chrystusa do Ojca – znajdzie się w wieczerniku jerozolimskiej Pięćdziesiątnicy, w dniu objawienia się światu Kościoła narodzonego w mocy Ducha Prawdy. Jednakże *droga wiary Józefa podąża w tym samym kierunku,* pozostaje w całości określona tą samą tajemnicą, której Józef – wraz z Maryją – stał się pierwszym powiernikiem. Wcielenie i Odkupienie stanowią organiczną i nierozerwalną jedność, w której „plan objawienia urzeczywistnia się przez czyny i słowa wewnętrznie z sobą powiązane"[10]. Właśnie ze względu na tę jedność, papież Jan XXIII, który żywił wielkie nabożeństwo do św. Józefa, polecił w rzymskim kanonie Mszy świętej – tej wiecznej Pamiątki Odkupienia – wspominać imię Józefa obok imienia Maryi przed Apostołami, Papieżami i Męczennikami[11].

## W służbie ojcostwa

7. Jak wynika z tekstów ewangelicznych, prawną podstawą ojcostwa Józefa było małżeństwo z Maryją. Bóg wybrał Józefa na małżonka Maryi właśnie po to, by zapewnić Jezusowi ojcowską opiekę. Wynika stąd, że ojcostwo Józefa – więź, która łączy go najściślej z Chrystusem, szczytem wszelkiego wybrania i przeznaczenia (por. *Rz* 8, 28–29) – dokonuje się poprzez małżeństwo z Maryją, to znaczy przez rodzinę.

Ewangeliści, choć stwierdzają wyraźnie, że Jezus począł się z Ducha Świętego i że w małżeństwie tym zostało zachowane dziewictwo (por. *Mt* 1, 18–25; *Łk* 1, 26–38), nazywają Józefa małżonkiem Maryi, a Maryję małżonką Józefa (por. *Mt* 1, 16. 18–20. 24; *Łk* 1, 27: 2, 5).

Także dla Kościoła równie ważne jest wyznawanie *dziewiczego poczęcia Jezusa*, jak i obrona *małżeństwa Maryi z Józefem*, ono bowiem stanowi prawną podstawę ojcostwa Józefa. Pozwala to zrozumieć, dlaczego rodowód Jezusa podawany jest według genealogii Józefa. „Dlaczegóż – pyta św. Augustyn – nie miałby się wywodzić z rodu Józefa? Czyż to nie Józef był mężem Maryi? ... Pismo potwierdza, przywołując autorytet anioła, że to on był Jej mężem. Nie *bój się – powiada – wziąć do siebie Maryi, twej Małżonki; albowiem z Ducha Świętego jest to, co się w Niej poczęło.* Józef ma nadać imię dziecku, choć nie zrodziło się ono z jego nasienia. *Ona porodzi syna* – mówi Pismo – *któremu nadasz imię Jezus.* Pismo wie, że Jezus nie narodził się z nasienia Józefa, gdy bowiem Józef niepokoi się brzemiennością Maryi, słyszy słowa: *od Ducha Świętego pochodzi.* Władza ojcowska nie zostaje mu jednak odebrana, jako że to on ma nadać imię dziecku. Sama wreszcie Dziewica Maryja, w pełni świadoma, że nie poczęła Jezusa w małżeńskim zjednoczeniu z Józefem, nazywa go jednak *ojcem Chrystusa"*[12].

*Syn Maryi* jest także *synem Józefa*, na mocy małżeńskiej więzi, która ich łączy. „Ze względu na to wierne małżeństwo *oboje* zasługują, by nazywać ich rodzicami Chrystusa, nie tylko Jego matka, ale także Jego ojciec, którym był w ten sam sposób, w jaki był małżonkiem Jego matki – *w umyśle*, a nie w ciele"[13]. W małżeństwie tym nie brakowało żadnego istotnego elementu: „W rodzicach Chrystusa spełniły się wszelkie dobrodziejstwa płynące z zaślubin: potomstwo, wierność, sakrament. Znamy ich *potomstwo*, którym jest Chrystus Pan; ich *wierność*, ponieważ nie było tam nigdy cudzołóstwa; *sakrament*, ponieważ nie naruszył go rozwód"[14].

Zgłębiając istotę małżeństwa, zarówno św. Augustyn, jak i św. Tomasz widzą ją niezmiennie w „nierozerwalnym zjednoczeniu dusz", w „zjednoczeniu serc" i we „wzajemnej zgodzie"[15], to jest w tym, co w sposób wzorcowy ujawniło się *w małżeństwie Maryi i Józefa*. W kulminacyjnym momencie dziejów zbawienia, gdy Bóg objawia swą miłość do rodzaju ludzkiego poprzez dar Słowa, właśnie to małżeństwo w pełnej „wolności" realizuje „oblubieńczy dar z siebie", przyjmując i wyrażając ową miłość[16]. „W tym wielkim przedsięwzięciu odnowy wszystkich rzeczy w Chrystusie, małżeństwo – także ono oczyszczone i odnowione – staje się nową rzeczywistością, sakramentem nowego Przymierza. I oto na progu Nowego Testamentu, jak niegdyś na początku Starego, staje para małżonków. Ale podczas gdy małżeństwo Adama i Ewy stało się źródłem zła, które ogarnęło cały świat, małżeństwo Józefa i Maryi stanowi szczyt, z którego świętość rozlewa się na całą ziemię. Zbawiciel rozpoczął dzieło zbawienia od tej dziewiczej i świętej unii, w której objawia się Jego wszechmocna wola *oczyszczenia i uświęcenia rodziny*, tego sanktuarium miłości i kolebki życia"[17].

Jakże bogata nauka płynie stąd dla dzisiejszej rodziny! Ponieważ „istota i zadania rodziny są ostatecznie określone przez miłość", zaś „rodzina ... otrzymuje *misję strzeżenia, objawiania i przekazywania miłości*, będącej żywym odbiciem i rzeczywistym udzielaniem się miłości Bożej ludzkości oraz miłości Chrystusa Pana Kościołowi, Jego oblubienicy"[18], wszystkie rodziny chrześcijańskie winny upodabniać się do świętej Rodziny, tego pierwotnego „Kościoła domowego"[19]. W niej bowiem „cudownym zamysłem Bożym żył ... ukryty przez długie lata Syn Boży: jest ona więc pierwowzorem i przykładem wszystkich rodzin chrześcijańskich"[20].

8. Bóg wezwał św. Józefa, aby służył bezpośrednio osobie i misji Jezusa *poprzez sprawowanie swego ojcostwa:* właśnie w ten sposób Józef współuczestniczy w pełni czasów w wielkiej tajemnicy odkupienia i jest prawdziwie „sługą zbawienia"[21]. Jego ojcostwo wyraziło się w sposób konkretny w tym, że „uczynił ze swego życia służbę, złożył je w ofierze tajemnicy wcielenia i związanej z nią odkupieńczej misji; posłużył się władzą, przysługującą mu prawnie w świętej Rodzinie,

aby złożyć całkowity dar z siebie, ze swego życia, ze swej pracy; przekształcił swe ludzkie powołanie do rodzinnej miłości w ponadludzką ofiarę z siebie, ze swego serca i wszystkich zdolności, w miłość oddaną na służbę Mesjaszowi, wzrastającemu w jego domu"[22].

Liturgia przypomina, że Bóg „powierzył młodość naszego Zbawiciela wiernej straży świętego Józefa"[23] i dodaje: „jako wiernego i roztropnego sługę postawiłeś (go) nad swoją Rodziną, aby rozciągnął ojcowską opiekę nad ... Jednorodzonym Synem Twoim"[24]. Leon XIII podkreśla wzniosłość misji Józefa: „Przewyższa on wszystkich ludzi swoją pozycją, gdyż z rozporządzenia Bożego był opiekunem Syna Bożego i w przekonaniu otoczenia Jego ojcem. Naturalnym następstwem tego było, że Słowo odwieczne z pokorą było św. Józefowi poddane i okazywało mu cześć, jaką dzieci rodzicom okazywać winny"[25].

Ponieważ nie można sobie wyobrazić, by człowiek, który otrzymał tak wzniosłe zadanie, nie posiadał odpowiednich cech, niezbędnych dla wypełnienia go, należy przyjąć, że Józef „mocą szczególnego daru Niebios" otaczał Jezusa „całą naturalną miłością i czułą troskliwością, jaka może się zrodzić w sercu ojca"[26].

Przyznając Józefowi ojcowską władzę nad Jezusem, Bóg napełnił go także miłością ojcowską, tą miłością, która ma swoje źródło w Ojcu, „od którego bierze nazwę wszelkie ojcostwo na niebie i na ziemi" (por. *Ef* 3, 15).

Ewangelie jasno ukazują, na czym polegały ojcowskie obowiązki Józefa wobec Jezusa. W istocie bowiem zbawienie, które przychodzi poprzez człowieczeństwo Jezusa, realizuje się poprzez gesty codziennego życia rodzinnego, w niczym nie naruszając owego „uniżenia" właściwego ekonomii wcielenia. Ewangeliści z wielką pieczołowitością ukazują, że w życiu Jezusa nic nie było dziełem przypadku, ale wszystko dokonało się zgodnie z planem ustalonym przez Boga. Często powtarzana formuła: „stało się tak, aby się wypełniły..." oraz odwołania do wydarzeń starotestamentowych mają podkreślać jedność i ciągłość zamysłu, który w Chrystusie osiąga wypełnienie.

Wraz z wcieleniem „obietnice" i „figury" Starego Testamentu stają się „rzeczywistością": miejsca, osoby, wydarzenia i obrzędy splatają się w całość zgodnie ze szczegółowymi poleceniami Bożymi, przekazywanymi za pośrednictwem anielskich posłańców i przyjmowanymi przez istoty szczególnie wrażliwe na głos Boga. Maryja jest pokorną służebnicą Pańską, przygotowaną od początku czasów do roli Matki Boga; Józef jest tym, którego Bóg wybrał, aby „strzegł porządku przy narodzeniu się Pana"[27], jego zadaniem jest zatroszczyć się o „uporządkowane" wprowadzenie Syna w świat, z zachowaniem Boskich nakazów i praw ludzkich. Całe tak zwane życie „prywatne" czy „ukryte" Jezusa powierzone jest jego opiece.

## Spis ludności

9. Udając się do Betlejem z powodu spisu ludności, stosownie do zarządzenia prawowitej władzy, Józef spełnił wobec dziecka ważne i znamienne zadanie, by oficjalnie wpisać do rejestrów Cesarstwa imię „Jezus, syn Józefa z Nazaretu" (por. *J* 1, 45). Zapis ten ukazywał w sposób jawny, że Jezus należy do rodzaju ludzkiego, że jest człowiekiem pośród ludzi, obywatelem tego świata, podległym prawom i instytucjom państwowym, ale także *„Zbawicielem świata"*. Teologiczny sens tego historycznego faktu, bynajmniej nie drugorzędnego, dobrze ujmuje Orygenes: „Pierwszy spis ludności całej ziemi został przeprowadzony za panowania Cesarza Augusta i pośród wszystkich innych także Józef dał się zapisać z poślubioną sobie Maryją, która była brzemienna, jako że Jezus przyszedł na świat, zanim spis zakończono; kto wnikliwie to rozważy, dostrzeże pewną tajemnicę ukrytą w fakcie, iż tym spisaniem całej ziemi objęty został także Chrystus: skoro wszyscy zostali zapisani, wszystkich mógł uświęcić; skoro cała ziemia została spisana, ziemię dopuścił do komunii z sobą, po czym wszystkich ludzi wpisał do księgi żyjących, z niej zaś ci, co w Niego uwierzyli, zostali następnie zapisani w niebie, pośród świętych Tego, któremu chwała i panowanie na wieki wieków! Amen"[28].

## Narodzenie w Betlejem

10. Jako powiernik tajemnicy „przed wiekami ukrytej w Bogu", która na jego oczach zaczyna się urzeczywistniać „w pełni czasu", *Józef jest wraz z Maryją, w noc betlejemską,* uprzywilejowanym świadkiem przyjścia na świat Syna Bożego. Łukasz pisze o tym: „*Kiedy tam przebywali, nadszedł dla Maryi czas rozwiązania. Porodziła swego pierworodnego Syna,* owinęła Go w pieluszki i położyła w żłobie, gdyż nie było dla nich miejsca w gospodzie" (*Łk* 2, 6–7).

*Józef był świadkiem naocznym* tych narodzin, które dokonały się w warunkach po ludzku upokarzających, były więc pierwszą zapowiedzią owego dobrowolnego „wyniszczenia" (por. *Flp* 2, 5–8), jakie Chrystus przyjmie na siebie dla odkupienia grzechów. Równocześnie też Józef był *świadkiem pokłonu pasterzy,* którzy przybyli na miejsce urodzin Jezusa, gdy anioł zaniósł im tę wielką radosną wiadomość (por. *Łk* 2, 15–16); był też później *świadkiem pokłonu Mędrców ze Wschodu* (por. *Mt* 2, 11).

## Obrzezanie

11. Ponieważ obrzezanie syna jest pierwszym obowiązkiem religijnym ojca, Józef poprzez ten obrzęd (por. *Łk* 2, 21) dopełnia wobec Jezusa powinności, która jest jednocześnie jego prawem.

Zasada głosząca, że wszystkie obrzędy Starego Testamentu są cieniem rzeczywistości (por. *Hbr* 9, 9 n.; 10, 1), pozwala nam zrozumieć, dlaczego Jezus im się poddał. Podobnie jak inne obrzędy, także obrzezanie znajduje w Jezusie swe „wypełnienie". Przymierze Boga z Abrahamem, którego znakiem było obrzezanie (por. *Rdz* 17, 13), osiąga w Jezusie pełen skutek i ukoronowanie, to On bowiem jest owym „tak" wszystkich pradawnych obietnic (por. *2 Kor* 1, 20).

## Nadanie imienia

12. W momencie obrzezania Józef nadaje dziecku imię Jezus. Tylko w tym imieniu można znaleźć zbawienie (por. *Dz* 4, 12); znaczenie tego imienia zostało objawione Józefowi w chwili jego „zwiastowania": „Nadasz (Mu) imię Jezus, On bowiem zbawi swój lud od jego grzechów" (*Mt* 1, 21). Nadając imię, Józef obwieszcza, że w świetle prawa jest ojcem Jezusa, zaś wymawiając je, zapowiada Jego misję Zbawiciela.

## Ofiarowanie Jezusa w świątyni

13. Poprzez ten obrzęd, opisany w Ewangelii Łukasza (2, 22 n.), dokonuje się wykupienie pierworodnego syna; rzuca on też światło na późniejszy epizod, kiedy to dwunastoletni Jezus pozostaje w świątyni.

*Wykup pierworodnego* to jeszcze jeden obowiązek ojca, wypełniony przez Józefa. Pierworodny był symbolem ludu Przymierza, wykupionego z niewoli, by należeć do Boga. Także tutaj Jezus, który jest prawdziwą „ceną" wykupu (por. *1 Kor* 6, 20; 7, 23; *1 P* 1, 19), nie tylko „wypełnia" obrzęd Starego Testamentu, ale zarazem go przekracza, nie jest bowiem przedmiotem wykupu, ale Tym, od którego pochodzi zapłata.

Z Ewangelii dowiadujemy się, że „Jego ojciec i Matka dziwili się temu, co o Nim mówiono" (*Łk* 2, 33), a szczególnie *temu, co mówił Symeon*, który w hymnie skierowanym do Boga wskazał na Jezusa jako na „zbawienie, które Bóg przygotował wobec wszystkich narodów", nazwał Jezusa „światłem na oświecenie pogan i chwałę ludu Twego, Izraela", a nieco dalej także „znakiem, któremu sprzeciwiać się będą" (por. *Łk* 2, 30–34).

## Ucieczka do Egiptu

14. Po ofiarowaniu w świątyni ewangelista Łukasz zapisuje: „A gdy wypełnili wszystko według Prawa Pańskiego, *wrócili do Galilei*, do swego miasta – Nazaret. Dziecię zaś rosło i nabierało mocy, napełniając się mądrością, a łaska Boża spoczywała na Nim" (*Łk* 2, 39–40).

Jednakże *według zapisu Mateuszowego*, przed tym powrotem do Galilei należy umieścić także bardzo ważne wydarzenie, w którym raz jeszcze Boża Opatrzność odwołuje się do Józefa. Czytamy: „Gdy oni (tj. Mędrcy) odjechali, oto anioł Pański ukazał się Józefowi we śnie i rzekł: «*Wstań, weź Dziecię i Jego Matkę i uchodź do Egiptu;* pozostań tam, aż ci powiem; bo Herod będzie szukał Dziecięcia, aby Je zgładzić»" (*Mt* 2, 13). Herod przy okazji przybycia Mędrców ze Wschodu dowiedział się o narodzeniu „króla żydowskiego" (*Mt* 2, 2). Kiedy zaś Mędrcy odjechali, „kazał pozabijać wszystkich chłopców w wieku do lat dwóch w Betlejem i całej okolicy" (por. *Mt* 2, 16). W ten sposób zabijając wszystkich, chciał zgładzić owego nowo narodzonego „króla żydowskiego", o którym dowiedział się podczas pobytu Mędrców na swoim dworze. Jednakże Józef, usłyszawszy we śnie ostrzeżenie, „wziął w nocy Dziecię i Jego Matkę i *udał się do Egiptu;* tam pozostał *aż do śmierci Heroda.* Tak miało się spełnić słowo, które Pan powiedział przez Proroka: Z Egiptu wezwałem Syna mego" (*Mt* 2, 14–15; por. *Oz* 11, 1).

Tak więc droga powrotna Jezusa z Betlejem do Nazaretu prowadziła przez Egipt. Jak Izrael wszedł na szlak wyjścia „z domu niewoli", które to wyjście zapoczątkowało Stare Przymierze, tak i Józef, *powiernik i współpracownik opatrznościowej tajemnicy Bożej,* strzeże również na wygnaniu Tego, który wypełnia Nowe Przymierze.

## Jezus w świątyni

15. Od chwili zwiastowania znalazł się Józef – wraz z Maryją – niejako *wewnątrz tajemnicy* „od wieków ukrytej w Bogu", która przyoblekła się w ciało: *„Słowo stało się ciałem i zamieszkało wśród nas"* (*J* 1, 14). Zamieszkało wśród ludzi, w świętej *Rodzinie nazaretańskiej* – jednej z wielu rodzin tego galilejskiego miasteczka, jednej z wielu rodzin na ziemi Izraela. Tam Jezus wzrastał, „nabierał mocy, napełniał się mądrością, a łaska Boża spoczywała na Nim" (por. *Łk* 2, 40). Ewangelie streszczają w kilku słowach ten *długi okres życia „ukrytego"*, poprzez który Jezus z Nazaretu przygotowuje się do swego mesjańskiego posłannictwa. Jeden tylko moment zostaje wydobyty z tego ukrycia i opisany w *Ewangelii Łukaszowej: Pascha w Jerozolimie, gdy Jezus miał lat dwanaście.* Uczestniczył w tym święcie jako młodociany pielgrzym wspólnie z Maryją i Józefem. I oto, „kiedy wracali po skończonych uroczystościach, został Jezus w Jerozolimie, a tego nie zauważyli Jego Rodzice" (*Łk* 2, 43). Po upływie jednego dnia, zorientowawszy się, rozpoczęli poszukiwania „wśród krewnych i znajomych". „Dopiero po trzech dniach *odnaleźli Go w świątyni*, gdzie siedział między nauczycielami, przysłuchiwał się im i zadawał pytania. Wszyscy zaś, którzy Go słuchali, byli zdumieni bystrością Jego umysłu i odpowiedziami" (*Łk* 2, 46–47). Maryja

pyta: „Synu, czemuś nam to uczynił? *Oto ojciec Twój i ja z bólem serca szukaliśmy Ciebie"* (*Łk* 2, 48). Odpowiedź Jezusa jest taka, że Oboje „nie zrozumieli tego, co im powiedział". Powiedział zaś: „Czemuście Mnie szukali? Czy nie wiedzieliście, że *powinienem być w tym, co należy do mego Ojca?"* (*Łk* 2, 49–50).

Słyszał tę odpowiedź Józef, o którym przed chwilą Maryja powiedziała „ojciec Twój". Wszyscy tak mówili i tak myśleli. Jezus był „jak mniemano, synem Józefa" (*Łk* 3, 23). Niemniej, odpowiedź Jezusa w świątyni musiała odnowić w świadomości „domniemanego ojca" to, co usłyszał owej nocy, przed dwunastu laty: „Józefie ... nie bój się wziąć do siebie Maryi, twej Małżonki; albowiem z *Ducha Świętego jest to, co się w Niej poczęło"*. Od tego momentu Józef wiedział, że jest powiernikiem Bożej tajemnicy. Jezus dwunastoletni nazwał tę tajemnicę po imieniu: „powinienem być w tym, co należy do mego Ojca".

### Opiekun i wychowawca Jezusa w Nazarecie

16. Wzrastanie Jezusa „w mądrości, w latach i w łasce" (*Łk* 2, 52) dokonywało się w środowisku świętej Rodziny, pod opieką Józefa, na którym spoczywało wzniosłe zadanie „wychowania", czyli żywienia i odziewania Jezusa, nauczenia Go Prawa i zawodu, zgodnie z powinnościami przypadającymi ojcu.

W liturgii eucharystycznej Kościół ze czcią wspomina „najpierw pełną chwały Maryję, zawsze Dziewicę ... a także świętego Józefa"[29], ponieważ „żywił on Tego, którego wierni mieli spożywać jako Chleb życia wiecznego"[30].

Ze swej strony Jezus „był im poddany" (*Łk* 2, 51), szacunkiem odpłacając za troskę swych „rodziców". Pragnął w ten sposób uświęcić obowiązki życia rodzinnego i pracy, które wypełniał u boku Józefa.

## III – MĄŻ SPRAWIEDLIWY – OBLUBIENIEC

17. Na swej życiowej drodze, która była pielgrzymowaniem w wierze, Józef do końca pozostał wierny wezwaniu Bożemu, tak jak Maryja. Jej życie było spełnianiem do końca owego pierwszego *fiat*, jakie wypowiedziała w momencie zwiastowania. Józef natomiast, jak już mówiliśmy, w momencie swego „zwiastowania" nie wypowiedział żadnego słowa, a jedynie „*uczynił* tak, jak mu polecił anioł Pański" (*Mt* 1, 24). *A to pierwsze „uczynił" stało się początkiem „drogi Józefa".* W ciągu całej tej drogi Ewangelie nie zapisują żadnego słowa, jakie wypowiedział. Ale *milczenie Józefa* ma swą szczególną wymowę: poprzez to milczenie można w pełni odczytać prawdę, jaką zawiera ewangeliczne stwierdzenie: „mąż sprawiedliwy" (por. *Mt* 1, 19).

Trzeba umieć odczytywać tę prawdę, zawiera się w niej bowiem *jedno z najważniejszych świadectw o mężczyźnie i jego powołaniu*. Kościół w ciągu pokoleń coraz wnikliwiej i dokładniej odczytuje to świadectwo, jakby wyjmując ze skarbu tej dostojnej postaci „rzeczy nowe i stare" (*Mt* 13, 52).

18. „Mąż sprawiedliwy" z Nazaretu posiada nade wszystko wyraźne rysy oblubieńca. Ewangelista mówi o Maryi jako o „Dziewicy poślubionej mężowi, imieniem Józef" (*Łk* 1, 27). Zanim zacznie się wypełniać „tajemnica od wieków ukryta w Bogu" (por. *Ef* 3, 9), Ewangelie stawiają przed nami *obraz oblubieńca i oblubienicy*. Zgodnie z obyczajem izraelskiego ludu obrzęd zaślubin obejmował dwa etapy: najpierw zawierano małżeństwo w sensie prawnym (były to właściwe zaślubiny), a dopiero po pewnym czasie mąż sprowadzał żonę do swego domu, Józef był więc „mężem" Maryi, zanim jeszcze z Nią zamieszkał; *Maryja jednak zachowywała wewnętrzne pragnienie całkowitego oddania się wyłącznie Bogu*. Można stawiać sobie pytanie, w jak sposób pragnienie to szło w parze z „zaślubinami". Odpowiedź daje jedynie dalszy tok zbawczych wydarzeń – czyli szczególne działanie Boga samego. Od momentu zwiastowania Maryja wie, iż swe *dziewicze pragnienie* oddania się Bogu w sposób wyłączny i całkowity *ma wypełnić stając się Matką Syna Bożego*. Macierzyństwo za sprawą Ducha Świętego jest tą formą oddania się Bogu,

którego On sam oczekuje od Dziewicy „poślubionej" Józefowi. Maryja wypowiada swoje *fiat*.

Okoliczność, że była „poślubiona" (czyli „przyrzeczona") Józefowi – *zawiera się w Bożym Planie*. Wskazują na to obaj cytowani Ewangeliści, ale w sposób szczególny Mateusz. Słowa wypowiedziane do Józefa są bardzo znamienne: „nie bój się wziąć do siebie Maryi, *twej Małżonki*, albowiem z Ducha Świętego jest to, co się w Niej poczęło" (*Mt* 1, 20). Słowa te wyjaśniają tajemnicę Oblubienicy Józefa. Maryja jest Dziewicą w swym macierzyństwie. „Syn Najwyższego" przyjął w Niej ludzkie ciało i stał się „Synem Człowieczym".

*Bóg*, który *przemawia do Józefa* słowami anioła, zwraca się do niego *jako do Oblubieńca Dziewicy z Nazaretu*. To, co się dokonało w Niej za sprawą Ducha Świętego, oznacza równocześnie szczególne *potwierdzenie więzi oblubieńczej*, jaka istniała już wcześniej między Józefem a Maryją. Zwiastun mówi do Józefa wyraźnie: „nie bój się wziąć do siebie Maryi, *twej Małżonki*". A zatem to, co się stało uprzednio – zaślubiny Józefa z Maryją – stało się wedle świętej woli Boga, winno przeto być zachowane. *Maryja* w swym Bożym macierzyństwie ma żyć dalej jako „Dziewica poślubiona mężowi" (por. *Łk* 1, 27).

19. W słowach nocnego „zwiastowania" *Józef odczytuje* nie tylko Bożą prawdę o niewypowiedzianym

wręcz powołaniu swej Oblubienicy. Odczytuje zarazem na nowo *prawdę o swoim własnym powołaniu.*

Ten „mąż sprawiedliwy", który w duchu najlepszych tradycji ludu wybranego umiłował Dziewicę z Nazaretu, związał się z Nią oblubieńczą miłością, zostaje przez Boga samego na nowo wezwany i powołany do tej miłości.

„Józef uczynił tak, jak mu polecił anioł Pański: wziął swoją Małżonkę do siebie". To, co się w Niej poczęło, „jest z Ducha Świętego" – czyż nie na podstawie tych słów wypada przyjąć, że także i owa męska *miłość Józefa do Maryi poczęła się wówczas na nowo z Ducha Świętego?* Czyż nie trzeba myśleć o tej miłości Bożej, która rozlana w sercu ludzkim przez Ducha, który nam jest dany (por. *Rz* 5, 5), kształtuje najwspanialej wszelką ludzką miłość? Kształtuje również – i owszem, w sposób szczególny – miłość oblubieńczą małżonków, pogłębiając w niej wszystko to, co po ludzku godne i piękne, co nosi znamiona tego wyłącznego zawierzenia i przymierza osób, autentycznej „komunii" na podobieństwo Tajemnicy trynitarnej.

„Józef ... wziął swoją Małżonkę do siebie, lecz nie zbliżał się do Niej, aż porodziła Syna" (*Mt* 1, 24–25). Te słowa wskazują zarazem *na inną bliskość oblubieńczą.* Głębia tej bliskości, duchowa intensywność zjednoczenia i obcowania osób – mężczyzny i kobiety – ostatecznie pochodzi od Ducha, który daje życie (por. *J* 6, 63). *Józef, który był posłuszny Duchowi, odnalazł w Nim samym źródło miłości* – swej oblubieńczej, męskiej miłości. Była to miłość większa od tej, jakiej mógł oczekiwać „mąż sprawiedliwy" wedle miary swego ludzkiego serca.

20. Liturgia wysławia Maryję jako „zjednoczoną z Józefem, mężem sprawiedliwym, więzią miłości dziewiczej i oblubieńczej"[31]. Mowa tu w istocie o dwóch rodzajach miłości, które *łącznie* ukazują tajemnicę Kościoła, dziewicy i oblubienicy, której to tajemnicy symbolem jest małżeństwo Maryi i Józefa. „Dziewictwo i celibat dla królestwa Bożego nie tylko nie stoją w sprzeczności z godnością małżeństwa, ale ją zakładają i potwierdzają. Małżeństwo i dziewictwo to dwa sposoby wyrażania i przeżywania jedynej Tajemnicy Przymierza Boga ze swym ludem"[32], które jest komunią miłości między Bogiem i ludźmi.

Poprzez całkowite ofiarowanie siebie Józef wyraża bezinteresowną miłość do Matki Boga, składając Jej „małżeński dar z siebie". Zdecydowany pozostać w ukryciu, by nie być przeszkodą dla Bożego planu dokonującego się w Niej, Józef wypełnia wyraźne polecenie otrzymane od anioła: przyjmuje Maryję do siebie i szanuje Jej wyłączną przynależność do Boga. Z drugiej strony właśnie małżeństwo z Maryją stanowi źródło szczególnej godności Józefa i jego praw wobec Jezusa. „Bez wątpienia godność Matki Bożej jest tak wysoka, że nic większego stworzyć niepodobna. Ponieważ jednak św. Józef połączony był z Najświętszą Dziewicą węzłem małżeńskim, przeto niezawodnie *najbardziej zbliżył się do owej wzniosłej godności*, którą Bogarodzica wszystkie stworzenia o wiele przewyższyła. Małżeństwo bowiem jest najbardziej istotną społecznością i związkiem, i dlatego z natury swej domaga się wzajemnej wspólnoty wszystkich dóbr małżonków. Jeżeli zatem Bóg przeznaczył św. Józefa na małżonka Najświętszej Dziewicy, to uczynił go z pewnością nie tylko towarzyszem Jej życia, świadkiem Jej dziewictwa, obrońcą Jej cnoty, ale przez związek małżeński także *uczestnikiem* w Jej wzniosłej godności"[33].

21. *Miłość ta ukształtowała życie świętej Rodziny* naprzód w ubóstwie Betlejemu, potem na uchodźstwie w Egipcie, z kolei — po powrocie — w Nazarecie. Kościół otacza głęboką czcią świętą Rodzinę, stawiając ją wszystkim rodzinom za wzór. Święta Rodzina z Nazaretu, bezpośrednio związana z tajemnicą Wcielenia, sama też jest szczególną tajemnicą. Równocześnie — podobnie jak we Wcieleniu — do tajemnicy tej należy prawdziwe ojcostwo: *ludzki kształt Rodziny Syna Bożego* — prawdziwa ludzka rodzina, ukształtowana przez tajemnicę Bożą. *W tej Rodzinie Józef jest ojcem*. Nie jest to *ojcostwo* pochodzące ze zrodzenia, ale nie jest ono „pozorne" czy też tylko „zastępcze". *Posiada pełną autentyczność ludzkiego ojcostwa*, ojcowskiego posłannictwa w rodzinie. Za-

wiera się w tym konsekwencja jedności hipostatycz-
nej: Człowiek przyjęty (*homo assumptus*) do jedności Boskiej Osoby Słowa-Syna – Jezus Chrystus.
Wraz z takim „przyjęciem" (*assumptio*) człowieczeństwa w Chrystusie *zostaje* także *„przyjęte" wszystko,
co ludzkie, a w szczególności – rodzina*, jako pierwszy
wymiar Jego bytowania na ziemi. W tym kontekście
zostaje również „przyjęte" ludzkie ojcostwo Józefa.
Na tej zasadzie nabierają właściwego znaczenia słowa Maryi skierowane do dwunastoletniego Jezusa
w świątyni: *„ojciec Twój i ja...* szukaliśmy Ciebie".
Jest to nie tylko wyrażenie „umowne": słowa Matki Jezusa wskazują na całą rzeczywistość Wcielenia,
która należy do tajemnicy Rodziny z Nazaretu. *Józef,*
który *swoje ludzkie ojcostwo* w stosunku do Jezusa
*przyjął* od początku *przez „posłuszeństwo wiary",*
idąc za światłem Ducha Świętego, które przez wiarę
udziela się człowiekowi, zapewne też coraz pełniej
odkrywał *niewysłowiony dar tego ojcostwa.*

## IV – PRACA WYRAZEM MIŁOŚCI

**22.** *Codziennym wyrazem tej miłości jest w życiu
Rodziny nazaretańskiej praca.* Zapis ewangeliczny
utrwalił rodzaj tej pracy, przez którą Józef starał się
zapewnić utrzymanie Rodzinie: *cieśla.* To jedno słowo obejmuje ciąg wszystkich lat życia Józefa w Nazarecie. Dla Jezusa są to lata życia ukrytego, o któ-

rych mówi Ewangelista (po wydarzeniu w świątyni jerozolimskiej): „... poszedł z nimi i wrócił do Nazaretu; i był im poddany" (Łk 2, 51). Owo „*poddanie*", czyli posłuszeństwo *Jezusa* w domu nazaretańskim bywa powszechnie *rozumiane* również *jako uczestniczenie w pracy Józefa*. Ten, o którym mówiono, że jest „synem cieśli", uczył się pracy od swego domniemanego „ojca". Jeżeli Rodzina z Nazaretu jest w porządku zbawienia i świętości przykładem i wzorem dla ludzkich rodzin, to podobnie *i praca Jezusa przy boku Józefa-cieśli*. W naszej epoce Kościół szczególnie to uwydatnił poprzez wspomnienie liturgiczne Józefa-Rzemieślnika w dniu 1 maja. *Praca ludzka* (w szczególności praca fizyczna) *znalazła szczególne miejsce w Ewangelii*. Wraz z człowieczeństwem Syna Bożego została ona przyjęta do tajemnicy Wcielenia. Została też *w szczególny sposób odkupiona*. Józef z Nazaretu, przez swój warsztat, przy którym pracował razem z Jezusem, przybliżył ludzką pracę do tajemnicy Odkupienia.

23. Ważną rolę w procesie ludzkiego wzrastania Jezusa „w mądrości, w latach i w łasce" odgrywała *cnota pracowitości*, jako że „praca jest dobrem człowieka", które „przekształca przyrodę" i sprawia, że człowiek „poniekąd bardziej staje się człowiekiem"[34].

Ze względu na wielkie znaczenie pracy w życiu człowieka, wszyscy ludzie powinni rozumieć i w pełni przeżywać jej sens, aby „przez nią przybliżać się do

Boga – Stwórcy i Odkupiciela, uczestniczyć w Jego zbawczych zamierzeniach w stosunku do człowieka i świata, i pogłębiać w swym życiu przyjaźń z Chrystusem, podejmując przez wiarę żywy udział w Jego trojakim posłannictwie: Kapłana, Proroka i Króla"[35].

24. Mowa tu w istocie o uświęceniu życia rodzinnego, które powinno stać się udziałem każdego człowieka wedle jego stanu, i do którego drogę wskazuje wzór dostępny dla wszystkich: „Św. Józef jest wzorem dla pokornych, których chrześcijaństwo wynosi do wielkich przeznaczeń; dowodzi on, że aby być dobrym i autentycznym naśladowcą Chrystusa, nie trzeba dokonywać «wielkich rzeczy», ale wystarczy posiąść cnoty zwyczajne, ludzkie, proste – byle prawdziwe i autentyczne"[36].

## V – PRYMAT ŻYCIA WEWNĘTRZNEGO

25. Nad pracą Cieśli w domu nazaretańskim rozpościera się ten sam klimat milczenia, który towarzyszy wszystkiemu, co jest związane z postacią Józefa. *Milczenie* to równocześnie *w sposób szczególny odsłania wewnętrzny profil* tej postaci. Ewangelie mówią wyłącznie o tym, co Józef „uczynił". Jednakże w tych osłoniętych milczeniem „uczynkach" Józefa pozwalają odkryć klimat *głębokiej kontemplacji:* Józef obcował na co dzień z tajemnicą „od wieków ukrytą w Bogu", która „zamieszkała" pod dachem jego domu. Moż-

na zrozumieć, dlaczego św. Teresa od Jezusa, wielka reformatorka kontemplacyjnego Karmelu, stała się szczególną odnowicielką kultu św. Józefa w zachodnim chrześcijaństwie.

26. Całkowita ofiara, jaką Józef złożył ze swego istnienia, aby godnie przyjąć Mesjasza we własnym domu, znajduje wytłumaczenie „w niezgłębionym życiu wewnętrznym, które kierowało jego postępowaniem i było dlań źródłem szczególnych pociech; to z niego czerpał Józef rozwagę i siłę – właściwą duszom prostym i jasnym – dla swych wielkich decyzji, jak wówczas gdy bez wahania podporządkował Bożym zamysłom swoją wolność, swoje prawo do ludzkiego powołania, swoje szczęście małżeńskie, godząc się przyjąć w rodzinie wyznaczone sobie miejsce i ciężar odpowiedzialności, ale rezygnując, mocą nieporównanej dziewiczej miłości, z naturalnej miłości małżeńskiej, która tworzy rodzinę i ją podtrzymuje"[37].

To poddanie się Bogu, będące gotowością woli do poświęcenia się Jego służbie, nie jest niczym innym jak *praktyką pobożności*, która stanowi jeden z przejawów cnoty religijności[38].

27. Wspólnota życia Józefa i Jezusa skłania nas jeszcze do rozważenia tajemnicy Wcielenia właśnie w aspekcie człowieczeństwa Chrystusa, tego Boskiego narzędzia skutecznie służącego uświęceniu człowieka: „Mocą Bóstwa Chrystusa, Jego ludzkie czyny były dla nas zbawienne, będąc przyczyną łaski tak ze

względu na ich moc zasługującą, jak też dzięki swej niezawodnej skuteczności"[39].

Pośród tych czynów Chrystusa Ewangeliści przyznają uprzywilejowane miejsce czynom odnoszącym się do tajemnicy paschalnej, ale także podkreślają znaczenie fizycznego kontaktu z Jezusem w przypadkach uzdrowień (por. np. *Mk* 1, 41) oraz wpływ, jaki wywarł On na Jana Chrzciciela, gdy obaj pozostawali jeszcze w łonach swych matek (por. *Łk* 1, 41–44).

Jak widzieliśmy, świadectwo apostolskie nie pominęło relacji o narodzeniu Jezusa, obrzezaniu, ofiarowaniu w świątyni, ucieczce do Egiptu i ukrytym życiu w Nazarecie, a to ze względu na „tajemnicę" łaski zawartej w tych wszystkich wydarzeniach, które mają moc zbawczą, albowiem wypływają z samego źródła miłości: Bóstwa Chrystusa. Jeśli ta miłość poprzez Jego człowieczeństwo promieniowała na wszystkich ludzi, z jej dobrodziejstwa z pewnością skorzystali najpierw ci, którzy z woli Bożej pozostawali w największej zażyłości z Nim: Maryja, Jego Matka i domniemany ojciec, Józef[40].

„Ojcowska" miłość Józefa z pewnością wpływała na „synowską" miłość Jezusa i wzajemnie – „synowska" miłość Jezusa wpływała na pewno na „ojcowską" miłość Józefa: jakże zatem zmierzyć głębię tej jedynej w swoim rodzaju więzi? Dusze szczególnie wrażliwe na działanie Boskiej miłości słusznie widzą w Józefie świetlany przykład życia wewnętrznego.

W Józefie urzeczywistnia się także idealne prze-
zwyciężenie pozornego napięcia między życiem czyn-
nym i kontemplacyjnym, możliwe dla tego, kto posiadł
doskonałą miłość. Idąc za znanym rozróżnieniem
między miłością prawdy (*caritas veritatis*) a koniecz-
nością miłości (*necessitas caritatis*)[41], możemy powiedzieć, że Józef przeżył zarówno *miłość prawdy*, czyli
czystą, kontemplacyjną miłość Boskiej Prawdy, która
promieniowała z człowieczeństwa Chrystusa, jak i *ko-
nieczność miłości*, czyli równie czystą miłość służby,
jakiej wymagała opieka nad tym człowieczeństwem
i jego rozwój.

## VI – PATRON KOŚCIOŁA NASZYCH CZASÓW

28. Gdy nadeszły trudne czasy dla Kościoła, Pius IX,
„chcąc zawierzyć go szczególnej opiece świętego
Patriarchy, ogłosił Józefa «Patronem Kościoła katolickiego»"[42]. Wiedział, że akt ten nie był czymś
przejściowym, ponieważ ze względu na wyjątkową
godność, „jakiej Bóg udzielił najwierniejszemu słu-
dze swemu, Kościół święty zawsze czcił i wychwalał,
a po Najświętszej Pannie najgorętszym św. Józefa
otaczał uwielbieniem, uciekając się do niego w naj-
większych potrzebach i niebezpieczeństwach"[43].

Jakie są przyczyny tak wielkiej ufności? Leon XIII
wyjaśnia je następująco: „Szczególna przyczyna tego,

że św. Józef jest opiekunem Kościoła i że Kościół tak wiele się spodziewa po jego opiece i troskliwości, tkwi w tym, że był małżonkiem Maryi i domniemanym ojcem Jezusa Chrystusa ... Józef był prawnym i naturalnym stróżem, opiekunem i obrońcą Rodziny świętej ... Dlatego jest rzeczą słuszną i należy się św. Józefowi przed wszystkimi innymi, aby teraz swą niebieską potęgą strzegł i bronił Kościoła Chrystusowego tak, jak ongiś najsumienniej strzegł Rodziny z Nazaretu, gdzie było tego potrzeba"[44].

29. Trzeba modlić się o to orędownictwo; jest ono ustawicznie potrzebne Kościołowi nie tylko dla obrony przeciw pojawiającym się zagrożeniom, ale także i przede wszystkim dla umocnienia go w podejmowaniu zadania ewangelizacji świata i nowej ewangelizacji obejmującej „kraje i narody, w których niegdyś – jak napisałem w Adhortacji apostolskiej *Christifideles laici* – religia i życie chrześcijańskie kwitły ... dzisiaj wystawione są na ciężką próbę"[45]. Aby nieść po raz pierwszy prawdę o Chrystusie, lub głosić ją ponownie tam, gdzie została zaniedbana czy zapomniana, Kościół potrzebuje szczególnej „mocy z wysokości" (por. *Łk* 24, 49; *Dz* 1, 8), będącej z pewnością darem Ducha Pańskiego, jak również owocem wstawiennictwa i przykładu jego Świętych.

30. Pokładając ufność w przemożnym wstawiennictwie św. Józefa, Kościół widzi w nim również wspaniały wzór nie tylko dla poszczególnych stanów

życia, ale dla całej chrześcijańskiej wspólnoty, niezależnie od warunków życia i zadań, jakie w niej pełni każdy z wiernych.

Jak stwierdza Konstytucja Soboru Watykańskiego II o Objawieniu Bożym, fundamentalną postawą całego Kościoła winno być „nabożne słuchanie Słowa Bożego"[46], czyli całkowita gotowość wiernego służenia zbawczej woli Boga objawionej w Jezusie. I oto już na początku dziejów odkupienia odnajdujemy wcielony wzór posłuszeństwa – po Maryi – właśnie w Józefie, który wyróżnił się wiernym wypełnieniem Bożych przykazań.

Paweł VI zachęcał do wzywania jego opieki, „tak jak Kościół w ostatnich czasach zwykł wzywać jej dla siebie, przede wszystkim w kontekście spontanicznej refleksji teologicznej nad więzią między działaniem Bożym i ludzkim w wielkiej ekonomii odkupienia, w której to pierwsze działanie – Boże – jest całkowicie samowystarczalne, to drugie zaś – ludzkie, nasze – choć samo do niczego niezdolne (por. J 15, 5), nigdy nie jest zwolnione z obowiązku pokornej, ale niezbędnej i uszlachetniającej współpracy. Kościół wzywa też św. Józefa jako swego obrońcę, kierowany głębokim i bardzo aktualnym dziś pragnieniem wzbogacenia swego wielowiekowego istnienia prawdziwymi cnotami ewangelicznymi, którymi jaśnieje św. Józef"[47].

31. Kościół przemienia te swoje potrzeby w modlitwę. Przypominając, że Bóg „powierzył młodość

naszego Zbawiciela wiernej straży świętego Józefa, prosi Go, by pozwolił Kościołowi wiernie współpracować z dziełem zbawienia, by dał mu taką samą wierność i czystość serca, z jaką Józef służył Słowu Wcielonemu, by mógł, za przykładem i wstawiennictwem Świętego, postępować przed Bogiem drogami świętości i sprawiedliwości"[48].

Już przed stu laty papież Leon XIII wezwał świat katolicki do modlitwy o opiekę św. Józefa, patrona całego Kościoła. Encyklika *Quamquam pluries* odwoływała się do tej „troskliwości ojcowskiej", jaką św. Józef „otaczał Dziecię Jezus", i jako „Opatrznościowemu Stróżowi Bożej Rodziny" polecała mu całe to „dziedzictwo, które Jezus Chrystus nabył swoją krwią". Od tego czasu *Kościół* – jak wspomniałem na początku – błaga *o opiekę św. Józefa* „przez tę miłość, która łączyła Go z Niepokalaną Dziewicą Bogarodzicą", i poleca mu wszystkie swoje troski i zagrożenia wielkie ludzkiej rodziny.

*Dziś* także mamy *wiele powodów, aby tak samo się modlić:* „Oddal od nas ukochany Ojcze, wszelką zarazę błędów i zepsucia ... przybądź nam łaskawie z pomocą niebiańską w walce z mocami ciemności ... a jak niegdyś uratowałeś Dziecię Jezus od niebezpieczeństwa, które groziło Jego życiu, tak teraz broń Kościoła Bożego od wrogich zasadzek i wszelkiej przeciwności"[49]. Dziś też mamy *nieustanne powody* do tego, *aby św. Józefowi polecać każdego człowieka.*

32. Jest moim gorącym życzeniem, aby niniejsze przypomnienie postaci św. Józefa odnowiło w nas także pamięć tej modlitwy, jaką przed stu laty mój Poprzednik polecił do niego zanosić. Z pewnością bowiem modlitwa ta, a przede wszystkim sama *postać Józefa z Nazaretu nabiera dla Kościoła naszych czasów szczególnej aktualności* w związku z nowym Tysiącleciem chrześcijaństwa.

*Sobór Watykański II na nowo uwrażliwił* wszystkich na „wielkie sprawy Boże", na tę „*ekonomię zbawczej tajemnicy*", w której Józef w sposób szczególny uczestniczył. Polecając się przeto opiece tego, któremu Bóg sam „powierzył straż nad swymi najcenniejszymi i największymi skarbami"[50], *równocześnie uczmy się od niego służyć „zbawczej ekonomii"*. Niech św. Józef stanie się dla wszystkich szczególnym nauczycielem uczestnictwa *w mesjańskiej misji Chrystusa*, która jest w Kościele udziałem każdego i wszystkich: małżonków i rodziców, ludzi żyjących z pracy rąk czy też z jakiejkolwiek innej pracy, osób powołanych do życia kontemplacyjnego, jak i do apostolstwa.

*Mąż sprawiedliwy*, który nosił w sobie całe dziedzictwo Starego Przymierza, równocześnie został *wprowadzony* przez Boga *w początki Przymierza Nowego i Wiecznego w Jezusie Chrystusie*. Niech nam ukazuje drogi tego zbawczego Przymierza na progu Tysiąclecia, w którym ma trwać i dalej się rozwijać

„pełnia czasu" związana z niewysłowioną tajemnicą Wcielenia Słowa

Niech św. Józef wyprasza Kościołowi i światu, każdemu z nas, błogosławieństwo Ojca i Syna i Ducha Świętego.

*W Rzymie, u Św. Piotra, dnia 15 sierpnia, w uroczystość Wniebowzięcia Najświętszej Maryi Panny, w roku 1989, jedenastym mojego Pontyfikatu.*

Jan Paweł II

## PRZYPISY

[1] Por. ŚW. IRENEUSZ, *Adversus haereses*, IV 23, 1: *S. Ch.* 100/2, 692–694.

[2] LEON XIII, Enc. *Quamquam pluries* (15 sierpnia 1889): *Leonis XIII P.M. Acta*, IX (1890), 175–182.

[3] ŚW. KONGREG. OBRZĘDÓW, Dekr. *Quemadmodum Deus* (8 grudnia 1870): *Pii IX P.M. Acta*, część I, tom V, 282; PIUS IX, List Apostolski *Inclytum Patriarcham* (7 lipca 1871), *l.c.*, 331–335.

[4] Por. ŚW. JAN CHRYZOSTOM, *In Matth. Hom.*, V 3: *PG* 57, 57 n. Doktorzy Kościoła i Papieże kierując się między innymi tożsamością imienia, upatrywali prototyp Józefa z Nazaretu w Józefie Egipskim, ponieważ w pewnym sensie zapowiadał posługę i wielkość tego strażnika najcenniejszych skarbów Boga Ojca: Słowa Wcielonego i Jego Najświętszej Matki: por. np.: ŚW. BERNARD, *Super „Missus est"*, Hom. II, 16: *S. Bernardi Opera*, Ed. Cist, IV 33 n.; LEON XIII, Enc. *Quamquam pluries* (15 sierpnia 1889): *l.c.*, 179.

[5] Konst. dogm. o Kościele *Lumen Gentium*, 58.

[6] Por. *tamże*, 63.

[7] Konst. dogm. o Objawieniu Bożym *Dei verbum*, 5.

[8] *Tamże*, 2.

[9] Por. SOBÓR WAT. II, Konst. dogm. o Kościele *Lumen Gentium*, 63.

[10] SOBÓR WAT. II, Konst. dogm. o Objawieniu Bożym *Dei verbum*, 2.

[11] ŚW. KONGREG. OBRZĘDÓW, Dekr. *Novis hisce temporibus* (13 listopada 1962): *AAS* 54 (1962), 873.

[12] ŚW. AUGUSTYN, *Sermo* 51, 10, 16: *PL* 38, 342.

[13] ŚW. AUGUSTYN, *De nuptiis et concupiscentia*, I, 11, 12: *PL* 44, 421; por. *De consensu evangelistarum*, II, 1, 2: *PL* 34, 1071; *Contra Faustum*, III, 2: *PL* 42, 214.

[14] ŚW. AUGUSTYN, *De nupliis et concupiscentia*, I, 11, 13: *PL* 44, 421; por. *Contra Iulianum*, V 12, 46: *PL* 44, 810.

[15] Por. ŚW. AUGUSTYN, *Contra Faustum* XXIII 8: *PL* 42 470 n. *De consensu evangelistarum*, II, i, 3: *PL* 34, 1072; *Sermo* 51, 13, 21: *PL* 38, 344 n.; ŚW. TOMASZ, *Summa Theol.*, III, q. 29, a. 2 w zakończeniu.

[16] Por. *Przemówienia* z 9 i 16 stycznia, 20 lutego 1980: *Insegnamenti*, III/I (1980), 88–92; 148–152; 428–431.

[17] PAWEŁ VI *Przemówienie* do Ruchu „Equipes Notre-Dame" (4 maja 1970), n. 7: *AAS* 62 (1970), 431. Podobną pochwałę Rodziny nazaretańskiej jako najdoskonalszego wzorca wspólnoty rodzinnej znaleźć można np. w: LEON XIII List Apost. *Neminem fugit* (14 czerwca 1892): 920 s *XIII P.M. Acta*, XII (1892), 149 n.; BENEDYKT XV *Motu proprio Bonum sane* (25 lipca 1920): *AAS* 12 (1920), 313–317.

[18] Adhort. apost. *Familiaris consortio* (22 listopada 1981), 17: *AAS* 74 (1982), 100.

[19] *Tamże*, 49, *l.c.* 140; por. SOBÓR WAT. II, Konst. dogm. o Kościele *Lumen Gentium*, 11; Dekr. o apostolstwie świeckich *Apostolicam actuositatem*, 11.

[20] Adhort. apost. *Familiaris consortio* (22 listopada 1981), 85, *l.c.*, 189 n.

21 Por. SW. CHRYZOSTOM, *In Math. Hom.*, V 3: *PG* 57, 57 n.

22 PAWEŁ VI, *Przemówienie* (19 marca 1966): *Insegnamenti*, IV (1966), 110.

23 Por. *Missale Romanum, Collecta* in „Sollemnitate S. Joseph Sponsi B.M.V".

24 Por. *tamże, Prefatio* in „Sollemnitate S. Joseph Sponsi B.M.V.".

25 LEON XIII, Enc. *Quamquam pluries* (15 sierpnia 1889): *l.c.*, 178.

26 PIUS XII, *Orędzie radiowe* do uczestników szkół katolickich Stanów Zjednoczonych (19 lutego 1958): *AAS* 50 (1958), 174.

27 ORYGENES, *Hom. XIII in Lucam*, 7: *S. Ch.* 87, 214 n.

28 ORYGENES, *Hom. XI in Lucam*, 6: *S. Ch.* 87, 196 n.

29 Por. *Misale Romanum, Prex Eucharistica I.*

30 ŚW. KONGREGACJA OBRZĘDÓW, Dekr. *Quemadmodum Deus* (8 grudnia 1870): *l.c.*, 282.

31 *Collectio Missarum de Beata Maria Virgine*, I, „Sancta Maria de Nazareth", *Prefatio.*

32 Adhort. apost. *Familiaris consortio* (22 listopada 1981), 16: *l.c.*, 98.

33 LEON XIII, Enc. *Quamquam pluries* (15 sierpnia 1889): *l.c.*, 177 n.

34 Por. Enc. *Laborem exercens* (19 września 1981), 9: *AAS* 73 (1981), 599 n.

35 *Tamże* 24: *l.c.*, 638. Papieże ostatniego okresu wielokrotnie przedstawiali św. Józefa jako „wzór" dla robotników i ludzi pracy; por. np. LEON XIII, Enc. *Quamguam pluries* (15 sierpnia 1889): *l.c.*, 180; BENEDYKT XV Motu proprio *Bonum sane* (25 lipca 1920): *l.c.*, 314–316; PIUS XII *Przemówienie* (11 marca 1945), 4: *AAS* 37 (1945), 72: *Przemówienie* (1 maja 1955): *AAS* 47 (1955), 406; JAN XXIII, *Orędzie radiowe* (1 maja 1960): *AAS* 52 (1960), 398.

36 PAWEŁ VI, *Przemówienie* (19 marca 1969): *Insegnamenti*, VII (1969), 1268.

37 *Tamże*: *l.c.*, 1267.

38 Por. ŚW. TOMASZ Z AKWINU, *Summa Theologiae*, II–II, q. 82, a. 3, ad 2.

39 *Tamże*, III, q. 8, a. I, ad 1.

40 PIUS XII, Enc. *Haurietis aquas* (15 maja 1956), III: *AAS* 48 (1956), 329 n.

41 Por. ŚW. TOMASZ Z AKWINU, *Summa Theologiae*, II–II, q. 182, a. 1, ad 3.

42 Por. ŚW. KONGREG. OBRZĘDÓW, Dekr. *Quemadmodum Deus* (8 grudnia 1870): *l.c.*, 283.

43 *Tamże*, *l.c.*, 282 n.

44 LEON XIII, Enc. *Quamquam pluries* (15 sierpnia 1889): *l.c.*, 177–179.

45 Posynodalna Adhort. apost. *Christifideles laici* (30 grudnia 1988), 34: *AAS* 81 (1989), 456.

46 Por. Konst. dogm. o Objawieniu Bożym *Dei verbum*, 1.

47 PAWEŁ VI, *Przemówienie* (19 marca 1969): *Insegnamenti*, VII (1969), 1269.

48 Por. *Missale Romanum, Collecta; Super oblata* in „Sollemnitate S. Joseph Sponsi B.M.V."; *Post commun.* in „Missa votiva S. Joseph".

49 Por. LEON XIII, „Oratio ad Sanctum Josephum", dołączona do tekstu Enc. *Quamquam pluries* (15 sierpnia 1889): *Leonis XIII P.M. Acta*, IX (1890), 183.

50 ŚW. KONGREG. OBRZĘDÓW, Dekr. *Quemadmodum Deus* (8 grudnia 1870): *l.c.*, 282,

(źródło: http://www.vatican.va/)

# Ankieta

W celu rozszerzania kultu św. Józefa, świadome obowiązku zbierania świadectw o otrzymanych łaskach za Jego przyczyną, prosimy osoby, które otrzymały łaski, aby podzieliły się z innymi swoim doświadczeniem i opisały konkretne zdarzenie, odpowiadając na pytania:

1. Kim dla Ciebie jest św. Józef?
2. Czy zwracałeś(aś) się kiedykolwiek do Niego w potrzebie?
3. Jak doświadczyłeś(aś) Jego nadzwyczajnej interwencji u Pana Boga?

Napisz jak Pan Bóg zadziałał, podając konkretne fakty.

Napisz na adres:

Siostry Bernardynki
ul. Poselska 21
31-002 Kraków
lub
na email: katarzynapytlarz@wp.eu

Wybrane świadectwa mogą być opublikowane i dlatego prosimy o wyrażenie zgody na publikację oraz o podanie danych: *imię, nazwisko, wiek i zawód, adres, telefon*.

Uwaga: W opublikowanych świadectwach zostaną podane tylko: *imię, wiek, zawód* – pozostałe dane do wiadomości redakcji i sióstr.

# Siostry Bernardynki
## Mniszki III Zakonu Regularnego
### świętego Franciszka z Asyżu

Siostry ujęte przykładem życia św. Franciszka z Asyżu starają się naśladować samego Jezusa Chrystusa. Żyjąc we wspólnocie, zobowiązują się uroczystymi ślubami zachowywać rady ewangeliczne: posłuszeństwa, ubóstwa i czystości oraz klauzury.

Za najwyższą normę życia oraz poznania Pana Jezusa siostry przyjmują Świętą Ewangelię. Poświęcają się życiu kontemplacyjnemu, oddając się przede wszystkim modlitwie, ascezie i głębokiej trosce o rozwój życia duchowego, aby uwielbiać Boga, poznawać i rozważać życie Pana Jezusa zwłaszcza w tajemnicach Żłóbka, Krzyża i Eucharystii oraz błagać o potrzebne łaski dla braci w świecie.

Łączność z Panem, nabytą na modlitwie, siostry przedłużają w trudzie codziennej pracy, wypełniając różne obowiązki w kościele i klasztorze.

Siostry Bernardynki
ul. Poselska 21
31-002 Kraków
tel. 12 422 22 46
e-mail: bernardynki.krakow@interia.pl

# Spis treści

## Modlitwy i nabożeństwa do św. Józefa

# Aneks

## Marek Wójtowicz SJ
## PIOTR FABER
### Ulubiony święty papieża Franciszka

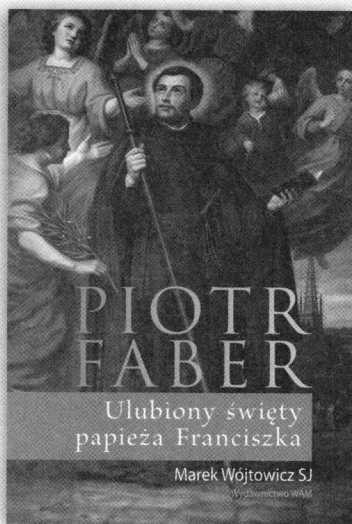

ss. 236, format 136x210 mm

To barwna opowieść o życiu św. Piotra Fabera (1506-1546), pierwszego ka-płana w gronie paryskich przyjaciół św. Ignacego Loyoli, którzy dali początek Towarzystwu Jezusowemu.

Opisana w książce apostolska działalność Piotra Fabera jest imponująca. Przez szesnaście lat udzielał on rekolekcji ignacjańskich i głosił kazania we Wło-szech, na terenie Niemiec, Hiszpanii i Portugalii. W posłudze głoszenia słowa Bożego towarzyszyli mu aniołowie i święci. W często cytowanym tu *Dzienniku duchowym* Piotr Faber opisał swoją przygodę z Bogiem. Przeżywał ją podczas modlitwy, opiekując się chorymi i pomagając ludziom się nawrócić. Jak pisał, w trudnych dla Kościoła czasach chciał być „Chrystusową miotłą", którą Pan posługuje się, by oczyścić swój Kościół z grzechów.

Piotr Faber był niezwykle łagodnym i sympatycznym człowiekiem. Wszyst-kich zachęcał do miłowania Boga i bliźnich. Papież Franciszek wybrał go na pa-trona Nowej Ewangelizacji. Jest on jego ulubionym jezuickim świętym.

# Jacek Święcki
# JAN XXIII
## Wypróbowany święty

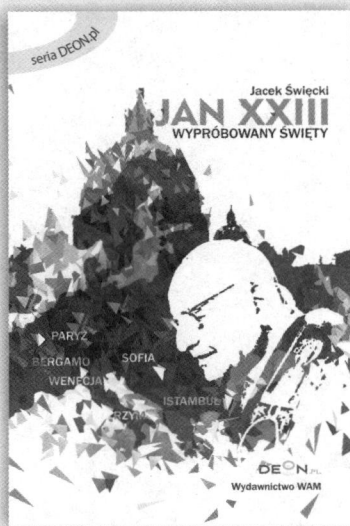

ss. 240, format 124x194 mm

Jan XXIII całe życie był zupełnie normalnym człowiekiem, pochodził z przeciętnej rodziny, prowadził zwykłe życie kapłana i biskupa, w którym jednak musiał czasem rozwiązywać trudne, choć skądinąd całkiem prozaiczne problemy. Nie spotkamy u niego mistycznych przeżyć, nie był cudotwórcą, nie spędzał długich godzin w konfesjonale i nie miał stygmatów, nie nawrócił w swym życiu setek tysięcy pogan, ateistów i innowierców, wreszcie nie zginął męczeńską śmiercią, lecz umarł we własnym łóżku.

A i teraz wielu z przekąsem zauważa, że cudami też się specjalnie nie popisał, skoro papież Franciszek zwolnił go z tego wymogu w trakcie procesu kanonizacji. A zatem po co nam taki święty? I skąd się nagle wzięło aż tylu ludzi żywiących do niego tak głęboką cześć, że Kościół zdecydował się obdarzyć go chwałą ołtarzy?...

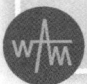

Katarzyna Pytlarz
# CUDA ŚWIĘTEGO JÓZEFA
**Świadectwa i akty zawierzenia**
Część 2

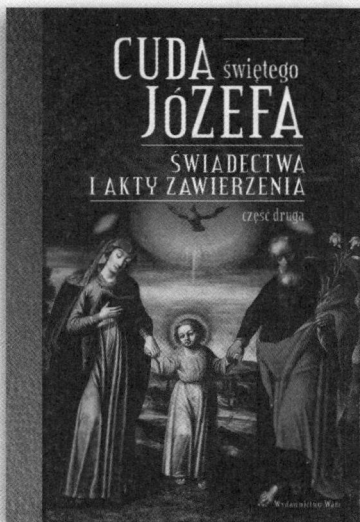

ss. 256, format 124 × 194 mm

Druga część *Cudów Świętego Józefa* zawiera ponad siedemdziesiąt świadectw i kilkadziesiąt podziękowań, w których wierni z całego kraju wyrazili wdzięczność za rozmaite cudowne wydarzenia, jakie spotkały ich dzięki wstawiennictwu oblubieńca Matki Bożej. Opisane historie pokazują, że nie ma takich trudności, z których Pan Bóg nie mógłby wyprowadzić człowieka.

Do świadectw i podziękowań dołączono także akty zawierzenia. Pozwalają one jeszcze wyraźniej dostrzec, jak wspaniałego orędownika otrzymali ludzie w osobie św. Józefa.

wydawnictwowam.pl

# CUDA ŚWIĘTEJ RITY
## Świadectwa i modlitwy

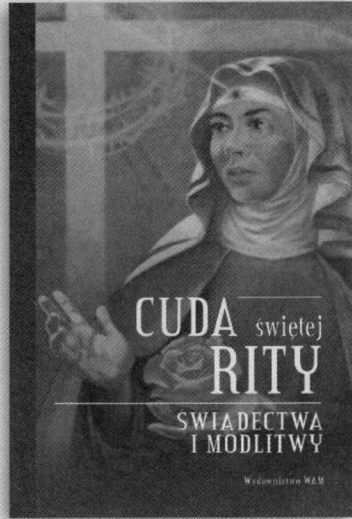

ss. 240, format 124x194 mm

Dziesiątki współczesnych świadectw: z północy i południa, ze wschodu i zachodu Polski. Wszędzie, gdzie pojawia się św. Rita, patronka od spraw beznadziejnych, przychodzą wypraszane za Jej wstawiennictwem łaski. Dotyczą najróżniejszych spraw: uzdrowień z ciężkich chorób, daru macierzyństwa, pomocy w znalezieniu męża lub żony, ratunku w sytuacjach bez wyjścia. Kult św. Rity to prawdziwy fenomen w naszej ojczyźnie, czego dowodem jest ta książka.

 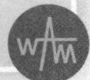

Elżbieta Polak
# CUDA ŚWIĘTEGO ANTONIEGO
## Świadectwa i modlitwy

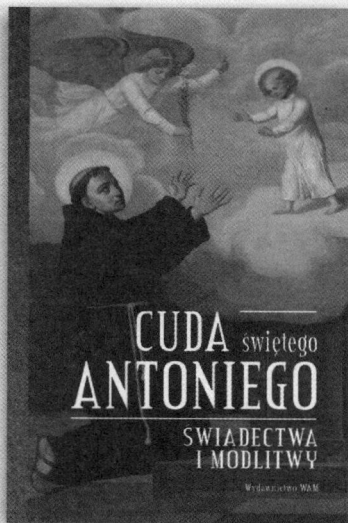

ss. 224, format 124 × 194 mm

Książka zawiera ponad czterdzieści autentycznych, współczesnych, bardzo ciekawych świadectw o cudach i łaskach uzyskanych za wstawiennictwem najbardziej popularnego ze świętych – świętego Antoniego Padewskiego, napisanych przez osoby różnych stanów, zawodów i w różnym wieku. Różnorodność uzyskanych łask, od odzyskania drobnych do bardzo cennych rzeczy, uzdrowień, znalezienia współmałżonka, wyproszenie potomstwa, aż po nawrócenie, uratowanie mieszkania, ocalenie życia i odnalezienie zagubionych duchowo ludzi świadczy o świętym Antonim jako o świętym, który ma wielkie względy u Pana Boga. W swych wizerunkach przedstawiany jest często z Dzieciątkiem Jezus z racji wielkiej zażyłości, w jakiej był z Nim za życia i teraz może wypraszać dla nas wiele łask.

**wydawnictwowam.pl** WAM

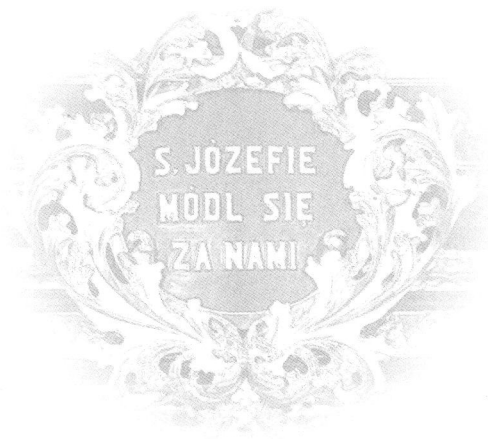

S. JÓZEFIE
MÓDL SIĘ
ZA NAMI